John Coleman

L'Istituto Tavistock
per le relazioni umane

Dare forma al declino morale, spirituale, culturale,
politico ed economico degli Stati Uniti d'America

John Coleman

John Coleman è un autore britannico ed ex membro dei servizi segreti. Coleman ha prodotto diverse analisi del Club di Roma, della Fondazione Giorgio Cini, della Forbes Global 2000, del Colloquio interreligioso per la pace, dell'Istituto Tavistock, della Nobiltà Nera e di altre organizzazioni vicine al tema del Nuovo Ordine Mondiale.

L'Istituto Tavistock per le relazioni umane
Dare forma al declino morale, spirituale, culturale, politico ed economico degli Stati Uniti d'America.

The Tavistock Institute of Human Relations: Shaping the Moral, Spiritual, Cultural, Political, and Economic Decline of the United States of America

Tradotto dall'inglese e pubblicato da Omnia Veritas Limited

© Omnia Veritas Ltd - 2022

www.omnia-veritas.com

Tutti i diritti riservati. Nessuna parte di questa pubblicazione può essere riprodotta con qualsiasi mezzo senza la previa autorizzazione dell'editore. Il Codice della proprietà intellettuale vieta le copie o le riproduzioni per uso collettivo. Qualsiasi rappresentazione o riproduzione, totale o parziale, con qualsiasi mezzo, senza il consenso dell'editore, dell'autore o dei loro aventi diritto, è illegale e costituisce una contraffazione punita dagli articoli del Codice della proprietà intellettuale.

PREFAZIONE 13

CAPITOLO 1 26

FONDARE IL PRIMO ISTITUTO AL MONDO PER IL LAVAGGIO DEL CERVELLO 26

CAPITOLO 2 33

L'EUROPA PRECIPITA NEL BARATRO 33

CAPITOLO 3 36

COME SONO CAMBIATI I TEMPI 36

CAPITOLO 4 40

INGEGNERIA SOCIALE E SCIENZIATI SOCIALI 40

CAPITOLO 5 45

ABBIAMO QUELLO CHE H.G. WELLS CHIAMAVA "UN GOVERNO INVISIBILE"? 45

CAPITOLO 6 49

LA COMUNICAZIONE DI MASSA INAUGURA L'INDUSTRIA DEI SONDAGGI 49
La ricerca d'opinione e la seconda guerra mondiale 50

CAPITOLO 7 53

LA FORMAZIONE DELL'OPINIONE PUBBLICA 53

CAPITOLO 8 57

IL DEGRADO DELLE DONNE E IL DECLINO DEGLI STANDARD MORALI ,,,,,,,,,,...... 57

CAPITOLO 9 61

COME REAGISCONO GLI INDIVIDUI E I GRUPPI ALLA COMMISTIONE TRA REALTÀ E
FINZIONE? 61
Apportare modifiche alla "struttura cognitiva e comportamentale". 63

CAPITOLO 10 66

I SONDAGGI STANNO DIVENTANDO MAGGIORENNI 66

CAPITOLO 11 70

IL CAMBIAMENTO DI PARADIGMA NELL'EDUCAZIONE 70

CAPITOLO 12 76

LA DOTTRINA DI LEWIN DEL "CAMBIAMENTO DI IDENTITÀ" 76

CAPITOLO 13 79

IL DECLINO INDOTTO DELLA CIVILTÀ OCCIDENTALE TRA LE DUE GUERRE
MONDIALI 79

CAPITOLO 14 85

L'AMERICA NON È UNA "PATRIA" 85

CAPITOLO 15 93

IL RUOLO DEI MEDIA NELLA PROPAGANDA 93

CAPITOLO 16 98

LA PROPAGANDA SCIENTIFICA PUÒ INGANNARE GLI ELETTORI 98

CAPITOLO 17 102

PROPAGANDA E GUERRA PSICOLOGICA 102

CAPITOLO 18 107

WILSON PORTA GLI STATI UNITI NELLA PRIMA GUERRA MONDIALE ATTRAVERSO LA PROPAGANDA 107

CAPITOLO 19 111

LA STORIA SI RIPETE? IL CASO DI LORD BRYCE 111

CAPITOLO 20 119

L'ARTE DI MENTIRE CON SUCCESSO: LA GUERRA DEL GOLFO DEL 1991 119

CAPITOLO 21 123

IL MONUMENTO AI SOLDATI E I CIMITERI DELLA PRIMA GUERRA MONDIALE .. 123

CAPITOLO 22 129

LA PACE NON È POPOLARE 129
Scienziati sociali a Tavistock *133*

CAPITOLO 23 142

L'ISTITUTO TAVISTOCK: IL CONTROLLO DELLA GRAN BRETAGNA SUGLI STATI UNITI 142

CAPITOLO 24 152

IL LAVAGGIO DEL CERVELLO SALVA UN PRESIDENTE AMERICANO 152

CAPITOLO 25 158

L'ASSALTO DEL TAVISTOCK AGLI STATI UNITI 158

CAPITOLO 26 162

COME VENGONO "PROMOSSI" POLITICI, ATTORI E CANTANTI MEDIOCRI 162

CAPITOLO 27 168

LA FORMULA TAVISTOCK CHE PORTÒ GLI STATI UNITI ALLA SECONDA GUERRA MONDIALE 168

CAPITOLO 28 175

COME IL TAVISTOCK FA AMMALARE LE PERSONE SANE 175

CAPITOLO 29 184

LA PSICOLOGIA TOPOLOGICA PORTA GLI STATI UNITI ALLA GUERRA IN IRAQ... 184

CAPITOLO 30 194

NON SCELTA DEI CANDIDATI ALLE ELEZIONI 194

CAPITOLO 31 204

CRESCITA ZERO IN AGRICOLTURA E INDUSTRIA: LA SOCIETÀ POSTINDUSTRIALE AMERICANA 204

CAPITOLO 32 210

RIVELAZIONE DEL LIVELLO SUPERIORE DEL GOVERNO PARALLELO SEGRETO ... 210

CAPITOLO 33 217

L'INTERPOL NEGLI STATI UNITI: SVELATE LE SUE ORIGINI E IL SUO SCOPO 217

CAPITOLO 34 227

I CULTI DELLA COMPAGNIA DELLE INDIE ORIENTALI 227
Tavistock e la Casa Bianca 228

CAPITOLO 35 236

L'INDUSTRIA MUSICALE, IL CONTROLLO MENTALE, LA PROPAGANDA E LA GUERRA
.... 236
Time Warner 238
SONY.. 240
Bertelsman 241
EMI 242
Il Gruppo Capital 242
Le Indie 243
Philips Electronic 244

APPENDICE 251

LA GRANDE DEPRESSIONE 251
Gli eventi che hanno portato alla Grande Depressione degli anni Trenta.
.... 251
Kurt Lewin 254
Niall Ferguson 255
"La Grande Guerra: il potere della propaganda 258
I successivi sforzi di propaganda 259

BIBLIOGRAFIA 263

GIÀ PUBBLICATO 267

Il Tavistock Institute for Human Relations ha avuto un profondo effetto sulle politiche morali, spirituali, culturali, politiche ed economiche degli Stati Uniti d'America e della Gran Bretagna. È stata in prima linea nell'attacco alla Costituzione americana. Nessun gruppo ha prodotto più propaganda per incoraggiare gli Stati Uniti a partecipare alla Prima Guerra Mondiale in un momento in cui la maggioranza del popolo americano era contraria.

Le stesse tattiche sono state utilizzate dagli scienziati sociali del Tavistock per far entrare gli Stati Uniti nella Seconda Guerra Mondiale, in Corea, in Vietnam, in Serbia e nelle due guerre con l'Iraq. Il Tavistock nacque come organizzazione per la creazione e la diffusione di propaganda a Wellington House, Londra, nel periodo precedente la Prima guerra mondiale, che Toynbee definì "quel buco nero della disinformazione". In un'altra occasione, Toynbee ha definito Wellington House una "fabbrica di bugie". Da un inizio piuttosto rudimentale, Wellington House divenne il Tavistock Institute e plasmò i destini di Germania, Russia, Gran Bretagna e Stati Uniti in modo molto controverso. I popoli di queste nazioni non sapevano di subire il "lavaggio del cervello". L'origine del "controllo mentale", del "condizionamento direzionale interiore" e del "lavaggio del cervello" di massa è spiegata in un libro facile da capire e scritto in modo autorevole.

La caduta delle dinastie cattoliche, la rivoluzione bolscevica, la prima e la seconda guerra mondiale che hanno visto la distruzione di vecchie alleanze e frontiere, le convulsioni della religione, il declino della morale, la distruzione della vita familiare, il crollo dei processi economici e politici, la decadenza della musica e dell'arte possono essere attribuiti all'indottrinamento di massa (lavaggio del cervello di massa) praticato dagli scienziati sociali del Tavistock Institute. Tra i docenti del Tavistock c'era Edward Bernays, nipote di Sigmund Freud. Si dice che Herr Goebbels, il ministro della Propaganda del Terzo Reich tedesco, abbia utilizzato i metodi ideati da Bernays e quelli di Willy Munzenberg, la cui straordinaria carriera è raccontata in questo libro sul passato, il presente e il futuro. Senza il Tavistock non ci sarebbero state la Prima e la Seconda guerra mondiale, la Rivoluzione bolscevica o le guerre in Corea, Vietnam, Serbia e Iraq. Senza il Tavistock, gli Stati Uniti non starebbero precipitando sulla strada della dissoluzione e del collasso.

Ringraziamenti

La mia immensa gratitudine per l'aiuto, l'incoraggiamento e le lunghe ore di lavoro, le critiche ponderate e gli incoraggiamenti su questo libro che mia moglie Lena e nostro figlio John hanno fornito in ogni fase della sua preparazione, compresi i suggerimenti per la progettazione della copertina, la ricerca e la lettura delle fonti.

Sono anche grata a Dana Farnes per il suo instancabile lavoro al computer e l'assistenza tecnica; ad Ann Louise Gittleman e James Templeton, che mi hanno incoraggiato a scrivere questo libro e non mi hanno dato tregua finché non ho iniziato; a Renee e Grant Magan per aver svolto il lavoro quotidiano, lasciandomi libera di concentrarmi sulla scrittura. Un ringraziamento speciale va anche al dottor Kinne McCabe e a Mike Granston, il cui sostegno leale e costante è stato un fattore chiave per permettermi di completare questo lavoro.

Prefazione

Il Tavistock Institute of Human Relations era sconosciuto alla popolazione degli Stati Uniti fino a quando il dottor Coleman non ne rivelò l'esistenza nella sua monografia *The Tavistock Institute of Human Relations: Britain's Control of the United States*. Fino a quel momento, il Tavistock era riuscito a mantenere segreto il suo ruolo nel plasmare gli affari degli Stati Uniti, del suo governo e del suo popolo, fin dai suoi inizi a Londra nel 1913 presso la Wellington House.

Dopo la pubblicazione dell'articolo originale del Dr. Coleman che smascherava questa organizzazione top-secret, altri si sono fatti avanti rivendicandone la paternità, ma senza essere in grado di dimostrarla.

Il Tavistock Institute nacque come organizzazione per la creazione e la diffusione di propaganda, con sede a Wellington House, con l'obiettivo di creare un organo di propaganda in grado di abbattere la forte resistenza dell'opinione pubblica all'imminente guerra tra Gran Bretagna e Germania.

Il progetto fu affidato a Lord Rothmere e Northcliffe e il loro mandato era quello di creare una struttura in grado di manipolare l'opinione pubblica e di indirizzare questa opinione falsificata sulla strada desiderata per sostenere una dichiarazione di guerra della Gran Bretagna contro la Germania.

I finanziamenti sono stati forniti dalla famiglia reale britannica e successivamente dai Rothschild, con i quali Lord Northcliffe è imparentato per matrimonio. Arnold Toynbee è stato scelto come direttore di Future Studies. Due americani, Walter Lippmann ed Edward Bernays, furono incaricati di gestire la manipolazione dell'opinione pubblica americana per l'ingresso degli Stati Uniti nella Prima Guerra Mondiale e di informare e indirizzare il presidente Woodrow Wilson.

Da un inizio piuttosto rudimentale alla Wellington House, si sviluppò una struttura formidabilmente efficace che avrebbe plasmato il destino della Germania, della Gran Bretagna e soprattutto degli Stati Uniti in un modo altamente sofisticato di manipolare e creare l'opinione pubblica, comunemente definito "lavaggio del cervello di massa".

Nel corso della sua storia, il Tavistock crebbe in dimensioni e ambizioni, quando nel 1937 si decise di prendere a modello la monumentale opera di Oswald Spengler *Untergange des Abenlandes* (*Il declino dell'Occidente*).

In precedenza, i membri del consiglio di amministrazione della Wellington House, Rothmere, Northcliffe, Lippmann e Bernays, avevano letto e proposto come guida gli scritti di Correa Moylan Walsh, in particolare il libro *The Climax of Civilization* (1917), in quanto strettamente corrispondente alle condizioni che dovevano essere create prima dell'avvento di un Nuovo Ordine Mondiale in un Governo Unico Mondiale.

In questa impresa, i membri del consiglio di amministrazione si sono consultati con la famiglia reale britannica e hanno ottenuto l'approvazione degli "olimpionici" (il nucleo duro del Comitato dei 300) per formulare una strategia. I finanziamenti sono stati forniti dalla monarchia, dai Rothschild, dal gruppo Milner e dai trust della famiglia Rockefeller.

Nel 1936, l'opera monumentale di Spengler aveva attirato l'attenzione di quello che era diventato il Tavistock Institute. Nel tentativo di cambiare e rimodellare l'opinione pubblica per la seconda volta in meno di dodici anni, con il consenso unanime del Consiglio di Amministrazione, l'enorme libro di Spengler è stato adottato come progetto per un nuovo modello di lavoro per portare al declino e alla necessaria caduta della civiltà occidentale per creare e stabilire un Nuovo Ordine Mondiale all'interno di un Governo Unico Mondiale.

Per Spengler era inevitabile che elementi estranei venissero introdotti in numero sempre maggiore nella civiltà occidentale e che l'Occidente non riuscisse a espellere queste forme estranee, segnando così il suo destino di società le cui credenze interne e le cui solide convinzioni sarebbero state in contrasto con la sua professione esterna e, di conseguenza, la civiltà occidentale si sarebbe dissolta come le antiche civiltà di Grecia e Roma.

Il pensiero di Tavistock era che Spengler avesse indottrinato la civiltà occidentale a espellere gli elementi stranieri in via di dissoluzione, come aveva fatto la civiltà romana. La perdita genetica che ha colpito l'Europa - e in particolare la Scandinavia, l'Inghilterra, la Germania, la Francia - (le razze germaniche anglosassoni, nordiche e alpine), iniziata poco prima della seconda guerra mondiale, è già così grande da superare ogni aspettativa, e sta continuando a un ritmo allarmante sotto la direzione esperta dei dirigenti del Tavistock.

Quello che prima era un evento molto raro è diventato un evento comune, un uomo di colore sposato con una donna bianca o viceversa.

Le due guerre mondiali sono costate alla nazione tedesca quasi un quarto della sua popolazione. La maggior parte delle energie intellettuali della nazione tedesca furono dirottate verso i canali della guerra in difesa della patria, a scapito della scienza, dell'arte, della letteratura, della musica e del progresso culturale, spirituale e morale della nazione. Lo stesso si può dire della nazione britannica. L'incendio appiccato dagli inglesi sotto la guida di Tavistock incendiò l'intera Europa e causò danni incalcolabili secondo il piano di Tavistock che corrispondeva alle previsioni di Spengler.

La civiltà classica e quella occidentale sono le uniche due in grado di portare un rinascimento moderno nel mondo. Hanno prosperato e progredito finché queste civiltà sono rimaste sotto il controllo delle razze anglosassoni, nordiche, alpine e germaniche. L'insuperabile bellezza della loro letteratura, della loro arte, dei loro classici, l'avanzamento spirituale e morale del sesso femminile con un corrispondente alto grado di protezione, era ciò che distingueva le civiltà occidentali e classiche dalle altre.

È questa roccaforte che Spengler vedeva sempre più attaccata e il pensiero di Tavistock seguiva percorsi paralleli, ma con un focus completamente diverso. Tavistock vedeva in questa civiltà un ostacolo all'avvento di un Nuovo Ordine Mondiale, così come l'enfasi sulla protezione e sull'elevazione del genere femminile a un posto di grande rispetto e onore.

Il Tavistock si proponeva quindi di "democratizzare" l'Occidente attaccando la femminilità e i fondamenti razziali, morali, spirituali e religiosi su cui si basa la civiltà occidentale.

Come suggerisce Spengler, i Greci e i Romani erano dediti al progresso sociale, religioso, morale e spirituale e alla conservazione della femminilità e ci sono riusciti finché hanno avuto il controllo e hanno potuto organizzare le cose in modo che il governo fosse gestito da un numero limitato di cittadini responsabili sostenuti dalla popolazione generale, tutti della stessa razza pura e non adulterata. I pianificatori del Tavistock ritennero che il modo per sconvolgere l'equilibrio della civiltà occidentale fosse quello di forzare cambiamenti indesiderati nella razza, trasferendo il controllo dai meritevoli ai non meritevoli, alla maniera degli antichi governanti romani che furono soppiantati dai loro ex schiavi e dagli stranieri che avevano permesso di venire a vivere tra loro.

Nel 1937, il Tavistock aveva fatto molta strada rispetto ai suoi inizi alla Wellington House e al successo della campagna di propaganda che aveva trasformato l'opinione pubblica britannica, fortemente contraria alla guerra nel 1913, in un volenteroso partecipante grazie alle arti della manipolazione e alla collaborazione dei media.

Questa tecnica fu applicata oltreoceano nel 1916 per manipolare il popolo americano a sostenere la guerra in Europa. Nonostante la stragrande maggioranza, tra cui almeno 50 senatori americani, si opponesse fermamente al coinvolgimento degli Stati Uniti in quella che ritenevano essere essenzialmente una faida tra Gran

Bretagna e Francia da un lato e Germania dall'altro, in gran parte per questioni commerciali ed economiche, i cospiratori non si fecero scoraggiare. Fu a questo punto che Wellington House introdusse il termine "isolazionisti" come descrizione peggiorativa di quegli americani che si opponevano alla partecipazione degli Stati Uniti alla guerra. L'uso di queste parole e frasi è proliferato sotto l'esperto lavaggio del cervello degli scienziati sociali del Tavistock. Termini come "cambio di regime", "danni collaterali" sono diventati di uso comune.

Con il piano Tavistock modificato per adattarsi alle condizioni americane, Bernays e Lippmann portarono il presidente Woodrow Wilson a mettere a punto le prime tecniche metodologiche per sondare (fabbricare) la cosiddetta opinione pubblica creata dalla propaganda emanata da Tavistock. Inoltre, insegnarono a Wilson a creare un corpo segreto di "manager" per gestire lo sforzo bellico e un corpo di "consiglieri" per assistere il Presidente nelle sue decisioni. La Commissione Creel è stato il primo organismo di opinione di questo tipo a essere creato negli Stati Uniti.

Woodrow Wilson è stato il primo presidente americano a dichiarare pubblicamente il suo sostegno alla creazione di un Nuovo Ordine Mondiale all'interno di un Governo Unico Mondiale socialista. La sua straordinaria accettazione del Nuovo Ordine Mondiale è descritta nel suo libro *La nuova libertà*.

Si dice "il suo" libro, ma in realtà è stato scritto dal socialista William B. Hayle. Wilson denuncia il capitalismo. "È contrario all'uomo comune e ha portato alla stagnazione della nostra economia", ha scritto Wilson.

Eppure, all'epoca, l'economia statunitense stava vivendo una prosperità e un'espansione industriale senza precedenti nella sua storia:

> "Siamo in presenza di una rivoluzione - non sanguinosa, l'America non è fatta per spargere sangue - ma una rivoluzione silenziosa, con la quale l'America insisterà per tornare alla pratica di quegli ideali che ha sempre sostenuto, di formare un governo dedito alla difesa dell'interesse generale. Siamo alla

vigilia di un'epoca in cui la vita sistematica del Paese sarà sostenuta o almeno integrata sotto ogni aspetto dall'attività del governo. E ora dobbiamo stabilire che tipo di attività governativa sarà; se, in prima istanza, sarà diretta dal governo stesso, o se sarà indiretta, attraverso strumenti che sono già stati formati e che sono pronti a prendere il posto del governo".

Mentre gli Stati Uniti erano ancora una potenza neutrale sotto il presidente Wilson, la Wellington House riversò un flusso costante di bugie sulla Germania e sulla presunta minaccia che rappresentava per l'America.

Ricordiamo l'affermazione di Bakunin del 1814, che ben si adatta alla propaganda oltraggiosa che Wilson usa per sostenere le sue argomentazioni:

> "Mentire attraverso la diplomazia: la diplomazia non ha altre missioni. Quando uno Stato vuole dichiarare guerra a un altro Stato, inizia con l'emettere un manifesto rivolto non solo ai propri sudditi, ma anche al mondo intero.
>
> In questo manifesto, dichiara che il diritto e la giustizia sono dalla sua parte e si sforza di dimostrare che è animata dall'amore per la pace e l'umanità (e per la democrazia) e che, pervasa da sentimenti generosi e pacifici, ha a lungo sofferto in silenzio fino a quando la crescente iniquità del suo nemico l'ha costretta ad alzare la spada.
>
> Allo stesso tempo, giura che, disdegnando ogni conquista materiale e non cercando alcun aumento di territorio, porrà fine a questa guerra non appena sarà ristabilita la giustizia. E il suo antagonista risponde con un manifesto simile, in cui, naturalmente, il diritto, la giustizia, l'umanità e tutti i sentimenti generosi sono rispettivamente dalla sua parte. Questi manifesti, reciprocamente opposti, sono scritti con la stessa eloquenza, respirano la stessa giusta indignazione, e l'uno è sincero quanto l'altro, cioè sono entrambi spudorati nelle loro bugie, e solo gli sciocchi si lasciano ingannare da esse. Le persone ragionevoli, tutte quelle che hanno una qualche esperienza politica, non si preoccupano nemmeno di leggere queste dichiarazioni".

I proclami del presidente Wilson, poco prima di recarsi al Congresso per chiedere una dichiarazione di guerra costituzionale, incarnano ciascuno dei sentimenti di Bakunin.

Egli "mentì per diplomazia" e utilizzò la rozza propaganda fabbricata a Wellington House per infiammare l'opinione pubblica americana con storie di atrocità commesse dall'esercito tedesco nella sua marcia attraverso il Belgio nel 1914. Come scopriremo, si trattava essenzialmente di una gigantesca bugia spacciata per verità grazie alle manovre propagandistiche del Tavistock.

Ricordo di aver sfogliato una grande pila di vecchi giornali al British Museum, dove ho trascorso cinque anni facendo ricerche approfondite. I giornali coprono gli anni dal 1912 al 1920. Ricordo che all'epoca pensai: "Non è incredibile che la corsa al governo socialista totalitario del Nuovo Ordine Mondiale sia guidata dagli Stati Uniti, che dovrebbero essere un bastione della libertà?"

Poi mi è stato chiarissimo che il Comitato dei 300 ha i suoi uomini a tutti i livelli negli Stati Uniti, nelle banche, nell'industria, nel commercio, nella difesa, nel Dipartimento di Stato e persino alla Casa Bianca, per non parlare del club d'élite chiamato Senato degli Stati Uniti, che credo sia semplicemente un forum per spingere verso un Nuovo Ordine Mondiale.

Mi sono poi reso conto che l'esplosione propagandistica del Presidente Wilson contro la Germania e il Kaiser (in realtà il prodotto degli agenti Rothschild Lords Northcliffe e Rothmere, e della fabbrica di propaganda Wellington House) non era molto diversa dalla "situazione inventata" di Pearl Harbor, dall'"incidente" del Golfo del Tonchino e da quella del Golfo del Messico, Guardando indietro, non vedo alcuna differenza tra le bugie propagandistiche sulla brutalità dei soldati tedeschi che tagliavano braccia e gambe ai bambini belgi nel 1914 e i metodi usati per ingannare e drogare il popolo americano affinché permettesse all'amministrazione Bush di invadere l'Iraq. Mentre nel 1914 era il Kaiser ad essere un "bruto selvaggio", uno "spietato assassino", un "mostro", il "macellaio di Berlino", nel 2002 era il Presidente Hussein ad essere tutto questo e altro ancora, compreso il "macellaio di Baghdad"! Povera America ingannata, ingannante, ingannata, complice, fiduciosa! Quando mai imparerai?

Nel 1917, Woodrow Wilson fece passare l'agenda del Nuovo Ordine Mondiale alla Camera e al Senato, e il Presidente Bush ha fatto passare l'agenda del Nuovo Ordine Mondiale per l'Iraq alla Camera e al Senato nel 2002 senza dibattito, in un esercizio arbitrario del potere e in una palese violazione della Costituzione degli Stati Uniti per la quale il popolo americano sta pagando un prezzo enorme. Ma il popolo americano soffre di uno shock traumatico indotto dal Tavistock Institute of Human Relations, è sonnambulo e senza una vera leadership.

Non sanno quale sia il prezzo e non si preoccupano di scoprirlo. Il Comitato dei 300 continua a gestire gli Stati Uniti, proprio come durante le presidenze Wilson e Roosevelt, mentre il popolo americano era distratto da "pane e circo", solo che oggi si tratta di baseball, football, produzioni hollywoodiane senza fine e sicurezza sociale. Non è cambiato nulla.

Gli Stati Uniti, vessati, braccati, spinti e spintonati, si trovano sulla corsia preferenziale del nuovo ordine mondiale, spinto dai repubblicani radicali del partito della guerra, che sono stati presi in consegna dagli scienziati dell'Istituto Tavistock per le Relazioni Umane.

Proprio di recente, un abbonato mi ha chiesto "dove trovare il Tavistock Institute". La mia risposta è stata: "Guardatevi intorno al Senato degli Stati Uniti, alla Camera dei Rappresentanti, alla Casa Bianca, al Dipartimento di Stato, al Dipartimento della Difesa, a Wall Street, alla Fox T.V. (Faux T.V.) e vedrete i loro agenti di cambiamento in ognuno di questi luoghi".

Il presidente Wilson fu il primo presidente americano a "gestire" la guerra attraverso un comitato civile guidato e diretto dai Bernays e Lippmann della Wellington House, già menzionati in precedenza.

Il clamoroso successo della Wellington House e la sua enorme influenza sul corso della storia americana iniziarono prima, nel 1913. Wilson aveva trascorso quasi un anno a smantellare le tariffe commerciali protettive che avevano impedito ai mercati interni americani di essere sommersi dal "libero scambio", che significava essenzialmente permettere ai prodotti britannici a basso costo prodotti da manodopera sottopagata in India di inondare il mercato americano. Il 12 ottobre 1913, Wilson firmò la legge che segnò l'inizio della fine dell'unica classe media americana, da tempo bersaglio dei socialisti fabiani. Il disegno di legge è stato descritto come una misura per "aggiustare le tariffe", ma sarebbe stato più corretto descriverlo come un disegno di legge per "distruggere le tariffe".

Tale era il potere occulto della Wellington House che la stragrande maggioranza del popolo americano accettò questa menzogna, senza sapere o rendersi conto che era la campana a morto per il commercio americano e che portò al NAFTA, al GATT e all'Accordo di libero scambio nordamericano, nonché alla creazione dell'Organizzazione mondiale del commercio (OMC). Ancora più sorprendente fu l'accettazione della legge federale sull'imposta sul reddito, approvata il 5 settembre 1913, per sostituire le tariffe commerciali come fonte di entrate del governo federale. L'imposta sul reddito è una dottrina marxista che non compare nella Costituzione degli Stati Uniti, così come la Federal Reserve Bank. Wilson definì i suoi due scioperi contro la Costituzione "una lotta per il popolo e per la libertà degli affari" e si disse orgoglioso di aver preso "parte al completamento di una grande impresa...". La legge sulla Federal Reserve, spiegata da Wilson come "la ricostruzione del sistema bancario e monetario della nazione", fu approvata in fretta e furia con un profluvio di propaganda da Wellington House, giusto in tempo per le ostilità che scatenarono l'orrore della Prima Guerra Mondiale.

La maggior parte degli storici concorda sul fatto che senza l'approvazione del Federal Reserve Bank Act, Lord Grey non avrebbe potuto scatenare questa terribile conflagrazione.

Il linguaggio ingannevole del Federal Reserve Act era sotto la direzione di Bernays e Lippman, che crearono una "Lega Nazionale dei Cittadini" con il famigerato Samuel Untermeyer come presidente, per promuovere la Federal Reserve Bank, che ottenne il controllo del denaro e della valuta del popolo e lo trasferì a un monopolio privato senza il consenso delle vittime.

Uno degli elementi storici più interessanti che circondano l'imposizione della misura sulla schiavitù finanziaria straniera è che prima di essere inviata a Wilson per la sua firma, una copia fu consegnata al sinistro colonnello Edward Mandel House come rappresentante della Wellington House e dell'oligarchia britannica rappresentata dal banchiere J. P. Morgan, egli stesso un agente dei Rothschild di Londra e Parigi.

Quanto al popolo americano, in nome del quale era stata istituita questa misura disastrosa, non aveva idea di come fosse stato ingannato e totalmente raggirato. Uno strumento di schiavitù è stato legato al loro collo senza che le vittime se ne rendessero conto.

La metodologia della Casa di Wellington era al suo apice quando Wilson fu istruito su come persuadere il Congresso a dichiarare guerra alla Germania, nonostante fosse stato eletto con la solenne promessa di tenere l'America fuori dalla guerra che allora infuriava in Europa, un grande trionfo per la nuova arte di formare l'opinione pubblica. Le domande del sondaggio erano sfumate in modo che le risposte riflettessero le opinioni del pubblico, non la loro comprensione dei problemi o dei processi della scienza politica.

Un'approfondita ricerca e lettura degli atti del Congresso dal 1910 al 1920 da parte di questo autore ha reso abbondantemente chiaro che se Wilson non avesse firmato l'iniqua legge di "riforma monetaria" il 23 dicembre 1913, il governo parallelo segreto che controlla gli Stati Uniti previsto da H.G. Wells non sarebbe stato in grado di impegnare le vaste risorse degli Stati Uniti nella guerra in Europa.

La Casa Morgan, che rappresenta gli "olimpionici" del Comitato dei 300, e la sua onnipotente rete finanziaria nella City di Londra, ha svolto un ruolo di primo piano nella creazione delle "Federal Reserve Banks of the United States", che non erano né "federali" né "banche", ma un monopolio privato di generazione di denaro legato al collo del popolo americano, il cui denaro era ora libero di essere rubato su una scala inimmaginabile, rendendolo schiavo del Nuovo Ordine Mondiale nel futuro Governo Unico Mondiale. La Grande Depressione degli anni Trenta fu il secondo grande conto catastrofico che il popolo americano dovette pagare, il primo fu la Prima Guerra Mondiale. (Vedi Appendice) Chi legge questo libro come prima introduzione al Nuovo Ordine Mondiale all'interno di un Governo Unico Mondiale sarà scettico; ma si consideri che una figura importante come il grande Sir Harold Mackinder non ha fatto mistero di credere nella sua venuta.

Anzi, ha suggerito che potrebbe trattarsi di una dittatura. Sir Harold aveva un curriculum impressionante, essendo stato professore di geografia all'Università di Londra, direttore della London School of Economics dal 1903 al 1908 e membro del Parlamento dal 1910 al 1922. Fu anche uno stretto collaboratore di Arnold Toynbee, una delle figure di spicco di Wellington House. Ha previsto correttamente una serie di eventi geopolitici sorprendenti, molti dei quali si sono avverati.

Una di queste "profezie" era la fondazione di due Germanie, la Repubblica Socialdemocratica Tedesca e la Repubblica Federale Tedesca. I critici hanno suggerito che egli ottenne queste informazioni da Toynbee; che si trattava semplicemente della pianificazione a lungo termine del Comitato dei 300 di cui Toynbee era a conoscenza.

Dopo Wellington House, Toynbee si è trasferito al Royal Institute for International Affairs (RIIA) e poi all'Università di Londra, dove ha ricoperto la cattedra di storia internazionale. Nel suo libro *America e rivoluzione mondiale*, afferma che

> "Se vogliamo evitare il suicidio collettivo, dobbiamo creare rapidamente il nostro Stato mondiale e questo probabilmente significa averlo in una forma non democratica per cominciare. Dovremo iniziare a costruire uno Stato mondiale adesso, nel modello migliore che possiamo avere al momento".

Toynbee continua dicendo che questa "dittatura globale" dovrà soppiantare "gli Stati nazionali locali che popolano l'attuale mappa geopolitica".

Il nuovo Stato mondiale doveva essere istituito sulla base del controllo mentale di massa e della propaganda che lo avrebbe reso accettabile. Nel mio libro *The Committee of 300*,[1] , ho spiegato che Bernays "denunciò" i sondaggi nei suoi libri del 1923 e del 1928, *Propaganda* e *Crystallizing Public Opinion*.

A ciò ha fatto seguito il consenso ingegneristico:

> L'autoconservazione, l'ambizione, l'orgoglio, la fame, l'amore per la famiglia e i figli, il patriottismo, l'imitazione, il desiderio di essere un leader, l'amore per il gioco: queste e altre motivazioni sono le materie prime psicologiche che ogni leader deve considerare nei suoi sforzi per conquistare il pubblico al suo punto di vista... Per mantenere la fiducia, la maggior parte delle persone ha bisogno di essere certa che tutto ciò che crede su qualcosa sia vero.

Queste opere rivelatrici vengono discusse e va aggiunto che, scrivendole, la gerarchia del Tavistock si sentiva apparentemente abbastanza sicura da poter gongolare per il suo controllo compiuto sugli Stati Uniti e sulla Gran Bretagna, che si era trasformato in un'aperta cospirazione nei termini suggeriti per la prima volta da H.G. Wells.

Con l'avvento della Wellington House, finanziata dalla monarchia britannica e successivamente da Rockefeller, Rothschild e dagli Stati Uniti, la civiltà occidentale entrò nella prima fase di un piano che prevedeva la creazione di un governo segreto per gestire il mondo, ovvero il Comitato dei 300.

Il Tavistock Institute of Human Relations ne è un'emanazione. Poiché questo libro non riguarda il Comitato dei 300, suggeriamo ai lettori di procurarsi copie del primo e del secondo libro, *The Committee of 300*.[2]

---

[1] Pubblicato da Omnia Veritas Limited.

[2] *La gerarchia dei cospiratori - Storia del Comitato dei 300*, Omnia Veritas

Il piano accuratamente strutturato dei "300" è stato seguito alla lettera e oggi, alla fine del 2005, è abbastanza facile per i ben informati tracciare il corso della civiltà occidentale e segnare il suo progresso fino a dove siamo oggi. Questo libro è almeno un tentativo di farlo.

Ltd, www.omnia-veritas.com.

CAPITOLO 1

Fondare il primo istituto al mondo per il lavaggio del cervello

Il Tavistock Institute for Human Relations è cresciuto rapidamente fino a diventare il primo istituto top secret al mondo per il lavaggio del cervello. Vale la pena di spiegare come è stato possibile raggiungere questo rapido progresso.

La moderna scienza della manipolazione di massa dell'opinione pubblica è nata alla Wellington House di Londra sotto la guida di Lord Northcliffe e Lord Rothmere.

La monarchia britannica, Lord Rothschild e i Rockefeller erano responsabili del finanziamento dell'impresa. I documenti che abbiamo avuto il privilegio di esaminare dimostrano che l'obiettivo di coloro che lavoravano alla Wellington House era quello di cambiare l'opinione del popolo britannico, che si opponeva fermamente alla guerra con la Germania, un compito arduo che veniva portato a termine con la "formazione dell'opinione" attraverso i sondaggi. Il team comprendeva Arnold Toynbee, in seguito direttore degli studi del Royal Institute of International Affairs (RIIA), i Lord Norhcliffe e gli americani Walter Lippmann e Edward Bernays.

Bernays nacque a Vienna il 22 novembre 1891. Nipote di Sigmund Freud, il padre della psicoanalisi, è considerato da molti "il padre delle relazioni pubbliche", anche se questo titolo appartiene a Willy Munzenberg. Bernays è stato il pioniere dell'uso della psicologia e di altre scienze sociali per plasmare e formare l'opinione pubblica, in modo che il pubblico creda che queste opinioni falsificate siano le proprie.

"Se comprendiamo il meccanismo e le motivazioni della mente di gruppo, è ora possibile controllare e governare le masse secondo la nostra volontà, senza che esse lo sappiano", postulava Bernays. Ha definito questa tecnica "l'ingegneria del consenso". Una delle sue tecniche più note per raggiungere questo obiettivo era l'uso indiretto di quelle che chiamava autorità terze per plasmare le opinioni desiderate: "Se si riesce a influenzare i leader, con o senza la loro cooperazione consapevole, si influenza automaticamente il gruppo che essi influenzano. Ha chiamato questa tecnica "opinion making".

Forse ora possiamo iniziare a capire come Wilson, Roosevelt, Clinton, Bush senior e junior siano stati in grado di trascinare così facilmente gli Stati Uniti in guerre disastrose in cui il loro popolo non avrebbe mai dovuto essere coinvolto.

I partecipanti britannici e americani si concentrarono su tecniche non sperimentate per mobilitare il sostegno alla guerra che si prospettava all'orizzonte.

Come già detto, il popolo britannico non voleva la guerra e lo diceva, ma Toynbee, Lippmann e Bernays intendevano cambiare la situazione applicando tecniche di manipolazione dell'opinione pubblica attraverso i sondaggi. Qui passiamo in rassegna i metodi ideati ed eseguiti per far entrare la Gran Bretagna e gli Stati Uniti nella Prima Guerra Mondiale, nonché le tecniche messe in pratica tra le due guerre mondiali e oltre. Come vedremo, la propaganda avrebbe giocato un ruolo fondamentale.

Uno dei principali obiettivi di Tavistock era quello di ottenere la degradazione delle donne. Tavistock riconosceva che Gesù Cristo aveva dato alla donna un posto nuovo e rispettabile nell'ordine della civiltà, che non esisteva prima della sua venuta.

Dopo il ministero di Cristo, le donne hanno acquisito una stima e un posto di rilievo nella società che erano assenti nelle civiltà precristiane. Certo, si può sostenere che uno status così elevato esisteva nell'impero greco e romano, e questo sarebbe vero fino a un certo punto, ma ancora troppo lontano dallo status in cui si trovavano le donne nella società post-cristiana.

Il Tavistock cercò di cambiare questa situazione e il processo iniziò subito dopo la prima guerra mondiale. La Chiesa ortodossa orientale, che i principi Rus' (vichinghi) di Mosca portarono da Costantinopoli, venerava e rispettava la femminilità e la loro esperienza con i Khazar, che in seguito sconfissero e cacciarono dalla Russia, li rese determinati a proteggere la femminilità in Russia.

Fondatore della dinastia Romanov, Michele Romanov era il discendente di una famiglia nobile che aveva difeso la Russia sulla base di un Paese cristiano. Dal 1613 in poi, i Romanov cercarono di nobilitare la Russia e di infonderle un grande spirito di cristianità, che significava anche protezione e onore delle donne russe.

I nobili moscoviti, sotto la guida del principe Dimitri Donskoi, si guadagnarono l'odio implacabile dei Rothschild per la Russia a causa della sconfitta e dell'espulsione da parte di Donskoi delle orde khazariane che abitavano le regioni inferiori del Volga. Questa barbara nazione guerriera, di misteriosa origine indo-turca, aveva adottato la religione giudaica per decreto del re Bulant, dopo che questa religione era stata approvata dal grande mago-divinatore khazar, David el-Roi.

Fu la bandiera personale di El Roi, oggi chiamata "Stella di Davide", a diventare la bandiera ufficiale della nazione khazara quando si stabilì in Polonia dopo essere stata espulsa dalla Russia.

La bandiera fu poi adottata dai sionisti come loro vessillo e ancora oggi viene erroneamente chiamata Stella di Davide. I cristiani commettono l'errore di confonderlo con il re Davide dell'Antico Testamento, quando in realtà non c'è alcun legame tra i due.

L'odio per la Russia si acuì nel 1612, quando la dinastia Romanov inviò un esercito russo contro la Polonia, conquistando ampie zone della Polonia che un tempo appartenevano alla Russia.

Il principale artefice dell'inimicizia nei confronti della Russia fu la dinastia Rothschild e fu questo odio bruciante che Tavistock utilizzò e incanalò nel suo piano di distruzione della civiltà occidentale.

La prima opportunità per Tavistock si presentò nel 1905, quando la marina giapponese attaccò e sorprese completamente la flotta russa. L'esercitazione militare è stata finanziata da Jacob Schiff, il banchiere di Wall Street, legato a Rothschild.

La sconfitta della flotta russa a Port Arthur in un attacco a sorpresa segnò l'inizio del buio che doveva calare sull'Europa cristiana. Il gruppo Standard Oil di Rockefeller, guidato da Tavistock e con l'aiuto dei "300", organizzò la guerra russo-giapponese. Il denaro utilizzato per finanziare l'operazione proveniva da Jacob Schiff, ma era in realtà fornito dal Rockefeller General Education Board, il cui scopo dichiarato era quello di finanziare l'istruzione dei neri. Tutta la propaganda e la pubblicità del Consiglio erano scritte e progettate dagli scienziati sociali della Tavistock, allora chiamata Wellington House.

Nel 1941, un'altra organizzazione di facciata di Rockefeller, l'Institute for Pacific Relations (IPR), pagò ingenti somme alla sua controparte giapponese a Tokyo. Il denaro fu poi versato a un membro della famiglia imperiale da Richard Sorge, un esperto di spionaggio russo, per indurre il Giappone ad attaccare gli Stati Uniti a Pearl Harbor. Anche in questo caso, il Tavistock è stato la fonte di tutte le pubblicazioni dell'IPR.

Sebbene non sia ancora evidente, come Spengler avrebbe detto nella sua opera monumentale, pubblicata nel 1936, essa segna l'inizio della fine del vecchio ordine. Contrariamente alla maggior parte dei resoconti storici dell'establishment, la rivoluzione "russa" non fu affatto una rivoluzione russa, ma un'ideologia straniera sostenuta principalmente dal Comitato dei 300 e dal suo braccio armato, l'Istituto Tavistock, che fu imposta violentemente a una famiglia Romanov sorpresa, impreparata e sgomenta.

Si trattava di una guerra politica, una guerra di basso livello e una guerra psicologica in cui il Tavistock era diventato molto abile.

Come osservò Winston Churchill: "Portarono Lenin in un camion sigillato, come un bacillo della peste, dalla Svizzera alla Russia" e poi, una volta stabilitisi, "Lenin e Trotsky presero la Russia per i capelli".

Si è scritto molto (ma quasi sempre di sfuggita, come se si trattasse di un mero poscritto alla storia) sul "vagone piombato", sul "vagone sigillato", sul "treno sigillato" che portò Lenin e i suoi rivoluzionari bolscevichi al sicuro attraverso l'Europa devastata dalla guerra e li depositò in Russia, dove iniziarono la loro importate rivoluzione bolscevica, erroneamente chiamata "rivoluzione russa".

I documenti che l'autore ha avuto il privilegio di studiare a Wellington House e ciò che è stato rivelato nelle carte di Arnold Toynbee e nelle carte private di Bruce Lockhart, hanno portato alla conclusione che senza Toynbee, Bruce Lockhart del servizio segreto britannico MI6 e la complicità di almeno cinque nazioni europee, apparentemente fedeli e amiche della Corte di San Pietroburgo, la spietata rivoluzione bolscevica non avrebbe avuto luogo.

Poiché questo resoconto deve necessariamente limitarsi al coinvolgimento del Tavistock nella vicenda, non sarà completo come avremmo voluto. Secondo le carte private di Milner, i suoi assistenti, tramite Tavistock, contattarono un collega socialista, Fritz Platten (Milner era un importante socialista fabiano, anche se disprezzava Sydney e Beatrice Webb). Fu Platten a pianificare la logistica del viaggio e a supervisionarlo fino all'arrivo dei rivoluzionari a Pietrogrado.

Ciò è stato confermato e corroborato dagli archivi della Guillaumestrasse, la maggior parte dei quali abbiamo potuto consultare, poiché questi archivi sono aperti a determinate persone qualificate a consultarli. Esse concordano abbastanza bene con il resoconto di Bruce Lockhart nelle sue carte private e con quanto Lord Alfred Milner ebbe a dire sulla subdola vicenda che tradì la Russia. Sembra che Milner avesse molti contatti con i bolscevichi espatriati, tra cui Lenin. È a Lord Milner che Lenin si rivolge quando ha bisogno di denaro per la rivoluzione.

Armato di una lettera di presentazione di Platten, Lenin incontrò Lord Milner e illustrò il suo piano per rovesciare i Romanov e la Russia cristiana.

Milner accettò a condizione di poter inviare il suo agente dell'MI6 Bruce Lockhart a supervisionare gli affari correnti e a riferire su Lenin.

Lord Rothschild e i Rockefeller chiesero di poter inviare Sydney Reilly in Russia per supervisionare il trasferimento delle risorse naturali russe e dei rubli d'oro detenuti dalla Banca Centrale a Londra. Lenin, e più tardi Trotsky, erano d'accordo.

Per suggellare l'accordo, Lord Milner, a nome dei Rothschild, diede a Lenin 60 milioni di sterline in sovrane d'oro, mentre i Rockefeller contribuirono con circa 40 milioni di dollari.

I Paesi complici nella vicenda del "vagone di piombo" erano Gran Bretagna, Germania, Finlandia, Svizzera e Svezia. Pur non essendo direttamente coinvolti, gli Stati Uniti dovevano essere al corrente di quanto stava accadendo. Dopotutto, per ordine del Presidente Wilson, a Leon Trotsky (il cui vero nome era Lev Bronstein) fu rilasciato un passaporto americano nuovo di zecca per poter viaggiare in pace, anche se Trotsky non era cittadino americano.

Lenin e i suoi compatrioti disponevano di una carrozza privata ben arredata, fornita da alti funzionari del governo tedesco e sempre chiusa a chiave in accordo con le stazioni lungo la linea. Platten era il responsabile e stabilì le regole del viaggio, alcune delle quali sono riportate negli archivi della Guillaumestrasse:

> ➢ L'auto doveva rimanere chiusa per tutto il viaggio.

> ➢ Nessuno poteva entrare nell'auto senza il permesso di Platten.

> ➢ Il treno avrebbe uno status territoriale aggiuntivo. Non dovevano essere richiesti passaporti alle frontiere.

> ➢ I biglietti saranno acquistati al prezzo normale.

> ➢ Nessun "problema di sicurezza" dovrebbe essere sollevato dall'esercito o dalla polizia di un Paese in rotta.

Secondo i documenti della Guillaumestrasse, il viaggio fu autorizzato e approvato dal generale Ludendorff e dal Kaiser Wilhelm. Ludendorff arrivò a dire che se la Svezia si fosse rifiutata di far passare i bolscevichi, avrebbe garantito loro il passaggio in Russia attraverso le linee tedesche! Risulta che il governo svedese non si è opposto, e nemmeno quello finlandese.

Uno dei rivoluzionari di spicco che si unirono al treno all'arrivo al confine tedesco con la Svizzera fu Radek, che avrebbe avuto un ruolo di primo piano nella sanguinosa rivoluzione bolscevica. Ci sono stati anche momenti più leggeri. I Guillaumestrasse Files descrivono come la carrozza abbia perso la locomotiva a Francoforte, con un conseguente avanti e indietro di circa 8 ore.

Il gruppo ha lasciato il comfort della propria carrozza nella città tedesca di Sasnitz, sul Baltico, dove il governo tedesco ha fornito loro una "sistemazione decente". Il governo svedese offrì loro gentilmente il trasporto in traghetto fino a Malmö, da dove salparono per Stoccolma, dove una "bella" sistemazione attendeva il partito bolscevico per una notte di sosta, prima di dirigersi verso il confine finlandese.

Qui l'intrepido Platten lasciò il gruppo di buon umore e l'ultimo viaggio in Russia fu in treno fino a Pietrogrado. Così, un viaggio epico iniziato a Zurigo, in Svizzera, si è concluso a Pietrogrado. Lenin era arrivato lì e la Russia stava per crollare. E per tutto il tempo, Bernays e Lippmann e i loro associati alla Wellington House (Tavistock) mantennero un flusso costante di propaganda per il lavaggio del cervello che, si può concludere, ingannò gran parte del mondo.

CAPITOLO 2

L'Europa precipita nel baratro

Dopo la prima guerra mondiale e la fine della rivoluzione bolscevica, l'Europa fu costretta a cambiare secondo il piano di Tavistock. Quando, grazie alla Prima Guerra Mondiale indotta dagli inglesi, l'Europa cadde dal precipizio verso la fine del mondo, o forse sarebbe più appropriato dire che si trascinò come uno zombie fino a quando gli ultimi rappresentanti del suo passato scomparvero nell'oscurità dell'abisso, i cambiamenti forzati divennero molto evidenti.

Questo non è un libro sulla Prima Guerra Mondiale in quanto tale. Sono state scritte centinaia di migliaia di analisi sulle cause e sugli effetti della più grande tragedia che sia mai capitata all'umanità, eppure non è stata affrontata adeguatamente e probabilmente non lo sarà mai. C'è una cosa su cui molti scrittori, me compreso, sono d'accordo.

La guerra fu iniziata dalla Gran Bretagna per puro odio nei confronti della rapida ascesa della Germania a grande potenza economica in competizione con la Gran Bretagna, e Lord Edward Grey fu il principale artefice della guerra.

Il fatto che fosse impopolare e non approvato da un'ampia maggioranza del popolo britannico richiedeva "misure speciali", un nuovo ministero per affrontare la sfida. In sostanza, questo è il motivo per cui è stata creata la Wellington House.

Da queste umili origini, nel 2005 è diventato il gargantuesco Tavistock Institute of Human Relations, la prima istituzione al mondo per il lavaggio del cervello con la più sinistra influenza occulta. Dovrà essere affrontato e sconfitto se si vuole che gli

Stati Uniti sopravvivano come repubblica costituzionale con una forma di governo repubblicana garantita in tutti i 50 Stati, secondo l'opinione di alcuni membri del Senato degli Stati Uniti che sono stati consultati nella preparazione di questo libro ma che hanno chiesto di non essere nominati.

Le conseguenze della Prima guerra mondiale e i tentativi falliti di creare una Società delle Nazioni non fecero che aumentare il divario tra la vecchia civiltà occidentale e la nuova. Il disastro economico della Germania del dopoguerra incombeva sulla cultura occidentale come il fumo di una pira funeraria, aggiungendo un'atmosfera cupa, triste e spaventosa a quella iniziata negli anni Venti.

Gli storici concordano sul fatto che tutti i combattenti subirono vari gradi di devastazione economica, anche se la Russia fu in qualche modo risparmiata, per poi essere distrutta dai bolscevichi, mentre Germania e Austria furono le più colpite. Negli anni Venti una strana forma di allegria forzata si è abbattuta sull'Europa (includendo la Gran Bretagna) e sugli Stati Uniti. Ciò è stato attribuito alla "gioventù ribelle" e al fatto che la gente era generalmente "stufa della guerra e della politica". In realtà, le persone rispondevano alla penetrazione a lungo raggio e al condizionamento domestico dei maestri del Tavistock.

Tra la fine della Prima Guerra Mondiale e il 1935, erano scioccati come le truppe sopravvissute all'inferno delle trincee, dove proiettili e granate volavano intorno a loro, solo che ora erano i proiettili e le granate economiche e i vasti cambiamenti nei costumi sociali a intorpidire i loro sensi.

Ma il risultato finale del "trattamento" era lo stesso. La gente ha gettato al vento la discrezione e il marciume morale iniziato nel 1918 continua e cresce. In questo stato di allegria forzata, nessuno ha visto arrivare il crollo economico mondiale e la conseguente depressione globale.

La maggior parte degli storici concorda sul fatto che si trattava di una situazione artificiale e siamo portati a credere che il Tavistock abbia avuto un ruolo nelle febbrili campagne pubblicitarie delle varie fazioni in questo periodo. A sostegno della nostra tesi che il crollo e la depressione siano stati eventi artificiali. Vedere l'Appendice degli eventi.

Spengler aveva previsto ciò che sarebbe accaduto e si è scoperto che le sue previsioni erano sorprendentemente accurate. La "società decadente" e le "donne libere", caratterizzate da atteggiamenti da "maschiaccio" e da uomini ombrosi, richiedevano e ottenevano una riduzione del pudore femminile che si traduceva in orli più alti, capelli raccolti e trucco eccessivo, donne che fumavano e bevevano in pubblico. Mentre il denaro diventava più difficile da ottenere e le file per la mensa dei poveri e la disoccupazione si allungavano, le gonne si accorciavano, mentre gli scritti di Sinclair Lewis, F. Scott Fitzgerald, James Joyce e D. H. Lawrence suscitavano stupore, gli ultimi spettacoli di Broadway e i numeri dei locali notturni rivelavano più che mai il fascino nascosto delle donne e lo esponevano agli occhi del pubblico.

Nel 1919, gli stilisti notarono sulla rivista *New Yorker* che "gli orli di quest'anno sono a quindici centimetri da terra e molto audaci".

CAPITOLO 3

Come sono cambiati i tempi

Ma questo era solo l'inizio. Nel 1935, con l'ascesa al potere di Hitler, garantita dalle impossibili condizioni imposte alla Germania a Versailles, anche gli orli si alzarono vertiginosamente all'altezza delle ginocchia, tranne che in Germania, dove Hitler pretese il pudore dalle donne tedesche e lo ottenne, oltre a un sano rispetto, che non si addiceva al programma Tavistock.

Le persone che si fermano a riflettere dicono di odiare il modo in cui "i tempi stanno cambiando", ma ciò che non sanno e non possono sapere è che i tempi sono fatti per cambiare secondo una formula Tavistock accuratamente elaborata. Ovunque, in Europa e in America, la rivolta è in atto, la febbre dell'"emancipazione" si diffonde.

Negli Stati Uniti sono stati gli idoli del cinema muto a fare da apripista, ma non è la stessa cosa che in Europa, dove ci si concede tutti i "piaceri", compresa l'omosessualità, che è stata a lungo nascosta nell'ombra e mai nominata nella buona società.

L'omosessualità è apparsa insieme al lesbismo per suscitare disgusto e, a quanto pare, per offendere deliberatamente coloro che ancora si attaccavano al vecchio ordine.

Lo studio di questa aberrazione ha dimostrato che l'omosessualità e il lesbismo si sono diffusi non per desideri interiori o latenti, ma per "scioccare" il vecchio establishment e i suoi rigidi codici di buona morale. Anche la musica ne risentì e si trasformò in jazz e altre forme "decadenti".

Tavistock si trovava ora nella fase più cruciale dello sviluppo del suo piano che prevedeva la riduzione della donna a un livello di moralità e di comportamento senza precedenti nella storia. Le nazioni erano in uno stato di torpore, "scioccate" dai cambiamenti radicali che venivano loro imposti e che sembravano inarrestabili, in cui la totale assenza di pudore femminile si rifletteva in atteggiamenti comportamentali appresi che facevano sembrare gli anni '20 e '30 un convegno di insegnanti di scuola domenicale. Nulla poteva fermare la "rivoluzione sessuale" che travolgeva il mondo in quel periodo e la degradazione programmata della femminilità che l'accompagnava.

Alcune voci si fecero sentire, in particolare quelle di G.K. Chesterton e Oswald Spengler, ma non furono sufficienti a contrastare l'assalto del Tavistock Institute, che aveva di fatto "dichiarato guerra alla civiltà occidentale". Gli effetti della "penetrazione a lungo raggio e del condizionamento direzionale interno" sono visibili ovunque. La bancarotta morale, spirituale, razziale, economica, culturale e intellettuale in cui ci troviamo oggi non è un fenomeno sociale o il risultato di qualcosa di astratto o sociologico che è semplicemente "accaduto". È piuttosto il risultato di un programma Tavistock attentamente pianificato.

Quello che stiamo vedendo non è casuale, né un'aberrazione della storia. È piuttosto il prodotto finale di una crisi sociale e morale deliberatamente indotta, che si manifesta ovunque e in figure come Mick Jagger, Oprah Winfrey, Britney Spears, i "reality" televisivi, la "musica" che sembra essere un amalgama di tutti gli istinti primordiali, Fox News (Faux News), film quasi pornografici nei cinema tradizionali, pubblicità in cui il pudore e la decenza sono buttati fuori dalla finestra, comportamenti rumorosi e maleducati nei luoghi pubblici, soprattutto nei ristoranti americani; Katie Curic e una serie di altre persone che occupano posizioni di rilievo nella società.

Tutte queste persone sono state addestrate a parlare con una voce dura, monotona, stridula, senza alcuna cadenza, come se parlassero a mascelle serrate, in modo aspro, stridente e sgradevole per le orecchie. Mentre i conduttori e i "presentatori" del telegiornale erano sempre stati uomini, improvvisamente c'erano solo una dozzina di uomini sul campo.

Lo vediamo nelle "star" dell'industria cinematografica che producono film di livello culturale sempre più basso. Lo vediamo anche nella glorificazione dei matrimoni interrazziali, nel divorzio su richiesta, nell'aborto e nel palese comportamento omosessuale e lesbico, nella perdita delle credenze religiose e della vita familiare della civiltà occidentale. Star" come Ellen DeGeneres, che non hanno assolutamente alcun talento o valore culturale da offrire, vengono prese a modello per giovani ragazze impressionabili che sempre più spesso sfoggiano fino al 75% del loro corpo. Lo vediamo nel massiccio aumento della tossicodipendenza e in ogni sorta di malessere sociale, come l'approvazione in Canada di una "legge" che rende legale il "matrimonio" tra gay e lesbiche con il pretesto dei "diritti civili".

Lo vediamo nella corruzione diffusa del sistema politico e nel caos costituzionale in cui Camera e Senato permettono palesi violazioni della più alta legge del Paese a ogni livello di governo e in nessun altro luogo come nel ramo esecutivo del governo, dove ogni presidente da Roosevelt in poi si è arrogato poteri che il presidente in carica non dovrebbe avere. Lo vediamo nella decisione illecita del Presidente di dichiarare guerre quando tali prerogative sono esplicitamente negate al potere esecutivo dalla Costituzione degli Stati Uniti.

Lo vediamo in una nuova dimensione di disobbedienza costituzionale che si aggiunge a una brutta lista di "leggi" non autorizzate dalla Costituzione, una delle più recenti e sciocanti è il palese sconfinamento dei poteri della Corte Suprema degli Stati Uniti che ha infranto i diritti degli Stati ed eletto George Bush Jr. come presidente. Questo è uno dei colpi più selvaggi alla Costituzione e la più palese violazione del 10ème Emendamento della Costituzione degli Stati Uniti nella storia di questo Paese. Eppure, il popolo americano è così sbalordito e scioccato che non sono state espresse proteste, non sono state organizzate manifestazioni di massa, non sono stati lanciati appelli per mettere in riga la Corte Suprema. In questo caso, il potere della "penetrazione a lungo raggio e del condizionamento direzionale interno" del Tavistock si rivelò un enorme trionfo.

No, lo stato di disintegrazione della nostra Repubblica in cui ci troviamo nel 2005 non è il risultato dell'evoluzione; piuttosto, è il prodotto finale di un progetto di lavaggio del cervello di ingegneria sociale attentamente pianificato e di proporzioni immense. La verità si riflette nella morte di quella che un tempo era la più grande nazione del mondo.

La letteratura sul condizionamento fisiologico scritta dai sociologi del Tavistock funziona bene. La vostra reazione è programmata. Non si può pensare diversamente se non si fa uno sforzo supremo.

Né è possibile prendere provvedimenti per liberarsi da questa condizione se prima non si riesce a identificare il nemico e il suo piano per la dissoluzione degli Stati Uniti e dell'Europa in particolare e del mondo occidentale in generale. Questo nemico si chiama Tavistock Institute for Human Relations ed è in guerra con la civiltà occidentale fin dai suoi primi giorni, prima che trovasse forma e sostanza a Wellington House e si evolvesse nelle attuali strutture della Sussex University e della Tavistock Clinic di Londra. Prima che io smascherassi questa istituzione nel 1969, essa era sconosciuta negli Stati Uniti. È senza dubbio la prima istituzione al mondo di ingegneria sociale per il lavaggio del cervello.

Analizzeremo i risultati ottenuti agli esordi, nell'Inghilterra precedente alla Prima Guerra Mondiale, e poi nel periodo precedente e successivo alla Seconda Guerra Mondiale, fino ai giorni nostri. Durante la Seconda guerra mondiale, il Tavistock Institute aveva sede presso la Physiological Warfare Division dell'esercito britannico. Abbiamo trattato la sua storia durante gli anni formativi a Wellington House e ora passiamo alle sue attività prima e dopo la Seconda Guerra Mondiale.

CAPITOLO 4

Ingegneria sociale e scienziati sociali

Il dottor Kurt Lewin è stato il principale teorico, specializzato nell'insegnamento e nell'applicazione della psicologia topologica, che era e rimane il metodo più avanzato di modifica del comportamento. Lewin fu assistito dal Maggiore Generale John Rawlings Reese, da Eric Trist, W. R. Bion, H. V. Dicks e da diversi "grandi" del lavaggio del cervello e dell'ingegneria sociale come Margaret Meade e suo marito, Gregory Bateson. Bernays è stato il principale consulente fino a quando George Bush non è stato insediato alla Casa Bianca dalla Corte Suprema. Non vogliamo essere troppo tecnici, quindi non entreremo nei dettagli di come hanno applicato le scienze sociali. La maggior parte delle persone accetterà il termine generico "lavaggio del cervello" come spiegazione esaustiva delle attività di questa "madre di tutti i think tank".

Non vi sorprenderà sapere che Lewin e il suo team hanno fondato lo Stanford Research Center, la Wharton School of Economics, il MIT e il National Institute of Mental Health, oltre a molte altre istituzioni che sono comunemente considerate "americane". Nel corso degli anni, il governo federale ha contribuito con milioni e milioni di dollari al Tavistock e alla sua vasta rete di istituzioni interconnesse, mentre l'America delle imprese e Wall Street hanno contribuito con i fondi.

Osiamo dire che senza la crescita e il sorprendente progresso delle tecniche di lavaggio del cervello di massa sviluppate dall'Istituto Tavistock, non ci sarebbe stata la Seconda Guerra Mondiale, né le guerre successive, e certamente non le due Guerre del Golfo, la seconda delle quali sta ancora infuriando nel novembre 2005.

Nel 2000, non c'era praticamente nessun aspetto della vita in America che non fosse stato raggiunto dai tentacoli del Tavistock, compresi tutti i livelli di governo, da quello locale a quello federale, l'industria, il commercio, l'istruzione e le istituzioni politiche della nazione. Ogni aspetto mentale e psicologico della nazione è stato analizzato, registrato, profilato e archiviato in banche dati informatiche.

È emersa quella che Tavistock chiama "risposta a tre sistemi", ovvero il modo in cui i gruppi di popolazione reagiscono allo stress derivante da "situazioni inventate" che diventano esercizi di gestione della crisi. Quello che abbiamo negli Stati Uniti e in Gran Bretagna è un governo che crea una situazione che viene vista dai cittadini come una crisi, e il governo poi gestisce questa "crisi".

L'attacco giapponese a Pearl Harbor nel dicembre 1941 è un esempio di "situazione artificiale". L'attacco a Pearl Harbor fu "fabbricato", come spiegato in precedenza, con il trasferimento di denaro dei Rockefeller a Richard Sorge, l'esperto di spionaggio, e poi a un membro della famiglia imperiale, per indurre il Giappone a sparare i primi colpi in modo che l'amministrazione Roosevelt avesse un pretesto per far entrare gli Stati Uniti nella Seconda Guerra Mondiale.

Lo strangolamento economico del Giappone da parte di Gran Bretagna e Stati Uniti, che bloccavano unilateralmente il flusso di materie prime essenziali a quella fabbrica insulare che è il Giappone, arrivò a un punto in cui si decise di porvi fine.

Il Tavistock ha avuto un ruolo enorme nel dare forma alla massiccia ondata di propaganda anti-giapponese che ha portato gli Stati Uniti alla guerra in Europa attraverso la guerra contro il Giappone.

Vennero esercitate pressioni economiche insopportabili sul Giappone, mentre allo stesso tempo l'amministrazione Roosevelt si rifiutava di "negoziare", finché il governo di Tokyo non vide altra via d'uscita che attaccare Pearl Harbor. Roosevelt aveva opportunamente messo a rischio la Flotta del Pacifico spostandola dal porto di San Diego a Pearl Harbor senza alcuna ragione strategica, mettendola così direttamente nel raggio d'azione della Marina giapponese.

Un altro esempio è più recente: la Guerra del Golfo, iniziata quando si è parlato delle presunte scorte di armi nucleari e chimiche dell'Iraq, le cosiddette "armi di distruzione di massa" (WMD). L'amministrazione Bush e il governo Blair sapevano che la questione era una "situazione inventata" senza fondamento o merito; sapevano che queste armi non esistevano. Esistevano prove inconfutabili che il programma di armamento di Hussein era stato cancellato dopo la Guerra del Golfo del 1991 e dal mantenimento di sanzioni brutali.

In breve, i due "leader" occidentali sono rimasti invischiati in una rete di menzogne, ma la potenza del Comitato dei 300 e la capacità di lavaggio del cervello di Tavistock sono tali da farli rimanere in carica nonostante si ammetta che, a causa delle loro menzogne, siano morti almeno un milione di iracheni e più di 2.000 militari statunitensi e 25.999 siano stati feriti (dati dell'intelligence militare russa GRU), il 53% dei quali mutilati, con un costo in termini monetari superiore, a ottobre 2005, a 550 miliardi di dollari.

Il bilancio delle vittime irachene è il totale delle due Guerre del Golfo, la maggior parte delle quali erano civili morti per mancanza di cibo, acqua potabile e medicine a causa delle sanzioni criminali imposte dai governi britannico e americano sotto la copertura delle Nazioni Unite.

Applicando le sanzioni all'Iraq, l'ONU ha violato il suo stesso statuto ed è diventata un'istituzione paralizzata e priva di credibilità.

Non esiste un parallelo nella storia in cui un uomo che ricopre la più alta carica sia stato provato come bugiardo e ingannatore, eppure sia stato in grado di rimanere al potere come se nulla avesse macchiato la sua carica, uno stato di cose che dimostra la potenza del trattamento di "penetrazione e condizionamento a lungo termine" del Tavistock Institute sul popolo americano, che lo porterebbe ad accettare docilmente una situazione così turgida e orribile senza mai scendere in piazza in preda alla rabbia.

Henry Ford non ha forse detto che "il popolo merita il governo che ha"? Se il popolo non fa nulla per rovesciare quel governo, come è diritto del popolo americano secondo la Costituzione degli Stati Uniti, allora si merita di avere bugiardi e ingannatori a capo della propria nazione e delle proprie vite.

D'altra parte, il popolo americano potrebbe attraversare una delle tre fasi di quella che il dottor Fred Emery, un tempo psichiatra capo del Tavistock, ha definito "turbolenza sociale ambientale".

Secondo Emery:

> "I grandi gruppi di popolazione presentano i seguenti sintomi quando sono sottoposti a condizioni di violento cambiamento sociale, stress e turbolenza che possono essere suddivisi in categorie ben definite: La superficialità è la condizione che si verifica quando il gruppo di popolazione minacciato reagisce adottando slogan superficiali, che cerca di far passare per ideali".

L'investimento dell'ego è minimo, il che rende la prima fase una "risposta inadeguata" perché, come afferma Emery, "la causa della crisi non viene isolata e identificata" e la crisi e la tensione non si placano, ma continuano finché il controllore vuole che durino. La seconda fase della risposta alla crisi (dal momento che la crisi continua) è la "frammentazione", uno stato in cui si scatena il panico, la "coesione sociale" si rompe con il risultato che si formano gruppi molto piccoli che cercano di proteggersi dalla crisi senza tener conto delle spese o dei costi per altri piccoli gruppi frammentati. Emery chiama questa fase "disadattamento passivo", non riuscendo a identificare la causa della crisi.

La terza fase è quella in cui le vittime si allontanano dalla fonte della crisi indotta e dalla tensione che ne deriva. Essi intraprendono "viaggi fantasiosi di migrazione interna, introspezione e auto-ossessione". Questo è ciò che Tavistock chiama "dissociazione e autorealizzazione". Emery spiega poi che "le risposte passive disadattive sono ora abbinate a 'risposte attive disadattive'".

Emery afferma che negli ultimi 50 anni gli esperimenti di psicologia sociale applicata e la conseguente "gestione delle crisi" hanno preso il sopravvento su ogni aspetto della vita in America e che i risultati sono archiviati nei computer dei principali "think tank" come la Stanford University. Gli scenari vengono rilasciati, utilizzati e rivisti di volta in volta e, secondo Tavistock, "gli scenari sono attualmente in funzione".

Ciò significa che il Tavistock ha profilato e fatto il lavaggio del cervello alla maggioranza del popolo americano. Se una parte del pubblico americano sarà mai in grado di identificare la causa delle crisi che hanno travolto questa nazione negli ultimi settant'anni, la struttura di ingegneria sociale costruita da Tavistock crollerà. Ma questo non è ancora avvenuto. Il Tavistock continua ad affogare il pubblico americano nel suo mare di opinione pubblica creata.

L'ingegneria sociale sviluppata dagli scienziati sociali del Tavistock è stata utilizzata come arma in entrambe le guerre mondiali di questo secolo, in particolare nella Prima Guerra Mondiale. I sondaggisti che l'hanno sviluppata sono stati molto franchi: utilizzano sulla popolazione americana gli stessi dispositivi e metodi che sono stati utilizzati e sperimentati contro le popolazioni nemiche. I sondaggisti che l'hanno sviluppato sono stati piuttosto franchi: utilizzano sulla popolazione americana gli stessi dispositivi e metodi utilizzati e testati sulle popolazioni nemiche.

Oggi, la manipolazione dell'opinione pubblica attraverso i sondaggi è diventata una tecnica centrale nelle mani degli ingegneri sociali e dei controllori delle scienze sociali impiegati al Tavistock e nei suoi numerosi "think tank" situati negli Stati Uniti e in Gran Bretagna.

CAPITOLO 5

Abbiamo quello che H. G. Wells chiamava "un governo invisibile"?

Come ho indicato, la moderna scienza della formazione dell'opinione pubblica attraverso tecniche avanzate di manipolazione dell'opinione di massa è iniziata in una delle fabbriche di propaganda più avanzate dell'Occidente, situata in Gran Bretagna a Wellington House. Questa struttura dedicata all'ingegneria sociale e alla creazione dell'opinione pubblica allo scoppio della Prima guerra mondiale era sotto l'egida dei Lord Rothmere e Northcliffe e del futuro direttore degli studi del Royal Institute of International Affairs (RIIA), Arnold Toynbee. La Wellington House aveva una sezione americana, i cui membri più importanti erano Walter Lippmann ed Edward Bernays. Come abbiamo scoperto in seguito, Bernays era il nipote di Sigmund Freud, un fatto accuratamente nascosto al pubblico.

Insieme si concentrarono sulle tecniche per "mobilitare" il sostegno alla Prima guerra mondiale tra le masse di persone che si opponevano alla guerra con la Germania. La percezione pubblica era che la Germania fosse un amico del popolo britannico, non un nemico, e il popolo britannico non vedeva la necessità di combattere la Germania. Dopo tutto, non è forse vero che la regina Vittoria era cugina del Kaiser Guglielmo II? Toynbee, Lippmann e Bernays cercarono di persuaderli della necessità della guerra, utilizzando le tecniche della nuova scienza attraverso le nuove arti della manipolazione di massa attraverso i mezzi di comunicazione, per scopi propagandistici conditi da una volontà di mentire che era appena agli inizi, avendo acquisito una notevole esperienza durante la guerra anglo-boera (1899-1902). Non è solo il pubblico britannico a dover cambiare la percezione degli eventi, ma anche un pubblico americano riluttante.

A tal fine, Bernays e Lippmann furono determinanti per l'istituzione da parte di Woodrow Wilson del Comitato Creel, che creò la prima serie di tecniche metodologiche per la diffusione di una propaganda di successo e per la scienza dei sondaggi per ottenere l'opinione "corretta".

Fin dall'inizio, le tecniche sono state concepite in modo che i sondaggi (formazione dell'opinione pubblica) si basassero su una caratteristica ovvia ma sorprendente: riguardavano le opinioni delle persone, non la loro comprensione dei processi scientifici e politici. Così, per intenzione, i sondaggisti hanno forgiato una mentalità essenzialmente irrazionale al livello primario dell'attenzione pubblica. Si trattava di una decisione consapevole di minare la comprensione della realtà da parte di masse di persone in una società industriale sempre più complessa.

Se vi è mai capitato di guardare "Fox News", dove gli spettatori ricevono i risultati di un sondaggio su "cosa pensano gli americani" e poi, per l'ora successiva, vi ritrovate a scuotere la testa e a chiedervi che cosa i risultati del sondaggio riflettano sui vostri processi di pensiero, allora non potrete fare a meno di sentirvi più perplessi che mai.

La chiave per capire Fox News e il sondaggio potrebbe risiedere in ciò che Lippmann aveva da dire su questi temi. Nel suo libro del 1922, *Public Opinion*, Lippmann descrive la metodologia di guerra psicologica di Tavistock.

In un capitolo introduttivo intitolato "Il mondo esterno e le immagini nella nostra testa",[3] Lippmann sottolinea che

> "L'oggetto di studio per l'analista sociale dell'opinione pubblica è la realtà come definita dalla percezione interna o dalle immagini di quella realtà. L'opinione pubblica ha a che fare con fatti indiretti, invisibili, confusi, e non c'è nulla di ovvio in essi.

---

[3] Il mondo esterno e le immagini nella nostra testa. Ndt.

Le situazioni a cui si riferisce l'opinione pubblica sono note solo come opinioni.

"Le immagini nella testa di questi esseri umani, le immagini di se stessi, degli altri, dei loro bisogni, dei loro obiettivi, delle loro relazioni, sono le loro opinioni pubbliche. Queste immagini, agite da gruppi di persone o da individui che agiscono per conto di gruppi, sono l'opinione pubblica con le maiuscole. L'immagine interiore spesso trae in inganno gli uomini nei loro rapporti con il mondo esterno.

Da questa valutazione è facile trarre il successivo passo decisivo compiuto da Bernays, ovvero che le élite che gestiscono la società possono mobilitare le risorse delle comunicazioni di massa per mobilitare e cambiare le menti del "gregge".

Un anno dopo il libro di Lippmann, Bernays scrisse *Crystallizing Public Opinion*. A questo è seguito, nel 1928, un libro intitolato semplicemente: *Propaganda*.

Nel primo capitolo, "Organizzare il caos", Bernays scrive:

La manipolazione consapevole e intelligente dell'organizzazione, delle abitudini e delle opinioni delle masse è un elemento importante della società democratica. Coloro che manipolano questo meccanismo invisibile della società costituiscono un governo invisibile, che è il vero potere dominante del nostro Paese.

Siamo governati, le nostre menti plasmate, i nostri gusti formati, le nostre idee suggerite, in gran parte da uomini che non abbiamo mai sentito nominare... I nostri governanti invisibili in molti casi non conoscono l'identità dei loro colleghi del gabinetto interno.

Qualunque sia l'atteggiamento che si sceglie di adottare nei confronti di questa condizione, resta il fatto che in quasi tutti gli atti della nostra vita quotidiana, sia in politica che negli affari, nella condotta sociale o nel pensiero etico, siamo dominati da un numero relativamente piccolo di persone - una frazione insignificante dei nostri milioni - che comprendono i processi mentali e i modelli sociali delle masse. Sono loro che tirano le fila, che controllano la mente pubblica, che imbrigliano vecchie forze sociali e inventano nuovi modi di legare e guidare il mondo.

In *Propaganda,* Bernays dà seguito al suo elogio del "governo invisibile" delineando la fase successiva delle tecniche di propaganda:

> Man mano che la civiltà è diventata più complessa e la necessità di un governo invisibile è stata sempre più dimostrata, sono stati inventati e sviluppati i mezzi tecnici per governare l'opinione. Con la stampa e il giornale, il telefono, il telegrafo, la radio e l'aereo, le idee possono diffondersi rapidamente e persino istantaneamente in tutta l'America.

A sostegno della sua tesi, Bernays cita il mentore della "manipolazione dell'opinione pubblica", H. G. Wells. Cita un articolo del 1928 del *New York Times,* in cui Wells elogia i "moderni mezzi di comunicazione" per aver "aperto un nuovo mondo di processi politici" e aver reso possibile "documentare e sostenere lo scopo comune" contro la perversione e il tradimento. Per Wells, l'avvento della "comunicazione di massa", fino alla televisione, significava l'apertura di nuove fantastiche vie per il controllo sociale, al di là dei sogni più sfrenati dei primi fanatici della manipolazione di massa della Fabian Society britannica. Ritorneremo su questo argomento di vitale importanza più avanti nel presente documento.

CAPITOLO 6

La comunicazione di massa inaugura l'industria dei sondaggi

Per Bernays, il riconoscimento dell'idea di Wells gli fece guadagnare una posizione chiave nella gerarchia degli osservatori dell'opinione pubblica americana; nel 1929 ottenne un posto alla CBS, appena acquistata da William Paley.

Allo stesso modo, l'avvento delle comunicazioni di massa ha dato vita all'industria dei sondaggi e dei campionamenti, per organizzare le percezioni di massa per la mafia dei media (parte del "governo invisibile" che gestisce lo spettacolo da dietro le quinte).

Nel 1935-36 i sondaggi erano in pieno svolgimento. Nello stesso anno, Elmo Roper lanciò la sua rivista *Fortune* per i sondaggi, che si evolse nella sua rubrica "What People Are Thinking" (Cosa pensa la gente)[4] per il *New York Herald Tribune*.

George Gallup fonda l'Istituto americano di opinione pubblica; - nel 1936 apre l'Istituto britannico di opinione pubblica. Gallup avrebbe basato le sue attività intorno all'Università di Princeton, interagendo con il complesso Ufficio di Ricerca sull'Opinione Pubblica/Istituto per la Ricerca Sociale Internazionale/Dipartimento di Psicologia diretto da Hadley Cantril, destinato a svolgere un ruolo sempre più importante nello sviluppo dei metodi di profilazione psicologica poi utilizzati nella fabbricazione della Cospirazione dell'Acquario.

---

[4] "Cosa pensa la gente", Ndt.

Nello stesso periodo, 1935-36, i sondaggi sono stati utilizzati per la prima volta nelle elezioni presidenziali, guidati da due giornali della famiglia Cowles, il *Minneapolis Star-Tribune* e il *Des Moines Register*. I Cowles sono ancora nel settore dei giornali. Con sede a Spokane, Washington, sono opinionisti attivi e il loro sostegno alla guerra di Bush in Iraq è stato un fattore cruciale.

Non è chiaro chi abbia introdotto la pratica dei "consiglieri presidenziali", persone non elette dai cittadini e che i cittadini non possono controllare, ma che decidono la politica estera interna ed esterna della nazione. Woodrow Wilson fu il primo presidente americano a utilizzare questa pratica.

I sondaggi di opinione e la Seconda Guerra Mondiale

Si trattava di piccoli preparativi per la fase successiva, che fu innescata da due importanti eventi che si intersecarono: l'arrivo in Iowa dell'esperto di guerra psicologica emigrato Kurt Lewin e il coinvolgimento degli Stati Uniti nella Seconda Guerra Mondiale.

La Seconda guerra mondiale fornì agli emergenti scienziati sociali di Tavistock un enorme campo di sperimentazione. Sotto la guida di Lewin, le forze chiave che si sarebbero dispiegate dopo la Seconda Guerra Mondiale avrebbero utilizzato le tecniche sviluppate per la guerra contro la popolazione statunitense. Nel 1946, infatti, il Tavistock ha dichiarato guerra alla popolazione civile degli Stati Uniti e da allora è rimasto in stato di guerra.

I concetti di base esposti da Lewin, Wells, Bernays e Lippmann rimasero in vigore come guida alla manipolazione dell'opinione pubblica; la guerra diede agli scienziati sociali l'opportunità di applicarli in forma altamente concentrata e di riunire un gran numero di istituzioni sotto la loro direzione per raggiungere gli obiettivi dei loro esperimenti.

L'istituto centrale, che era il veicolo per la formazione dell'"opinione pubblica", era il Comitato nazionale per la morale.

Apparentemente istituito per mobilitare il sostegno alla guerra, proprio come il presidente Wilson aveva istituito il suo Comitato di gestione per "gestire" la Prima guerra mondiale, il suo vero scopo era quello di condurre un'intensa attività di profiling delle popolazioni dell'"Asse" e degli Stati Uniti, al fine di creare e mantenere uno strumento di controllo sociale.

Il comitato era guidato da diversi leader della società americana, tra cui Robert P. Bass e Herbert Bayard Swope. Il suo segretario era il marito di Margaret Meade, Gregory Bateson, uno dei principali istigatori dei famosi esperimenti con LSD "MK-Ultra" della CIA, che alcuni esperti considerano il veicolo di lancio della controcultura americana della droga, del rock e del sesso.

Il comitato comprendeva il sondaggista George Gallup, l'ufficiale dei servizi segreti Ladislas Farago e lo psicologo del Tavistock Gardner Murphy.

Il comitato condusse una serie di progetti speciali, il più importante dei quali fu un importante studio su come condurre al meglio la guerra psicologica contro la Germania. Le persone chiave che hanno svolto un ruolo fondamentale nello sviluppo del progetto di opinione pubblica sono state

* Kurt K. Lewin, Educazione e storia; Psicologia; Scienze sociali

* Il professor Gordon W. Allport, Psicologia

* Professor Edwin G. Borin, Psicologia

* Professore Hadley Cantril, Psicologia

* Ronald Lippitt, Scienze sociali

* Margaret Mead, Antropologia, Scienze sociali; Sviluppo giovanile e infantile

Lo staff comprendeva più di 100 ricercatori e diversi istituti di opinion profiling essenziali per il progetto.

Uno di questi team di progetto speciale era quello dell'Office and Strategic Services (OSS) (il precursore della CIA), composto da

Margaret Mead, Kurt Lewin, Ronald Lippitt, Dorwin Cartwright, John K. Francesi e specialisti dell'opinione pubblica come Samuel Stouffer (in seguito presidente del Gruppo Relazioni Sociali del Laboratorio dell'Università di Harvard), Paul Lazarsfeld del Dipartimento di Sociologia della Columbia University, che insieme al profiler Harold Lasswell sviluppò una metodologia di "ricerca dell'opinione" per l'OSS basata su una dettagliata "analisi del contenuto" della stampa locale nei paesi nemici, e Rensis Likert

Likert, dirigente della Prudential Insurance Company poco prima della guerra, aveva perfezionato le tecniche di profiling come direttore della ricerca della Life Insurance Agency Management Association. Questo gli permise di interagire favorevolmente con il capo della Strategic Bombing Investigation statunitense, che era l'ex capo della Prudential Life Insurance Company. Dal 1945 al 1946 Likert ricoprì la carica di direttore della Divisione Morale dell'Indagine sui bombardamenti strategici, che gli diede un notevole margine di manovra nel tracciare e manipolare l'opinione pubblica di massa.

CAPITOLO 7

La formazione dell'opinione pubblica

Secondo gli archivi del Tavistock Institute, la Strategic Bombing Survey giocò un ruolo chiave nel mettere in ginocchio la Germania attraverso un programma altamente disciplinato di bombardamento sistematico delle case operaie tedesche, che Sir Arthur Harris della RAF fu ben felice di portare a termine.

Inoltre, dal 1939 al 1945, Likert ha diretto la Division of Program Surveys del Dipartimento dell'Agricoltura, da cui sono emersi importanti studi sulle tecniche di "persuasione di massa". O, per dirla in altro modo, "far sì che l'opinione pubblica sia d'accordo con gli obiettivi desiderati". Si può solo ipotizzare quanti cittadini credessero che il loro sostegno allo sforzo bellico "alleato" derivasse dalle loro opinioni.

Uno dei principali collaboratori di Likert in questa divisione fu Dorwin Cartwright, pupillo di Lewin e futuro agente del Tavistock, che scrisse il manuale "Alcuni principi di persuasione di massa", ancora oggi in uso.

L'Office of War Information (OWI), diretto da Gardner Cowles durante gran parte dello sforzo bellico, fu un'altra importante agenzia per la formazione dell'opinione pubblica. Bernays fu coinvolto nell'OWI come consulente. È dai legami che abbiamo descritto che è emersa la rete delle principali "istituzioni di sondaggio" dopo la seconda guerra mondiale. Da allora hanno svolto un ruolo potente e decisivo nella vita americana. La Gallup, nata dal Consiglio di Amministrazione del Comitato Morale Nazionale, ha intensificato la sua attività ed è diventata il comandante chiave degli istituti di sondaggio per lanciare le nuove politiche del Comitato dei 300, che ha spacciato per "risultati di sondaggi".

Nel dopoguerra Bernays svolse diversi ruoli chiave. Nel 1953, scrisse un documento per il Dipartimento di Stato in cui raccomandava la creazione di un ufficio statale per la guerra psicologica. Nel 1954 è stato consulente dell'aeronautica militare statunitense, il ramo delle forze armate più influenzato dai ricercatori dello Strategic Bombing Survey.

All'inizio degli anni Cinquanta, Bernays era il consulente per le pubbliche relazioni della United Fruit (United Brands) Corporation, una delle principali aziende dell'apparato di sicurezza nazionale/comunicazione (il "complesso militare-industriale" di Eisenhower), allora impegnato a consolidare il proprio potere sulla politica americana.

Bernays guidò la campagna di propaganda secondo cui il Guatemala stava cadendo sotto il "controllo comunista", che portò a un colpo di stato organizzato dagli Stati Uniti in quel Paese. Nel 1955 Bernays scrisse un libro sulla sua esperienza intitolato *L'ingegneria del consenso*.[5]

Questo libro è diventato il piano Tavistock virtuale seguito dal governo statunitense per rovesciare qualsiasi Paese le cui politiche siano inaccettabili per la dittatura socialista del governo unico mondiale.

Per tutto il dopoguerra, Bernays fu membro della Society for Applied Anthropology, una delle istituzioni di controllo sociale di Margaret Mead negli Stati Uniti, e della Society for the Psychological Study of Social Issues, un gruppo creato dal fondatore del Tavistock John Rawlings Reese per condurre "truppe d'assalto psichiatriche" tra la popolazione americana.

Una delle sue prime azioni è stata l'eliminazione dell'omosessualità in Florida, una mossa aspramente contrastata da Anita Bryant che non aveva idea di cosa stesse affrontando.

---

[5] *La fabbricazione del consenso*, Ndt.

La seconda azione è stata quella di introdurre il tema che i non bianchi sono più intelligenti dei bianchi, di cui parleremo più avanti.

Likert si trasferì all'Università del Michigan per creare l'Institute for Social Research (ISR), che assorbì il Massachusetts Center for the Study of Group Dynamics, il principale affiliato statunitense del Tavistock nel primo dopoguerra.

Il Tavistock ISR è stato il centro di una serie di sottogruppi di profilazione critica e di "ricerca di opinione", tra cui il Center for research in the Utilization of Scientific Knowledge, fondato da Ronald Lippitt, collaboratore di Likert all'OSS e discepolo di Lewin.

Il direttore del progetto, Donald Michael, era una figura di spicco del Club di Roma e un secondo sottogruppo, il Survey Research Center, era una creazione personale di Likert che crebbe fino a diventare l'istituzione più elaborata negli Stati Uniti per "sondare" (creare) gli atteggiamenti e le tendenze popolari, primi fra tutti lo svilimento e la degradazione della femminilità e l'enfatizzazione delle superiori capacità intellettuali dei non bianchi secondo gli scenari accuratamente elaborati da Lewin.

Robert Hutchins divenne famoso in quel periodo e il suo collega più vicino in quei primi anni fu William Benton, fondatore nel 1929 con Chester Bowles della Benton and Bowles, la famosa società di pubblicità. Benton utilizzò Benton e Bowles come mezzo per sviluppare la scienza del controllo di massa attraverso la pubblicità.

È stato il lavoro pionieristico di Benton, sostenuto da Douglass Cater, a portare allo sviluppo del nascente controllo del Tavistock sulla politica dei media degli Stati Uniti attraverso l'Aspen Institute in Colorado, la sede statunitense del Comitato dei 300 del Governo Socialista Unico Mondiale.

Accenno di sfuggita al fatto che la scienza del controllo dei mass media attraverso la pubblicità è ormai talmente consolidata da essere diventata la componente chiave della formazione delle opinioni. Nel primo dopoguerra, Hollywood lo inserisce in quasi tutti i suoi film.

La pubblicità (il lavaggio del cervello) avveniva attraverso il tipo e la marca di auto che l'eroe guidava, la marca di sigarette che il soave Lawrence Harvey fumava, gli abiti e il trucco che la star indossava, abiti che con il passare degli anni diventavano sempre più osé, Fino ad oggi, nel 2005, la femminilità è stata degradata dal seno quasi nudo di Britney Spear e dal suo ventre nudo, esposto dai jeans attillati che spesso indossa, e dalla morale che Hollywood ama tanto sbeffeggiare.

CAPITOLO 8

Il degrado delle donne e il declino degli standard morali

Il ritmo di degradazione della femminilità ha subito un'accelerazione notevole da quando le gonne sono arrivate al ginocchio. Ciò è evidente in aree come la quasi-pornografia nei film e nelle soap opera tradizionali, e ci azzardiamo a suggerire che non è lontano il giorno in cui tali scene saranno "totali e obbligatorie".

Questo declino del discorso femminile attraente può essere attribuito alla metodologia Tavistock e ai suoi praticanti, Cantril, Likert e Lewin. Un altro cambiamento degno di nota è stato l'aumento del numero di film che presentano incontri interrazziali e sesso, insieme alla rivendicazione di "diritti umani" per le lesbiche nella forma più aperta.

Per questo compito sono state selezionate e addestrate persone speciali, la più nota delle quali è Ellen Degeneres, che ha ricevuto centinaia di migliaia di dollari di pubblicità gratuita con il pretesto di essere intervistata in talk show e gruppi di "discussione" sul tema dell'"amore tra persone dello stesso sesso", cioè incontri tra due donne che comportano qualche tipo di pratica sessuale.

Benton, il pioniere dello svilimento della femminilità, ha avuto come mentore il principale scienziato sociale della teoria del profiling di Tavistock, Harold Lasswell, che, con Benton, ha fondato l'American Policy Commission nel 1940. La joint venture di Lasswell con Benton segnò il più chiaro collegamento tra le operazioni segrete del governo socialista mondiale di

Aspen in America e il Tavistock Institute. Aspen divenne la sede del Comitato delle 300 filiali negli Stati Uniti.

Hedley Cantril, Likert e Lewin, con la loro metodologia applicata alla psicologia umanistica e al lavaggio del cervello, hanno svolto un ruolo sempre più vitale nell'uso della "ricerca d'opinione" per determinare cambiamenti di paradigma e di valore nella società, come quelli appena descritti, ma su scala più ampia e a tutti i livelli della società che compongono la civiltà occidentale come è stata conosciuta per secoli.

La base di Cantril, da cui conduceva le sue operazioni di guerra contro il popolo americano, era l'Office of Public Opinion Research dell'Università di Princeton, fondato nel 1940, lo stesso anno in cui Cantril scrisse il suo libro *L'invasione da Marte*, un'analisi dettagliata di come la popolazione dell'area di New York-New Jersey reagì con paura e panico alla messa in onda della "Guerra dei Mondi" di Orson Wells nel 1938.

Come potevano sapere di essere parte di un'impresa di profiling se è ragionevole concludere che nel 1938 praticamente nessun americano aveva mai sentito parlare di Hadley Cantril o del Tavistock Institute? Sarebbe interessante sapere quanti americani avevano sentito parlare del Tavistock nel 2005?

La maggior parte delle persone ricorda Orson Wells, ma probabilmente il novantanove per cento della popolazione non attribuisce alcuna importanza al nome di Cantril e non conosce l'Istituto Tavistock.

Raccontiamo la storia della notte del 30 ottobre 1938, perché le stesse tecniche sono state utilizzate dall'amministrazione Bush, dal Dipartimento della Difesa e dalla CIA per plasmare la percezione pubblica degli eventi che hanno portato all'invasione dell'Iraq nel 2003 e sono ancora attuali nel 2005.

Nel 1938, Orson Wells si era creato la reputazione di maestro delle fake news utilizzando l'autore inglese H. G. Wells, ex agente dell'MI6, e il suo libro *La guerra dei mondi*.

Nell'adattamento radiofonico dell'opera di Wells, l'altro Wells interrompeva i programmi radiofonici del New Jersey annunciando che i marziani erano appena sbarcati. "L'invasione marziana è iniziata", dichiarò Orson Welles.

Durante questa produzione di quattro ore, è stato annunciato non meno di quattro volte che ciò che il pubblico stava ascoltando era una rievocazione fittizia di come sarebbe stata la storia di H.G. Wells se avesse preso vita. Ma è stato inutile. Il panico ha attanagliato milioni di persone che sono fuggite dalle loro case in preda al terrore e hanno bloccato strade e sistemi di comunicazione.

Qual era lo scopo della "bufala"? In primo luogo, si trattava di testare l'efficacia dei metodi di Cantril e Tavistock nella pratica e, cosa forse più importante, di preparare il terreno per l'imminente guerra in Europa, in cui i "telegiornali" avrebbero svolto un ruolo cruciale nella raccolta e nella diffusione di informazioni come fonte consolidata di informazioni affidabili, oltre che come forum per la formazione dell'opinione pubblica.

Due giorni dopo la trasmissione del notiziario "Invasione marziana", un editoriale del *New York Times* intitolato "Terrore via radio" evidenziò involontariamente ciò che il Tavistock aveva in mente per Il popolo americano nell'imminenza della guerra: "Ciò che era iniziato come un intrattenimento avrebbe potuto facilmente finire in un disastro", si leggeva nell'editoriale. I dirigenti della radio hanno una responsabilità e "dovrebbero pensarci due volte prima di mescolare le tecniche di informazione con una finzione così terrificante".

Ciò in cui il *Times si è* involontariamente imbattuto è l'onda del futuro vista con gli occhi dei teorici del Tavistock. D'ora in poi, "mescolare le tecniche giornalistiche con una finzione così terrificante" da essere presa come un fatto, doveva essere la pratica standard per i laureati del Tavistock. Tutti i notiziari dovevano essere adattamenti di "notizie e fiction" in un abile mix per rendere l'uno irriconoscibile dall'altro.

In effetti, Tavistock mise in pratica la sua teoria appena sperimentata un anno dopo, quando la popolazione delle città europee di Londra, Monaco, Parigi e Amsterdam fu colpita dalla paura della guerra, anche se Neville Chamberlain riuscì a scongiurare la guerra, utilizzando le stesse tecniche impiegate nelle trasmissioni radiofoniche della "Guerra dei Mondi" dell'ottobre 1938.

CAPITOLO 9

Come reagiscono gli individui e i gruppi alla commistione tra realtà e finzione?

La conclusione di Cantril è che il pubblico ha reagito esattamente come i suoi esperimenti di ricerca sul profiling gli avevano fatto credere. Quella domenica sera del 30 ottobre 1938 sarebbe diventata una pietra miliare nella sua storia e una data che avrebbe significato un grande cambiamento di paradigma nel modo in cui le "notizie" sarebbero state presentate d'ora in poi. Poco più di sette decenni dopo, il mondo continua a essere alimentato con notizie mescolate alla finzione, finzione che in molti casi è terrificante. Il mondo occidentale ha subito cambiamenti radicali che gli sono stati imposti a malincuore, al punto che è diventato un mondo così diverso da quello che era in quella notte di ottobre del 1938 che è diventato "un altro pianeta". Torneremo su questo argomento essenziale più avanti nel libro.

Dopo la seconda guerra mondiale, Cantril si impegnò a fondo con il guru principale del Tavistock, il suo fondatore, John Rawlings Reese e il suo progetto sulle tensioni globali presso l'UNESCO.

I profili di come gli individui e i gruppi hanno risposto alle tensioni internazionali sono stati formulati sulla base di un abile mix di fatti e terrificante finzione per una campagna di lancio di "cittadini del mondo" (di una dittatura socialista-comunista con un unico governo mondiale) che hanno iniziato a essere utilizzati per indebolire le frontiere, lingua e cultura e per screditare l'orgoglio nazionale e la sovranità degli Stati nazionali, in preparazione del nuovo ordine mondiale socialista - un governo unico mondiale, che il presidente Woodrow Wilson disse che l'America avrebbe reso sicuro per la "democrazia".

Questi ragazzi americani dall'Arkansas e dalla Carolina del Nord furono mandati in Europa credendo di "combattere per il loro Paese", senza sapere che la "democrazia" che Wilson li mandava a "garantire al mondo" era una dittatura socialista-comunista internazionale con un unico governo mondiale.

John Rawlings Reese è stato il direttore della rivista Tavistock, il *Journal of Humanistic Psychology*. La loro mentalità comune si riflette nella monografia del 1955, Toward a Humanistic Psychology (Verso una psicologia umanistica), e come evoluzione del sostegno di Cantril alla percezione della "personalità" di Gordon Airport, di formazione Tavistock. Come si esprime nel libro del 1947, *Understanding Man's Social Behavior*, in un capitolo sulla "Causalità". La metodologia di Cantril si basava sull'idea che "l'ambiente particolare in cui avviene la crescita dà all'individuo particolare una direzione particolare per la sua crescita".

Gli sforzi di Cantril sono un buon esempio dell'abbattimento dei confini tra la formazione di un'opinione presumibilmente neutrale e la formazione di un'opinione socialmente modificata, grazie all'impegno del Tavistock nel forzare importanti cambiamenti di personalità e di comportamento in tutti i settori dei gruppi di popolazione target, come abbiamo cercato di descriverli.

Il Cantril ha nominato un consiglio di amministrazione che lo assiste nel suo lavoro, tra cui :

➢ Warren Bennis, seguace del manager Tavistock Eric Trist.

➢ Marilyn Ferguson, che sarebbe l'autrice di *The Aquarian Conspiracy*;

➢ Jean Houston, direttore del Brain Research Institute, membro del Club di Roma e autore di Mind Games.

➢ Aldous Huxley, che ha supervisionato il programma MK-Ultra LSD, durato 20 anni.

➢ Willis Harman, direttore dell'Università di Stanford e mentore di "The Changing Images of Man", successivamente camuffato in "The Aquarian Conspiracy" e presentato come opera di Marilyn Ferguson.

➢ Michael Murphy, direttore dell'Istituto Esalen, fondato da Huxley e altri come centro di "addestramento alla sensibilità" e di sperimentazione di droghe.

➢ James F. T. Bugenthal, un iniziatore di progetti di creazione di culto a Esalen.

➢ Abraham Maslow, il principale esponente della "forza del pensiero" irrazionalista e fondatore dell'AHP nel 1957.

➢ Carl Rogers, collega di Maslow all'AHP nel 1957.

L'ideologia dominante dell'AHP è stata illustrata da una recensione di un libro in un numero del 1966 della sua rivista, *The Journal of Humanistic Psychology*.

Recensendo il libro di Maslow, *La psicologia della scienza*, Willis Harman, un anno prima del suo studio a Stanford nel 1967-69, accolse con favore la "sfida alla scienza" lanciata da "ESP, psicocinesi, misticismo e droghe che espandono la coscienza" (soprattutto LSD e mescalina). Egli ha elogiato la "nuova scienza" di Maslow, che ha portato alla ribalta "l'ipnosi, la creatività, la parapsicologia e l'esperienza psichedelica" e ha spostato le preoccupazioni scientifiche dal mondo "esterno" allo studio dello "spazio interiore".

Il pensiero originale di Cantril sulla "personalità speciale" è stato portato alla sua logica conclusione. Cantril ha avuto la "gloria e l'onore" di forzare un vasto cambiamento di paradigma nel modo in cui il mondo occidentale pensa e si comporta.

Oswald Spengler non avrebbe certo avuto difficoltà a identificarla come una delle cause della caduta dell'Occidente che aveva previsto nel 1936.

Apportare modifiche alla "struttura cognitiva e comportamentale".

Qualunque sia la particolare colorazione dell'ideologia che ha accompagnato i sondaggisti dopo la seconda guerra mondiale, l'invariabile nozione di ingegneria sociale attraverso "metodi di campionamento" e "ricerche di opinione" si ritrova nel documento di Cartwright *Some Principles of Mass Persuasion*[6] preparato per la Division of Program Surveys del Dipartimento dell'Agricoltura

L'articolo era sottotitolato "Selected Findings of Research on the Sale of United States War Bonds",[7] ma, come chiarisce Cartwright, l'aspetto bellico dell'indagine era solo un pretesto per condurre un'analisi dei principi di come la percezione possa essere alterata per adattarsi agli scopi che il controllore può avere in mente.

Ci si potrebbe chiedere cosa c'entri la vendita di titoli di guerra con l'agricoltura, ma questo fa parte della metodologia di Cartwright. Si trattava dell'ipotesi Bernays-Lippmann-Cantril-Cartwright sintetizzata e concentrata nel contesto della Seconda Guerra Mondiale. L'articolo è stato pubblicato sul giornale Tavistock, il che dovrebbe attirare immediatamente l'attenzione del lettore.

> Tra i molti progressi tecnologici del secolo scorso che hanno portato a cambiamenti nell'organizzazione sociale", esordisce Cartwright, "lo sviluppo dei mass media promette di avere l'impatto maggiore. Questa maggiore interdipendenza tra le persone significa che le possibilità di mobilitare un'azione sociale di massa sono aumentate notevolmente. È ipotizzabile che una singola persona persuasiva possa, attraverso l'uso dei mass media, piegare la popolazione mondiale alla sua volontà".

Non crediamo che Cartwright avesse in mente Gesù Cristo quando ha fatto questa affermazione.

Sotto il titolo "Creare una particolare struttura cognitiva", Cartwright continua:

---

[6] *Principio della persuasione di massa*, Ndt.

[7] "Risultati selettivi della ricerca sulla vendita di titoli di guerra statunitensi", Ndt.

Primo principio: "Quasi tutti gli psicologi considerano un'ovvietà il fatto che il comportamento di una persona sia guidato dalla sua percezione del mondo in cui vive... Da questa formulazione deriva che un modo per cambiare il comportamento di una persona è cambiare la sua struttura cognitiva. Il cambiamento della struttura cognitiva degli individui attraverso i mass media ha diversi presupposti. Questi possono essere enunciati come principi".

Intervallando il suo resoconto con esempi di applicazione del suo studio alla campagna di vendita dei titoli di Stato della Seconda Guerra Mondiale, Cartwright ha continuato a sviluppare i principi: Il "messaggio" (cioè l'informazione, i fatti, ecc.) deve raggiungere gli organi di senso delle persone da influenzare... Le situazioni di stimolo totale sono selezionate o rifiutate sulla base di un'impressione delle loro caratteristiche generali", ecc. Una seconda serie di principi ha sviluppato ulteriormente i metodi di modifica della "struttura cognitiva".

Secondo principio: "Dopo aver raggiunto gli organi di senso, il 'messaggio' deve essere accettato come parte della struttura cognitiva della persona".

Cartwright nota in questa sezione che

"qualsiasi sforzo per cambiare il comportamento modificando questa struttura cognitiva deve superare le forze che tendono a mantenere la struttura attuale".

È solo quando una determinata struttura cognitiva sembra alla persona insoddisfacente per il suo adattamento che è probabile che riceva prontamente influenze volte a modificare tale struttura".

Sotto il titolo "Creare una particolare struttura motivazionale", Cartwright ha analizzato ulteriormente

"gli incentivi sociali che hanno gettato in agitazione i governatori della Federal Reserve statunitense a Washington per un periodo prolungato".

CAPITOLO 10

I sondaggi diventano maggiorenni

La Tavistock Clinic di Londra fu il luogo in cui Sigmund Freud si stabilì al suo arrivo dalla Germania e dove suo nipote, Edward Bernays, mantenne in seguito una corte di ammiratori.

L'Inghilterra divenne così il centro mondiale del lavaggio del cervello di massa, un esperimento di ingegneria sociale che si diffuse nelle cliniche del dopoguerra in tutti gli Stati Uniti.

Durante la Seconda guerra mondiale, Tavistock era il quartier generale dell'ufficio per la guerra psicologica dell'esercito britannico che, attraverso gli accordi dello Special Operation Executive (SOE) britannico (in seguito noto come MI6), dettava la politica alle forze armate statunitensi in materia di guerra psicologica.

Verso la fine della guerra, il personale del Tavistock si occupò della World Federation of Mental Health e della Psychological Warfare Division del Supreme Headquarters, Allied Expeditionary Force (SHAEF) in Europa.

Il principale teorico del Tavistock, il dottor Kurt Lewin, si trasferì negli Stati Uniti per organizzare la Clinica Psicologica di Harvard, il Centro di Ricerca sulle Dinamiche di Gruppo del MIT e l'Istituto di Ricerca Sociale dell'Università del Michigan, mentre i suoi colleghi Cartwright e Cantrill si unirono a lui ricoprendo ruoli politici chiave nel dipartimento psicologico dell'Office of Strategic Services (OSS), dell'Office of Naval Research (ONI), dell'U.S. Strategic Bombing Survey e del Committee of National Morale.

Inoltre, molte persone influenti ai più alti livelli politici sono state addestrate alla teoria della psicologia topologica del Dr. Lewin, che ad oggi è il metodo più avanzato al mondo per modificare il comportamento e fare il lavaggio del cervello. Gli importanti colleghi di Kurt Lewin al Tavistock, Eric Trist, John Rawlings Reese, H. V. Dicks, W. R. Bion e Richard Crossman, nonché alcuni membri dello Strategic Bombing Survey, del Committee on National Morale e del National Defense Resources Council, si unirono a Lewin presso la Rand Corporation, lo Stanford Research Institute, la Wharton School, i National Training Laboratories e il National Institute of Mental Health.

Il governo statunitense iniziò a stipulare contratti multimilionari con tutte queste istituzioni. Nell'arco di quarant'anni, il governo federale ha stanziato decine di miliardi di dollari per finanziare il lavoro di questi gruppi, mentre altre decine di miliardi sono stati elargiti a queste istituzioni da fondazioni private.

Nel corso degli anni, queste istituzioni sono cresciute e con loro è cresciuta la portata dei progetti appaltati. Ogni aspetto della vita mentale e psicologica del popolo americano è stato profilato, registrato e archiviato in banche dati informatiche.

Le istituzioni, il personale e le reti hanno continuato a espandersi e a penetrare in profondità in tutti gli angoli dei governi federali, statali e locali. I loro specialisti e laureati interni sono stati chiamati a sviluppare politiche per i servizi sociali, le commissioni di mediazione del lavoro, i sindacati, l'Aeronautica, la Marina, l'Esercito, l'Associazione Nazionale dell'Educazione e le cliniche psichiatriche, nonché la Casa Bianca, il Dipartimento della Difesa e il Dipartimento di Stato. Queste strutture beneficiano anche di numerosi contratti con la Central Intelligence Agency (CIA).

Sono stati sviluppati stretti rapporti di collaborazione tra questi think tank e le principali società di sondaggi e media degli Stati Uniti. Il Gallup Poll, lo Yankelovich-CBS-New York Times Poll, il National Opinion Research Center e altri conducevano costantemente profili psicologici della popolazione generale, condividendo i risultati per la valutazione e l'elaborazione con gli onnipresenti psicologi sociali.

Ciò che il pubblico vede nei giornali come sondaggi di opinione è solo una frazione del lavoro che i sondaggisti si prefiggono di fare. Una delle chiavi del controllo del Tavistock su settori chiave dell'attività quotidiana in Occidente è il fatto che non esistono altri mezzi di comunicazione.

Gli Stati Uniti hanno ora una propria emittente televisiva de facto, Fox News, che, da quando è stata acquisita da Richard Murdoch, è stata una macchina di propaganda praticamente ininterrotta per il governo.

Al di sopra di questo gruppo affiatato di psicologi sociali, investigatori e manipolatori dei media presiede un'élite di potenti mecenati, "gli Dei dell'Olimpo" (il Comitato dei 300). È noto negli ambienti informati che questo gruppo controlla tutto nel mondo, ad eccezione della Russia e, più recentemente, della Cina.

Pianifica e attua strategie a lungo termine in modo completo, disciplinato e unitario. Comanda più di 400 delle maggiori aziende Fortune 500 degli Stati Uniti, con connessioni interconnesse che toccano ogni aspetto del governo, del commercio, delle banche, della politica estera, delle agenzie di intelligence e dell'establishment militare.

Questa élite ha assorbito tutti gli altri "gruppi di potere" della storia precedente degli Stati Uniti: il gruppo Rothschild, Morgan, Rockefeller, l'establishment liberale della costa orientale personificato dalle famiglie Perkins, Cabot, Lodge, la crema del vecchio commercio di oppio multimiliardario delle Indie Orientali.

La sua gerarchia comprende le vecchie famiglie discendenti dalla Compagnia britannica delle Indie orientali, le cui immense fortune provenivano dal commercio dell'oppio, e che sono governate dall'alto verso il basso, compresi i reali europei, tra gli altri.

Nei recessi più profondi dell'establishment dell'intelligence di Washington, gli alti funzionari dei servizi segreti si riferiscono a questo impressionante gruppo, in toni sommessi e in un linguaggio misterioso, come al "Comitato dei 300". I leader sono chiamati "gli olimpionici". Nessun presidente degli Stati Uniti viene eletto o rimane in carica senza il loro favore. Chi si oppone al loro controllo viene allontanato. Ne sono un esempio John F. Kennedy, Richard Nixon e Lyndon Johnson. Il Comitato dei 300 è il governo mondiale socialista internazionale che gestisce il Nuovo Ordine Mondiale da dietro le quinte, dove rimarrà fino a quando non sarà pronto a emergere e ad assumere il pieno e aperto controllo di tutti i governi del mondo in una dittatura comunista internazionale.

CAPITOLO 11

Il cambiamento di paradigma nell'istruzione

Negli anni '70 è stato attuato un radicale cambiamento di paradigma nei programmi scolastici a tutti i livelli, al punto che gli studenti hanno ricevuto crediti scolastici per corsi di educazione civica invece che di lettura, scrittura e aritmetica. Un'epidemia di "sesso occasionale" e di uso di droghe ha travolto gli adolescenti in età scolare e si è diffusa in tutto il Paese.

Nel luglio del 1980 si è tenuta a Toronto, in Canada, una grande conferenza internazionale sotto l'egida della First Global Conference on the Future, alla quale hanno partecipato 4.000 ingegneri sociali, esperti informatici e futuristi provenienti da ogni think tank. La conferenza è stata condotta dal miliardario presidente del Tavistock Institute, Maurice Strong, che ha fissato il tema:

> "È giunto il momento di passare dalla riflessione e dal dialogo all'azione. Questa conferenza diventerà il trampolino di lancio per questa importante azione negli anni Ottanta.

Strong era presidente di Petro-Canada, una delle tante società "fiore all'occhiello" degli "olimpionici". È stato membro del servizio segreto britannico MI6, dove ha ricoperto il grado di colonnello durante la Seconda guerra mondiale. Strong e la sua rete di società erano pesantemente coinvolti nel lucroso commercio di oppio, eroina e cocaina. Strong e Aldous Huxley sono stati responsabili della piaga dell'LSD che ha travolto gli Stati Uniti e poi l'Europa. È stato direttore del programma ambientale delle Nazioni Unite.

Uno dei principali oratori per gli "olimpionici" presenti alla conferenza è stato il dottor Aurelio Peccei, presidente del Club di Roma, un think tank della NATO.

L'Organizzazione del Trattato Nord Atlantico (NATO) è stata creata nell'ambito della Cospirazione Acquariana, un progetto di sociologi dell'Università di Stanford sotto la guida di Willis Harmon. La NATO, a sua volta, ha formato e promosso un nuovo ramo chiamato "Club di Roma", nome che ha lo scopo di confondere e mascherare perché non ha nulla a che fare con la Chiesa cattolica.

Senza entrare nei dettagli tecnici del Club di Roma (di seguito denominato "il Club"), il suo obiettivo era quello di controbilanciare l'espansione agricola e militare post-industriale, una "società agricola post-industriale a crescita zero", che avrebbe dovuto porre fine alle fiorenti industrie manifatturiere e alla crescente capacità di produzione alimentare dell'agricoltura meccanizzata americana. L'appartenenza al Club e alla NATO erano intercambiabili.

Si sono aggiunti lo Stanford Research, il Tavistock Institute e altri centri di psichiatria sociale applicata. Nel 1994, il Tavistock ha firmato un importante contratto con la NASA per valutare gli effetti del suo programma spaziale. Il Club stesso è stato fondato solo nel 1968 come parte della richiesta di un Nuovo Ordine Mondiale all'interno di un Governo Unico Mondiale. Il Club è diventato uno strumento per imporre limiti alla crescita dei paesi industriali e gli Stati Uniti sono stati il primo paese ad essere preso di mira.

Questo è stato infatti uno dei primi passi compiuti per realizzare l'obiettivo dei "300", ossia riportare gli Stati Uniti a una sorta di stato feudale in cui l'intera popolazione è controllata da una nuova aristocrazia occulta. Una delle industrie contro cui il Club ha inveito è stata quella dell'energia nucleare, riuscendo a bloccare la costruzione di tutte le centrali nucleari per la produzione di elettricità, il che ha fatto sì che la domanda superasse di gran lunga l'offerta di energia elettrica. La NATO era la sua alleanza militare per tenere in riga la Russia.

I seguenti punti erano all'ordine del giorno della suddetta riunione del 1980:

- ➤ Il movimento di liberazione delle donne.
- ➤ La coscienza nera, la mescolanza razziale, l'eliminazione dei tabù contro il matrimonio tra persone, come proposto dall'antropologa Tavistock Margaret Meade e da Gregory Bateson.
- ➤ In questa riunione si decise di lanciare un programma aggressivo per presentare le "razze di colore" come superiori ai bianchi della civiltà occidentale. È da questo forum che Oprah Winfrey e una serie di persone di colore sono state reclutate e addestrate per il loro ruolo nel presentare le "razze miste" come superiori ai bianchi.
- ➤ *Questo si vede anche nei film in cui le star nere proliferano improvvisamente fino a diventare nomi noti. Lo si vede anche quando una persona di colore viene posta in una posizione di autorità rispetto ai bianchi, come un giudice, un capo distretto dell'FBI o dell'esercito, un amministratore delegato di una grande azienda, ecc.
- ➤ La ribellione dei giovani contro i mali immaginari della società.
- ➤ Interesse emergente per la responsabilità sociale d'impresa.
- ➤ Il divario generazionale implica un cambiamento di paradigma.
- ➤ Il pregiudizio anti-tecnologico di molti giovani.
- ➤ Sperimentazione di nuove strutture familiari - relazioni interpersonali in cui l'omosessualità e il lesbismo sono diventati "normalizzati" e "non diversi dalle altre persone" - accettabili a tutti i livelli della società, due

"mamme" lesbiche.
- L'emergere di falsi movimenti di conservazione/ecologia come "Greenpeace".
- Un rinnovato interesse per le prospettive religiose e filosofiche orientali.
- Un rinnovato interesse per il cristianesimo "fondamentalista".
- I sindacati si concentrano sulla qualità dell'ambiente di lavoro.
- Il crescente interesse per la meditazione e altre discipline spirituali "Kabbalah" doveva soppiantare la cultura cristiana e furono scelte persone speciali per insegnare e diffondere la Kabbalah. Le prime discepole scelte furono Shirley McLean, Roseanne Barr e successivamente Madonna e Demi Moore.
- La crescente importanza dei processi di "autorealizzazione".
- *Reinvenzione della musica "hip-hop" e "rap" da parte di gruppi come "Ice Cube".
- Una nuova forma di linguaggio in cui l'inglese è talmente maciullato da risultare incomprensibile. Questo fenomeno si estende anche ai conduttori dei telegiornali di prima serata.

Queste tendenze disparate indicano l'emergere di un clima di sconvolgimento sociale e di profondo cambiamento, mentre una nuova immagine dell'essere umano inizia a prendere piede, portando a cambiamenti radicali nella civiltà occidentale.

Una rete "senza leader" ma potente, l'"esercito invisibile", si è prefissa di realizzare un cambiamento "inaccettabile" negli Stati Uniti. I suoi membri principali erano le "truppe d'assalto" che hanno radicalizzato tutte le forme di norma, rompendo con gli elementi chiave della civiltà occidentale. Tra gli "olimpici" questa rete era nota come "cospirazione acquariana" e i suoi aderenti sarebbero stati conosciuti come "truppe d'assalto invisibili".

Questo massiccio, gigantesco, irrevocabile cambiamento di paradigma ha invaso l'America mentre dormivamo, spazzando via il vecchio con nuovi sistemi politici, religiosi e filosofici. Questo è ciò che i cittadini del nuovo ordine mondiale - un governo unico - dovranno mostrare dopo, un nuovo spirito - la nascita di un nuovo ordine senza stati-nazione, senza orgoglio di luogo e di razza, una cultura del passato condannata alla pattumiera della storia, per non rivivere mai più.

Sappiamo per esperienza che questo lavoro rischia di essere accolto con disprezzo e incredulità. Alcuni saranno persino dispiaciuti per noi. Per descrivere questo lavoro si useranno termini come "fuori dall'ordinario". Questa è la reazione abituale quando non si conoscono le motivazioni degli scienziati sociali, dei lavacervelli, degli opinionisti e degli psicologi sociali del Tavistock nel condurre la loro guerra contro gli Stati Uniti. È probabile che il 90% degli americani non sappia che Tavistock ha dichiarato guerra alla popolazione civile tedesca per porre fine alla Seconda Guerra Mondiale.

Quando questo conflitto terminò nel 1946, i praticanti del lavaggio del cervello di massa e delle opinioni del Tavistock entrarono in guerra con il popolo americano.

Se questo è il modo in cui reagite a questa presentazione, non sentitevi in colpa: capite che è così che dovreste reagire. Se la motivazione sembra inverosimile e implausibile, o addirittura incomprensibile, allora la motivazione "non esiste". Se questo è il caso, allora l'azione risultante non esiste; quindi, ergo, "gli Olimpi" non esistono e non c'è trama.

Ma il fatto è che una gigantesca cospirazione esiste. Non c'è dubbio che Kurt Lewin, il principale scienziato del Tavistock e teorico chiave di tutti i think tank, potrebbe spiegarlo più chiaramente di quanto siamo riusciti a fare noi, se lo volesse. La sua pratica deriva da quella che egli chiama la dottrina della "topologia-psicologia". Lewin è l'uomo le cui teorie hanno permesso di combattere con successo le battaglie di guerra psicologica della Seconda Guerra Mondiale, l'uomo che ha pianificato ed eseguito i bombardamenti strategici che hanno portato alla sconfitta della Germania nella Seconda Guerra Mondiale attraverso la distruzione di massa del 65% delle abitazioni dei lavoratori tedeschi, di cui abbiamo appena parlato molto brevemente.

CAPITOLO 12

La dottrina di Lewin del "cambio di identità"

La dottrina di Ewin non è facile da seguire per i profani. Fondamentalmente, Lewin afferma che tutti i fenomeni psicologici si verificano all'interno di un dominio definito come "spazio delle fasi psicologiche". Questo spazio è composto da due "campi" interdipendenti, l'"ambiente" e il "sé".

Il concetto di "ambiente controllato" è nato dallo studio che se si dispone di una personalità fissa (che può essere profilata in modo prevedibile) e si vuole ottenere un particolare tipo di comportamento da quella personalità, basta controllare la terza variabile dell'equazione per produrre il comportamento desiderato.

Era uno standard nelle formule della psicologia sociale. L'MI6 lo utilizzava e quasi tutte le situazioni di negoziazione, le operazioni di controinsurrezione dell'esercito, le trattative di lavoro e le trattative diplomatiche lo hanno utilizzato fino agli anni Sessanta.

Dopo il 1960, Tavistock cambiò l'equazione ponendo maggiore enfasi sulla tecnica dell'ambiente controllato; non il comportamento, ma la personalità desiderata. L'obiettivo di Lewin era molto più radicale e permanente: cambiare le strutture profonde della personalità umana. In breve, il risultato ottenuto da Lewin è stato quello di andare oltre la "modifica del comportamento" per passare al "cambiamento dell'identità".

Il cambiamento di identità è stato accolto dalle nazioni del mondo. Le nazioni si sforzavano di acquisire una "nuova personalità" che avrebbe cambiato il modo in cui il mondo le guardava.

La teoria si basa sulle formulazioni originali di due teorici del Tavistock, la teoria del dottor William Sargent nel suo libro *Battaglia per la mente* e il lavoro di Kurt Lewin sulla regressione della personalità.

Lewin ha osservato che "l'io interiore dell'individuo mostra determinate reazioni quando è sottoposto a tensioni ambientali. Quando non c'è tensione, il normale sé interiore di una persona è ben differenziato, equilibrato, sfaccettato e versatile".

> "Quando l'ambiente applica una tensione ragionevole, tutte le capacità e le facoltà dell'io interiore diventano vigili, pronte ad agire efficacemente.
>
> Ma quando si applica una tensione intollerabile, questa geometria collassa in un brodo cieco e indifferenziato; una personalità primitiva in stato di regressione. La persona si riduce a un animale; le capacità altamente differenziate e versatili scompaiono. L'ambiente controllato prende il sopravvento sulla personalità".

È questa "tecnica" di Lewin che viene utilizzata sui prigionieri del campo di prigionia di Guantanamo Bay, in spregio al diritto internazionale e alla Costituzione degli Stati Uniti. La palese cattiva condotta dell'amministrazione Bush in questo campo va oltre i limiti della normale civiltà cristiana occidentale, e la sua accettazione da parte di un pubblico americano compiacente può essere il primo segno che il popolo americano è stato così trasformato dalla "penetrazione a lungo raggio e dal condizionamento domestico" di Tavistock che ora è pronto a scendere al livello del Nuovo Ordine Mondiale in un Governo Unico Mondiale in cui tale "trattamento" barbaro sarà considerato normale e accettato senza protestare.

Il fatto che i medici abbiano partecipato alla tortura disumana di un altro essere umano senza provare alcun rimorso dimostra quanto sia già caduto in basso il mondo.

È stato osservato che questa è la base del campo militare di

Guantanamo Bay, a Cuba, che è stato aperto per evitare le restrizioni della Costituzione statunitense e per fornire un ambiente controllato di tipo Lewin. Gli uomini detenuti in questa prigione psicologica sono ora in uno stato di regressione in cui sono stati ridotti al livello di animali.

Guantanamo è il tipo di campo che crediamo verrà istituito in tutti gli Stati Uniti e nel mondo quando il Nuovo Ordine Mondiale - un governo mondialista - prenderà il controllo totale del mondo. È un campo sadico, disumano e bestiale, progettato per abbattere l'orgoglio naturale delle vittime, per abbattere la volontà di resistenza e per ridurre i prigionieri a bestie.

Nel primo esperimento di governo mondiale nell'allora URSS, agli uomini fu permesso di usare il bagno solo per essere interrotti nel bel mezzo dell'evacuazione e spinti fuori prima di potersi pulire. Abu Ghraihb e Guantanamo erano più o meno a questo livello quando i controllori sono stati messi sotto osservazione a livello mondiale. Il generale Miller, che era il capo kapò, è scomparso nel frattempo.

I "dissidenti" che insistono affinché il governo degli Stati Uniti obbedisca alla Costituzione e chieda i loro diritti costituzionali saranno trattati in futuro come "dissidenti", proprio come Stalin trattava i "dissidenti" in Russia. Le future "Guantanamo" che sono sorte in tutta l'America sono un presagio delle cose che verranno. Possiamo esserne certi.

CAPITOLO 13

Il declino indotto della civiltà occidentale tra le due guerre mondiali

Di tutte le nazioni europee, nel periodo tra le due guerre mondiali, la Germania, in quanto nazione supereconomica, superrazziale e superguerriera, ha sofferto di più, come era prevedibile. La Società delle Nazioni era la "prima bozza" del nuovo ordine mondiale in rapido avvicinamento in un governo mondialista, e le "proposte di pace" alla Conferenza di pace di Parigi, dirette e controllate dal Tavistock, erano progettate per paralizzare la Germania e trasformarla in una potenza europea permanente di seconda classe, il cui rispetto per se stessa sarebbe stato distrutto dalla retrocessione sociale al pauperismo o, nel migliore dei casi, allo stato proletario.

Non sorprende che il popolo tedesco si sia scatenato e abbia dato a Hitler il sostegno di massa di cui aveva bisogno per trasformare il suo movimento nazionalista latente in una forza di rinnovamento.

Non sapremo mai se Tavistock ha commesso un errore di calcolo o se ha posto le basi per una guerra più grande e più sanguinosa. Dopo tutto, Meade e Bertrand Russell avevano detto che era necessario un mondo popolato da soggetti "docili". Russell aveva osservato il carattere "infantile" dei negri americani che aveva incontrato durante i suoi viaggi negli Stati Uniti. Russell ha detto di preferirli ai bianchi. Disse anche che se la razza bianca voleva sopravvivere, avrebbe dovuto imparare a comportarsi come un bambino, come il negro. Tuttavia, estendendo il suo pensiero, l'emissario del Tavistock si riferiva ai neri come "mangiatori inutili" e dichiarava che dovevano essere eliminati in massa.

Russell apprezza anche la docilità del popolo brasiliano, dovuta, dice, alla "riproduzione interrazziale con gli africani portati come schiavi".

Secondo una scuola di pensiero, uno dei principali obiettivi dei mostri che hanno pianificato le due guerre mondiali era che fossero combattute in gran parte da giovani uomini bianchi. È certamente vero che la Germania, la Gran Bretagna, gli Stati Uniti e la Russia hanno perso milioni di esemplari della loro popolazione maschile che sono stati eliminati per sempre dal pool genetico della nazione. Nella Prima guerra mondiale progettata da Tavistock, i fronti di guerra e le battaglie furono organizzati in modo tale che la Russia perse 9 milioni di uomini, ovvero il 70% della sua forza militare totale.

Ad eccezione della Russia, l'aristocrazia soffrì molto meno della borghesia per le conseguenze economiche della guerra e della rivoluzione. Tradizionalmente, gran parte della loro ricchezza era costituita dalla terra, che non si svalutava come altri beni materiali in caso di inflazione.

La disintegrazione delle monarchie (con l'eccezione dell'Inghilterra) colpì il vecchio ordine sociale delle classi superiori, che non poterono più continuare a servire la società nel loro ruolo di ufficiali o diplomatici: i loro servizi non erano più richiesti, poiché le opportunità per tale servizio erano molto minori rispetto a prima della guerra.

Alcuni membri dell'aristocrazia russa accettarono coraggiosamente lo status di proletari o addirittura di operai come tassisti, facchini di locali notturni e maggiordomi russi nella Parigi del dopoguerra; altri si misero in affari. La maggior parte, tuttavia, è caduta in una vita di denigrazione sociale. Laddove un tempo il confine strettamente sorvegliato tra le società era invalicabile nelle vecchie capitali monarchiche e il resto della società, ora apparivano ampi divari mentre le linee si confondevano.

Come disse il Duca di Windsor nelle sue memorie, *A King's*

Story:

"La forza del cambiamento non era ancora penetrata così profondamente nella struttura della società britannica da cancellare gran parte della vecchia eleganza. Durante la cosiddetta stagione londinese il West End era un ballo quasi continuo da mezzanotte all'alba. La serata poteva sempre essere salvata ricorrendo all'uno o all'altro dei locali notturni gay, che allora erano diventati così alla moda e quasi rispettabili".

(A quel tempo, la parola "gay" significava "felice". È stato cooptato come eufemismo per inculare solo a metà degli anni Cinquanta). Il Duca non ha nemmeno spiegato che la "forza del cambiamento" di cui parla è stata applicata con competenza dall'Istituto Tavistock.

Il declino del pudore femminile, manifestatosi poco dopo la fine della prima guerra mondiale, è apparso improvvisamente ovunque e con velocità crescente. Per i non informati, si trattava di un fenomeno sociale. Nessuno poteva sospettare che la Wellington House e i suoi sinistri ingegneri sociali ne fossero la causa.

Questa emancipazione femminile fu accompagnata da una rivolta, soprattutto tra i giovani, contro ogni vincolo convenzionale della mente o del corpo che si stava estinguendo tra gli idoli infranti degli imperi caduti. La generazione del dopoguerra in Europa si ribellò a tutti i costumi, mentre lottava disperatamente per scrollarsi di dosso gli orrori della guerra che aveva vissuto. La scollatura è crollata, il fumo e il bere in pubblico sono diventati una forma di rivolta. L'omosessualità e il lesbismo divennero palesi, non per convinzione interiore, ma come protesta contro ciò che era accaduto e come ribellione a tutto ciò che la guerra aveva distrutto.

L'eccesso radicale e rivoluzionario si manifestava nell'arte, nella musica e nella moda. Il "jazz" era nell'aria e l'"arte moderna" era considerata "chic". L'elemento comprensibile di tutto era il "don't have a care"[8] ; era inquietante e irreale. Erano gli anni in

---

[8] "Non mi frega niente di niente", Ndt.

cui tutta l'Europa era sotto shock. Wellington House e Tavistock avevano fatto bene il loro lavoro.

Sotto la frenetica sensazione di essere spinti in avanti da eventi incontrollabili si nascondeva un intorpidimento spirituale ed emotivo. L'orrore della guerra, in cui milioni di giovani erano stati inutilmente massacrati, mutilati, feriti e gassati, stava appena cominciando ad essere percepito, e quindi doveva essere "cancellato dalla memoria".

Le perdite rendevano la guerra fin troppo reale nella sua spaventosa e crudele bruttezza, e la gente indietreggiava in preda allo shock e alla rivoluzione, alla disperazione provocata dalla disillusione della pace. Gli europei, con la loro cultura superiore che incarnava la civiltà occidentale, erano ancora più sciocchi degli americani.

Hanno perso la fiducia nei rudimenti del progresso che avevano sostenuto i loro padri e nonni e reso grandi le loro nazioni. E questo valeva soprattutto per Germania, Russia, Francia e Inghilterra.

Le persone riflessive non riuscivano a capire perché le due nazioni più civilizzate e avanzate del mondo si fossero divise e avessero tolto la vita a milioni dei loro migliori giovani. Era come se una follia terrificante si fosse impossessata della Gran Bretagna e della Germania.

Per gli addetti ai lavori, non fu la follia, ma la metodologia di Wellington House ad attanagliare la gioventù britannica. Il timore che potesse accadere di nuovo ha quasi impedito lo scoppio della Seconda Guerra Mondiale.

Gli ufficiali di ritorno dalla carneficina descrissero ai giornali gli orrori dei combattimenti corpo a corpo che spesso avevano luogo nella "Grande Guerra". Erano sbigottiti e spaventati, inorriditi e scoraggiati. Nessuno di loro capiva perché ci fosse stata una guerra. Gli oscuri segreti di Wellington House e degli "olimpionici" rimasero nascosti, come lo sono tuttora.

Dove un tempo la deposizione di una corona al Cenotafio di Whitehall a Londra da parte del monarca d'Inghilterra portava conforto, oggi suscita amarezza, rabbia e disgusto. La scena era pronta per la Seconda guerra mondiale, nella quale il Tavistock avrebbe giocato un ruolo enorme e sproporzionato.

C'erano alcuni pensatori che avevano qualcosa da dire: Spengler nella storia, per esempio, Hemingway, Evelyn Waugh nella letteratura, e in America Upton Sinclair e Jack London, ma il loro messaggio era ugualmente cupo, persino più cupo del cupo presagio di Spengler sull'inevitabile declino della civiltà occidentale.

Queste impressioni sono state confermate dal deterioramento dei rapporti personali dopo la guerra. Il divorzio e il tradimento della moglie erano più frequenti. Il bellissimo concetto di donna su un piedistallo, la donna gentile e femminile con una bella voce cadenzata, il fiore della creazione di Dio, il mistero, era un ideale che stava scomparendo. Al suo posto è subentrato lo stridente, il chiassoso, il volgare, con una parlata stridula e grattugiata, come quella ripresa e resa popolare da un talk show mattutino particolarmente popolare.

Nessuno poteva sapere che questo triste declino era il prodotto finale della guerra di Tavistock alla femminilità occidentale.

Nell'Europa del dopoguerra, Montparnasse a Parigi era diventato un luogo triste. La Vienna del dopoguerra, svuotata dalla marea della guerra che aveva spazzato via tanti suoi figli, era ancora più triste. Ma Berlino, un tempo così vivace e pulita, è diventata la Babilonia d'Europa e forse il luogo più triste di tutti.

> "Chiunque abbia vissuto quei mesi apocalittici, quegli anni, è stato disgustato e amareggiato, ha sentito l'arrivo di un contraccolpo, una reazione orribile,

ha scritto lo storico Zweig.

La bancarotta politica, spirituale e sociale delle nuove élite di potere, che sono succedute ai monarchi, agli aristocratici e alle dinastie borghesi di vecchio stampo, è stata per molti versi più spettacolare di quella dei loro predecessori, e in nessun luogo come negli Stati Uniti con l'avvento dell'era socialista sotto Franklin D. Roosevelt. Questa volta, però, l'eclissi della leadership non era localizzata in un continente o limitata a una particolare classe sociale.

Come Nuovo Mondo geografico, in termini di problemi da affrontare, l'America di Franklin Roosevelt dimostrò rapidamente che gli Stati Uniti erano solo leggermente meno anacronistici dell'Austria-Ungheria di Francesco Giuseppe. In questo caso, egli sta creando un socialismo "democratico" del Nuovo Ordine Mondiale, direttamente dal modello creato dalla Fabian Society, mentre gli Stati Uniti sono una Repubblica Costituzionale Confederata, che è l'esatto contrario.

Né lo spostamento del centro del potere e del prestigio europeo dalle ex democrazie occidentali all'Impero centrale, né la sostituzione delle classi dirigenti tradizionali delle monarchie decadute con gli Stati Uniti hanno contribuito a migliorare il clima economico, politico, sociale, morale o religioso del mondo postbellico. Il crollo di Wall Street e la successiva depressione sono una testimonianza eloquente, anche se silenziosa, della verità e dell'accuratezza della nostra affermazione.

Il modo in cui questo evento è stato organizzato dal Tavistock Institute è visibile nel calendario degli eventi che riportiamo in appendice.

CAPITOLO 14

L'America non è una "patria"

Gli Stati Uniti d'America sono stati a lungo il terreno più fertile per la diffusione su larga scala della propaganda, essendo i suoi abitanti oggetto di collusioni, menzogne, inganni, in cui gli inglesi hanno sempre guidato il mondo, essendo il Tavistock Institute of Human Relations il primo centro mondiale di controllo mentale, lavaggio del cervello e propaganda. Il suo precursore fu l'organizzazione creata da Lord Northcliffe, che sposò un'ereditiera dei Rothschild e che fu abilmente assistito da Lord Rothmere e dagli americani Walter Lippman e Edward Bernays.

Da questo modesto inizio, nel 1914, è nato il Tavistock Institute of Human Relations, che non ha rivali nella creazione di propaganda su larga scala. Il Tavistock è un'istituzione dedicata alla propaganda e alla randomizzazione di tutti gli aspetti della vita. Tavistock affrontò la propaganda come se fosse una battaglia, e in un certo senso lo era. Non ci sono mezze misure: è una guerra in cui tutto è permesso, purché garantisca la vittoria.

Guardando la scena politica, non si può sfuggire al fatto che negli ultimi due decenni l'aumento della profondità e del volume della propaganda, e soprattutto del controllo mentale, è diventato onnipresente. La corretta applicazione della propaganda a qualsiasi questione, economica o politica, è una parte essenziale del meccanismo di controllo del governo.

Una volta Stalin disse che se si voleva una popolazione docile, bisognava scatenare su di essa paura e terrore. In un certo senso, è quello che è successo negli Stati Uniti e in Gran Bretagna.

La Seconda Guerra Mondiale ha offerto opportunità illimitate per trasformare la propaganda in un'arte raffinata. Se guardiamo agli sforzi dell'amministrazione Roosevelt per far cambiare idea al popolo americano, l'87% del quale era contrario all'entrata in guerra in Europa, vediamo che Roosevelt non ci riuscì. Il popolo americano ha rifiutato di entrare in guerra in Europa.

Ci volle una situazione artificiosa, un pretesto prescelto, l'attacco giapponese a Pearl Harbor, per far cambiare l'opinione pubblica a favore dell'ingresso dell'America nella guerra europea. Roosevelt sosteneva che l'America stesse combattendo per la democrazia e il suo stile di vita, ma non era affatto così: la guerra veniva combattuta per portare avanti la causa del socialismo internazionale verso il suo obiettivo di un nuovo ordine mondiale sotto un unico governo mondiale.

Per essere efficace, la propaganda deve essere rivolta all'intera popolazione e non a singoli individui o gruppi, con l'obiettivo di attirare l'attenzione più ampia possibile. Non è da intendersi come istruzione personale. I fatti non hanno alcun ruolo nella propaganda, che mira sempre a creare un'impressione. Deve indottrinare in modo unilaterale, sistematico e duraturo che ciò che dicono il governo, i media e i leader politici è la verità. E deve essere presentato in modo tale che le persone sentano che è il loro pensiero.

La propaganda deve quindi essere rivolta a un pubblico di massa, dove il suo messaggio possa essere recepito. Prendiamo un esempio recente del tipo di propaganda che generalmente verrebbe adottata da un pubblico ricettivo. In seguito al disastro del World Trade Center, il Presidente Bush ha creato una nuova agenzia governativa, denominata Office of Homeland Security, e ha nominato un direttore per supervisionare l'agenzia.

Tutto ciò sembra molto confortante e tranquillizzante, finché non si guarda al 10ème Emendamento, che riserva ai singoli Stati tutti i poteri di cui Bush ha proposto di appropriarsi.

Il fatto che Bush non possa annullare l'emendamento 10 è stato allegramente ignorato. Il testo di propaganda dice che può farlo e, dato che si rivolgeva alle masse, queste hanno creduto al testo piuttosto che alla loro Costituzione, quindi c'è stata poca opposizione efficace a questa palese violazione della Costituzione, specialmente del 10ème Emendamento. Bush sembra aver agito su direttiva di Stalin:

"Se vuoi controllare il popolo, inizia col terrorizzarlo".

Chi si è opposto alla quasi-legge sulla "sicurezza interna" è stato etichettato come "antipatriottico" e "sostenitore del terrorismo". Ancora una volta, il fatto assoluto che questa legge fasulla non sia affatto una legge e sia pura propaganda non è mai stato messo in discussione, ma è stato accettato passivamente dal pubblico non pensante. È così che si forma l'opinione pubblica, ed è questa opinione che induce i legislatori a votare per la "sicurezza interna" o per qualsiasi altra legislazione fasulla, come sostenevano sia Bernays che Lippmann all'inizio della Casa di Wellington. I legislatori votano secondo le linee di partito, come nel sistema parlamentare britannico, e non votano sulla base della Costituzione statunitense. Sapevano che, opponendosi al Presidente, avevano buone probabilità di perdere un posto di lavoro comodo alle elezioni successive o di essere denigrati da un subdolo uomo di "amministrazione".

L'America non è una "patria", ma 50 Stati separati e distinti. In ogni caso, la parola "patria" viene direttamente dal Manifesto Comunista. Poiché l'obiettivo finale del governo è quello di stabilire un nuovo ordine mondiale, un governo comunista internazionale, la scelta di questa parola per intitolare la legislazione comunista non dovrebbe sorprenderci.

Il potere di controllare l'istruzione, il welfare e i poteri di polizia appartiene agli Stati, dove è sempre risieduto, e non è stato tolto agli Stati al momento del patto. Né il Presidente Bush né la Camera e il Senato hanno il potere di cambiare questo stato di cose, cosa che l'ufficio appena creato ha proposto di fare. È stato solo grazie all'esercizio di una propaganda prolungata, sistematica e ripetuta che la popolazione degli Stati ha accettato questa flagrante violazione della Costituzione degli Stati Uniti.

Il ritmo della propaganda è continuato con numerosi articoli sul background e l'esperienza del "Direttore della Sicurezza Nazionale", sul suo lavoro, ecc. ma non c'è una parola sulla palese incostituzionalità del nuovo dipartimento. Non vi sfuggirà che il titolo stesso: "Sicurezza nazionale" è un'abile propaganda. Il popolo è ormai convinto che la nuova agenzia non solo sia costituzionale, ma anche necessaria. La massa delle persone è stata ora "controllata mentalmente" (lavaggio del cervello) con successo.

Coloro che desiderano studiare la questione piuttosto che guardare il CBS Evening News troveranno qualcosa di molto diverso tra il resoconto di un commentatore indipendente e i resoconti della stampa. Come sempre, questa persona sarà in minoranza, quindi le sue opinioni, anche se espresse, non modificheranno lo scopo e l'intento della creazione della nuova agenzia. Vi dico che la Costituzione degli Stati Uniti e le costituzioni dei 50 Stati separati proibiscono agli Stati Uniti di avere un meccanismo di supervisione federale centrale imposto. Il disegno di legge sulla "sicurezza interna" è una farsa perché distrugge la forma di governo repubblicana concessa agli Stati originari nel 10ème Emendamento, che non può essere tolta.

Il cosiddetto Homeland Security Act è quindi nullo e non è affatto una legge. Tuttavia, le vittime del Tavistock, sottoposte a lavaggio del cervello e quindi manipolate, obbediscono a questo principio come se fosse una legge.

In breve, l'Agenzia per la Sicurezza Nazionale è una farsa e non può essere promulgata in legge. Nessuna misura incostituzionale può essere promulgata e il Congresso ha il dovere urgente di abrogare immediatamente la "legge" che ha illegittimamente dato origine agli Homeland e Patriot Acts. Il punto cardinale da ricordare è che la propaganda e il lavaggio del cervello di massa devono sempre essere considerati in relazione allo scopo che si prefiggono. In questo caso, convince la popolazione che le libertà devono essere sacrificate in cambio di "protezione". Henry Clay, il più grande costituzionalista mai esistito, definì questo stratagemma "una dottrina della necessità, una dottrina dell'inferno" e condannò duramente tali tentativi.

H. V. Dicks insegnava a Tavistock. Ha dichiarato che i diritti individuali devono essere sacrificati per il bene di tutti. Questo include la misura che viola la più alta legge del paese! Deve essere accettato perché è per il bene di tutti! Ciò si spiega meglio con la propaganda e il lavaggio del cervello che accompagnarono i disperati sforzi del presidente Roosevelt per coinvolgere gli Stati Uniti nella guerra in corso in Europa, attraverso il Giappone.

Quando si verificò il previsto attacco a Pearl Harbor (Roosevelt conosceva il giorno e l'ora in cui sarebbe avvenuto) annunciò, nei discorsi scritti per lui dal Tavistock Institute, che il popolo americano avrebbe combattuto per la più alta e nobile delle cause, la difesa della nazione, la difesa della libertà e per la sicurezza e il benessere futuri della nazione. Come di consueto in questi casi, i fatti parlavano di una serie di obiettivi molto diversi.

Roosevelt non disse che il popolo americano andava in guerra per combattere per il progresso del socialismo internazionale e per gli obiettivi del Nuovo Ordine Mondiale - l'instaurazione del comunismo internazionale sotto un governo unico mondiale.

Al popolo americano fu detto che la Germania intendeva asservire il mondo. Questa è un'ottima replica, perché anche le persone meno istruite sanno che la schiavitù è uno dei peggiori destini che l'umanità possa essere chiamata a subire. Introducendo la parola "schiavitù", abbiamo toccato un tasto dolente.

Ancora una volta, la propaganda non ha nulla a che fare con i fatti. Le persone riflessive, non suscettibili di propaganda, avrebbero capito che una piccola nazione come la Germania non poteva asservire il mondo, anche se avesse voluto farlo. Le risorse e la manodopera semplicemente non c'erano. La Germania non possedeva la vasta flotta navale necessaria per rendere un simile attacco agli Stati Uniti una possibilità reale.

I promotori della guerra capirono fin dall'inizio che per mantenere lo slancio sarebbe stata necessaria un'intensa attività di propaganda. Il vicepresidente Cheney ha seguito lo stesso principio nelle settimane che hanno preceduto l'attacco degli

Stati Uniti all'Iraq; ha distorto i fatti, ha diffuso una serie di "discorsi della paura" e ha distorto le informazioni di intelligence per adattarle ai suoi scopi. Nessuno ha lavorato più duramente di Cheney per garantire che la guerra con l'Iraq non venisse evitata all'ultimo minuto.

Per Roosevelt era importante attirare l'attenzione delle masse sui "problemi" e renderli noti al popolo, da qui gli infiniti servizi sulla stampa, i "cinegiornali" proiettati in continuazione nei cinema e gli infiniti discorsi di lavaggio del cervello da parte dei politici.

La propaganda dovrebbe essere presentata con un mezzo facilmente comprensibile dal più basso livello di intelligenza della nazione, come i manifesti che raffigurano i lavoratori delle fabbriche di munizioni, dei cantieri navali, degli impianti di assemblaggio degli aerei, tutti impegnati sul "fronte interno" per lo "sforzo bellico", ecc.

All'indomani della tragedia del WTC, gran parte di questo tipo di propaganda per il lavaggio del cervello di massa è stata ripresa: "l'America in guerra", "la linea del fronte", "e i depositi di munizioni", "le postazioni delle truppe nemiche" sono apparsi nei sottotitoli di quasi tutti gli schermi televisivi.

Ovviamente è stato omesso il fatto che gli Stati Uniti non erano in guerra perché la guerra non era stata dichiarata e che non c'erano "truppe" nemiche se non gruppi di guerriglieri poco strutturati.

I dizionari definiscono le truppe come "un corpo di soldati; un esercito, di solito al plurale". I Talebani non avevano un esercito e quindi non avevano truppe. Inoltre, la guerra non poteva essere dichiarata contro il "terrorismo", il "bolscevismo" o qualsiasi altro "ismo". Secondo la Costituzione degli Stati Uniti, la guerra può essere dichiarata solo contro nazioni sovrane.

La guerra può essere dichiarata solo contro un Paese o una particolare nazione di persone che vivono in quel Paese. Tutto il resto sono frottole Tavistock servite su un piatto decorato con bandiere sventolanti e accompagnate da musica marziale. Dire che gli Stati Uniti sono in guerra con i Talebani è il massimo dell'inganno. Per essere in guerra, deve esserci una precedente dichiarazione di guerra. Senza una dichiarazione di guerra, si tratta di un inganno, in realtà di una vera e propria guerra. È stata aggiunta una nuova dimensione. Al Presidente Bush, a cui era stato negato il potere di fare la guerra e di legiferare secondo la Costituzione degli Stati Uniti, sono stati improvvisamente conferiti poteri che non esistono nella Costituzione degli Stati Uniti.

Cominciò a essere chiamato "Comandante in capo", anche se non aveva diritto a questo titolo temporaneo, che può essere conferito dal Congresso solo dopo una dichiarazione di guerra completa. Questo non è mai accaduto.

È stato misticamente "dichiarato" in grado di etichettare chiunque di sua scelta come "nemico combattente". Il fatto che tale potere non esista nella Costituzione degli Stati Uniti, né sia espressamente implicito, non ha turbato Bush nemmeno per un istante: per quanto lo riguardava, da quel momento in poi, egli era la legge.

Così, la presa di potere illegale e incostituzionale da parte di un Presidente degli Stati Uniti in carica, iniziata con Woodrow Wilson che si è "preso" dieci poteri aggiuntivi a cui non aveva alcun diritto, si è estesa a Roosevelt che si è "preso" trenta poteri e a Bush che si è preso trentacinque (e oltre) poteri negati dalla Costituzione degli Stati Uniti.

In effetti, gli Stati Uniti sono diventati una nazione senza legge sotto la guida esperta del Tavistock Institute, il cui lavaggio del cervello del pubblico americano attraverso "il condizionamento domestico e la penetrazione a lungo raggio" ha reso possibile tutto questo.

Di passaggio, vorrei aggiungere che la propaganda britannica ha usato lo stesso linguaggio di menzogne contro i boeri in Sudafrica, durante la guerra lanciata dagli inglesi per prendere il controllo degli enormi giacimenti d'oro di quel Paese. La stampa britannica era piena di storie sull'"esercito boero", mentre i boeri non avevano un esercito, ma solo una guerriglia di contadini e cittadini.

Come il Kaiser Guglielmo II nel 1913/1914, Paul Kruger, il patriarca timorato di Dio della Repubblica del Transvaal, fu demonizzato dalla stampa britannica come un tiranno feroce che reprimeva brutalmente la popolazione nera, il che non ha nulla a che vedere con la verità.

Alla fine, attraverso una serie di prove ed errori nella Prima e nella Seconda Guerra Mondiale, è stata sviluppata una formula che è stata ripresa e adattata per l'attacco statunitense all'Afghanistan. È stato sufficiente a catturare l'attenzione della maggior parte della popolazione americana, poiché è stato adattato al loro livello psicologico. Le lezioni apprese nell'arte della propaganda nelle due guerre mondiali sono state semplicemente trasferite dal teatro europeo al mainstream americano, e successivamente all'Iraq, alla Serbia e all'Afghanistan.

Il lavaggio del cervello era limitato all'essenziale, incarnato da slogan semplicistici, frasi ad effetto e formule stereotipate sviluppate per la prima volta da Lord Northcliffe alla Wellington House di Londra nel 1912. Si è dovuto insegnare al popolo britannico che il popolo tedesco era "il nemico". Ogni cosa cattiva e crudele veniva attribuita ai tedeschi, tanto che la massa dei britannici iniziò a credere che i tedeschi fossero in realtà dei barbari crudeli che non si sarebbero fermati davanti a nulla. Manifesti raffiguranti "macellai crucchi" che uccidono donne e bambini belgi erano ovunque.

CAPITOLO 15

Il ruolo dei media nella propaganda

I mezzi di comunicazione hanno svolto un ruolo enorme nella propaganda, vale forse la pena di considerare da dove è iniziato e come si è arrivati al fatto che i media negli Stati Uniti, quasi interamente, sono oggi un organo di propaganda completamente controllato. Il periodo che precede la prima guerra mondiale è una classica serie di eventi in cui i personaggi pubblici vengono manipolati, e i peggiori colpevoli sono i giornali britannici e americani. Come in tutte le guerre, è necessario demonizzare qualcuno per coinvolgere l'opinione pubblica. Nel 1913, fu il Kaiser Guglielmo II di Germania a essere demonizzato prima, durante e dopo quella terribile guerra.

Uno dei principali artefici della propaganda di questo periodo fu Lord Northcliffe, il noto barone della stampa, parente dei Rothschild e nemico della Germania. Northcliffe gestiva Wellington House come un importante centro di propaganda antitedesca e nutriva un particolare odio per Guglielmo II, cugino della Regina Vittoria, appartenente alla famosa dinastia dei Guelfi Neri di Venezia.

Northcliffe si opponeva a Guglielmo II in ogni occasione, soprattutto quando il Kaiser parlava della potenza e dell'abilità militare tedesca. Guglielmo era incline alle vanterie infantili e la maggior parte dei governi europei lo conosceva come un uomo che amava "giocare ai soldati" e vestire uniformi eccentricamente decorate. William non era affatto un militare. In quanto Rothschild, ciò irritò Northcliffe che iniziò ad "avvertire" che "il posto al sole della Germania", come amava definirlo il Kaiser, era un pericolo per il resto dell'Europa. Il fatto che questa affermazione sia priva di qualsiasi fondamento non sembra preoccupare Northcliffe, che la esalta fino a renderla credibile.

La verità è che la Germania non era una minaccia in quel momento, né il Kaiser era un potente guerriero pronto a colpire, ma piuttosto un uomo soggetto a crisi nervose, tre in cinque anni, e con un braccio avvizzito quasi inutile, che non dava affatto l'immagine di un uomo marziale. La cosa che più si avvicinava a un uomo marziale era il suo amore per le uniformi stravaganti. In realtà, Guglielmo II aveva poco o nessun controllo sull'esercito tedesco, un fatto di cui Northcliffe era ben consapevole e che tuttavia scelse di ignorare.

In questo, il Kaiser era alla pari del monarca britannico, re Giorgio V, che non aveva alcun controllo sul corpo di spedizione britannico. Ciò non impedì a Northcliffe di lanciare un feroce attacco al cugino tedesco della Regina Vittoria, accusandolo di essere responsabile di un'intera lista di atrocità presumibilmente commesse dall'esercito tedesco che attraversava il Belgio. Certo, l'alto comando tedesco ha commesso un errore invadendo il Belgio neutrale, ma era solo di passaggio e non aveva intenzione di occupare il Paese.

Tutto questo faceva parte di un piano tattico per marciare su Parigi prendendo una "scorciatoia" attraverso il Belgio per aggirare l'esercito francese. Non ci sarebbe stato nulla da guadagnare uccidendo deliberatamente dei civili, un fatto sottolineato dall'Alto Comando tedesco. Northcliffe descrisse il Kaiser come un "megalomane" con una "fame di dominio mondiale" che era, in ogni caso, ben al di là delle capacità dell'onnipotenza europea. Nel 1940, Churchill accusò Hitler di avere lo stesso desiderio di "dominio del mondo", pur sapendo che non era vero. Churchill disse anche che Hitler era "un pazzo", sapendo che la sua caratterizzazione del Cancelliere era falsa.

Ma per non farsi scoraggiare, Northcliffe fece in modo che i suoi media si riferissero costantemente a Guglielmo II come "il cane pazzo d'Europa".

Wellington House si avvalse dei servizi di un vignettista che raffigurava regolarmente Guglielmo II come un cane pazzo e avido, una creatura scimmiesca. Queste scadenti caricature vennero trasposte in forma di libro e la stampa le fece presto assurgere al rango di assurdità assoluta. I cartoni animati erano di cattivo gusto e ancor più mal realizzati. Il libro era quello che gli inglesi chiamavano "a penny horrible".

Dimostrando il potere della stampa, Northcliffe ha ottenuto dai media recensioni entusiastiche del libro. Lord Asquith, il primo ministro, fu convinto a scrivere una prefazione a quella che era essenzialmente una farsa assoluta. Il Presidente Wilson invitò l'"artista", un olandese di nome Raemakers, alla Casa Bianca mentre era impegnato in un tour di vendita di libri negli Stati Uniti. Come previsto, Wilson ha elogiato il vignettista e ha dato al libro la sua benedizione.

Anche la leggendaria rivista *Punch* si è unita alla campagna per ritrarre William nella peggior luce possibile. Sembra che nessun giornale si sia sottratto all'obbligo di stampare il torrente di calunnie che si è riversato dalla Wellington House. Era propaganda nella sua forma più brutale.

Di lì a poco, l'effetto si ripercosse sulla popolazione, che iniziò a chiedere con insistenza l'"impiccagione" del Kaiser e un ministro arrivò a dire che avrebbe perdonato la Germania a condizione che tutti i tedeschi fossero stati fucilati. Hollywood si unì presto alla condanna del Kaiser, di cui non sapeva nulla. Innanzitutto, il film "I miei quattro anni in Germania", tratto dal libro dell'ambasciatore americano a Berlino, James W. Gerard. Il film è presentato come un resoconto reale della preparazione del Kaiser alla guerra. Wilhelm ha il quoziente intellettivo di un bambino paranoico di sei anni ed è ritratto come un uomo in sella a un cavallo da tiro. Le descrizioni scabrose della sua disabilità sono ripetute centinaia di volte.

Il peggio doveva arrivare con la versione hollywoodiana della storia, intitolata *La bestia di Berlino*, che ritraeva il Kaiser che gongolava per i civili belgi massacrati e rideva per le navi silurate. Niente di tutto ciò era vero, ma questa versione raggiunse il suo scopo, generando un odio feroce nei confronti dei tedeschi e di tutto ciò che era tedesco che si diffuse negli Stati Uniti con una rapidità sorprendente.

Questa è la base della peggiore propaganda mai vista e viene portata avanti senza sosta dal governo britannico, non solo in patria, ma anche dove conta di più, negli Stati Uniti. Wellington House contava sul fatto che gli Stati Uniti avrebbero sconfitto la Germania sul campo di battaglia.

Alla fine degli anni '90, era solo questione di tempo prima che la massa del popolo americano credesse la stessa cosa sui Talebani e sul Presidente iracheno Hussein, con cui i Talebani non avevano alcun legame. (In realtà, si odiavano a vicenda).

La domanda fondamentale: "I Talebani nel loro insieme, e il popolo afghano separatamente dai Talebani, sono stati responsabili dell'ignobile attentato al WTC? "I talebani esistono davvero? O Osama bin Laden è solo un altro Kaiser Guglielmo II? Forse, tra cinquant'anni, saremo in grado di scoprire la verità. Nel frattempo, il Tavistock Institute ha giocato la carta della propaganda fino in fondo, e ancora una volta ci è riuscito.

Dopo la fine della guerra, il mito del Kaiser Guglielmo II persistette. In effetti, la stessa macchina propagandistica che lo aveva demonizzato prima e durante la guerra non si è fermata fino al 13 luglio 1959, data del centesimo compleanno del Kaiser Guglielmo II, celebrato dalla BBC con un documentario sull'ex leader tedesco tanto bistrattato.

Spiega come i britannici fossero terrorizzati da storie agghiaccianti che raccontavano che il Kaiser tagliava le braccia ai bambini belgi con la sua spada, mentre colonne di soldati tedeschi violentavano le donne nei villaggi belgi che attraversavano, nessuna delle quali aveva la minima somiglianza con la verità.

Anche i membri più intelligenti del Parlamento britannico furono coinvolti nell'implacabile tempesta d'odio sollevata da Northcliffe e dal suo team, che comprendeva gli americani Lippmann e Bernays. Eppure, per quanto buono, il documentario della BBC non ha fatto alcuno sforzo per spiegare come il mito di un mostruoso Kaiser Wilhelm sia potuto apparire all'improvviso dal nulla, per fare notizia?

Allo stesso modo, nessuno ha spiegato in modo soddisfacente come Osama Bin Laden sia apparso all'improvviso sulla scena e come sia diventato il cattivo del Kaiser in un tempo sorprendentemente breve. Come è successo?

È un fatto storico che il presidente Wilson abbia fatto passare in fretta e furia la proposta di legge per l'istituzione delle Federal Reserve Banks alla Camera dei Rappresentanti, giusto in tempo per lo scoppio della Prima Guerra Mondiale. Senza i dollari di carta, stampati a volontà, non è certo che la guerra si sarebbe svolta. Senza dollari di carta, stampati a piacimento, è dubbio che la guerra sarebbe avvenuta.

Come ha potuto il Kaiser prendere improvvisamente vita dal personaggio dei cartoni animati che campeggia su migliaia di giornali, riviste e cartelloni pubblicitari? Oggi sappiamo che era il prodotto della vasta macchina di propaganda del War Office britannico, rimasta segreta come oggi. Quella macchina rimane segreta oggi come lo era nel 1913, anche se alcuni di noi sono riusciti a strapparne un po' il velo.

Le nostre ricerche hanno rivelato che l'Istituto Tavistock è il luogo di nascita di alcune delle bugie più grottesche mai prodotte e presentate come verità al pubblico stupefatto e ignorante, vittima di questi controllori mentali particolarmente abili.

CAPITOLO 16

La propaganda scientifica può ingannare gli elettori

La stragrande maggioranza delle persone nel mondo oggi ha certamente sentito parlare della "Bestia di Berlino" e di come gli "Alleati" ne abbiano impedito lo scatenamento in Europa. Negli ultimi tempi, la maggior parte delle persone ha sentito parlare della "Bestia di Baghdad".

Ma quanti hanno sentito il nome di Sir Harold Nicholson, un illustre studioso il cui accurato esame di centinaia di migliaia di documenti tra il 1912 e il 1925 ha assolutamente scagionato il Kaiser Guglielmo II dall'aver dato inizio alla Prima Guerra Mondiale?

Quanti lo sanno? Metteteli alla prova. Provate con il vostro talk show locale e vedete cosa succede. Così, per oltre venticinque anni, il mito del Kaiser ha dominato i titoli dei giornali e ha avuto l'effetto di mettere milioni di persone in Gran Bretagna e in America contro la Germania, conseguenza ingiusta e sfortunata della vasta macchina propagandistica che ha tenuto per la gola il popolo britannico fin dalla sua apertura nel 1913. Stiamo parlando di Wellington House e del suo successore, il Tavistock Institute for Human Relations.

L'aspetto sorprendente di questo mito è la sua longevità. Ma lo scopo della propaganda è proprio quello di perpetuare un mito, una menzogna o una disinformazione che permanga a lungo dopo che la verità è stata dimenticata. Il Giappone sarà per sempre incolpato di Pearl Harbor e del "Ratto di Nanchino", mentre Churchill sarà per sempre acclamato come un grande uomo e non come un brutale guerrafondaio.

Allo stesso modo, Colin Powell ha recentemente visitato l'Iraq e ha fatto una dichiarazione da prima pagina sul fatto che Hussein avesse "gasato i curdi" durante la guerra tra Iraq e Iran.

La verità è che i missili pieni di gas che sono caduti sul villaggio curdo erano al fosgene, un tipo di prodotto che l'Iraq non possiede, ma che era nell'arsenale dell'Iran. È successo che durante un'offensiva irachena, gli iraniani hanno sparato un gran numero di razzi pieni di gas contro le posizioni irachene, ma alcuni sono caduti sui curdi lungo il confine. Ciò è stato confermato dal rapporto dell'US Military War College, che ha scagionato completamente l'Iraq.

Eppure, nonostante l'accusa sia stata accuratamente smentita, nel 2005, quasi 30 anni dopo, in occasione di un tour di buona volontà in Malesia, Karen Hughes, in rappresentanza del Presidente George Bush, ha ripetuto la menzogna, abbellendola con l'affermazione che "30.000 curdi" erano stati gassati a morte da "Saddam Hussein". Un membro del pubblico ha contestato la sua dichiarazione e il giorno dopo la Hughes è stata costretta a ritrattare, sostenendo di essersi "espressa male". Un'indagine sull'incidente ha rivelato che la Hughes credeva davvero alle bugie che aveva sentito ripetere in continuazione dal Presidente Bush, dal Primo Ministro Blair, dal Segretario di Stato Colin Powell e dal Segretario alla Difesa Donald Rumsfeld, il che dovrebbe dirci molto sul potere della propaganda.

Il rapporto del War College è stato successivamente confermato dall'esercito americano e da una seconda fonte statunitense. Il mondo lo sa? Ne dubitiamo. La verità viene dimenticata mentre la menzogna continua. Così la propaganda di Colin Powell contro l'Iraq seguirà la strada della propaganda contro il Kaiser Guglielmo II, ripetuta per più di 100 anni, mentre la verità è morta nel momento in cui la prima esplosione propagandistica è apparsa sui giornali. Qui sta il valore della propaganda. Gli scienziati sociali del Tavistock lo sanno e oggi sono in grado di profilare qualsiasi pubblico in modo che accetti le menzogne più adatte alla sua percezione, senza comprendere le questioni che vi stanno dietro.

In questo modo è stata creata una posizione "moralmente corretta" e un forte sostegno all'attacco all'Afghanistan. Pochi cittadini americani hanno sollevato dubbi sul fatto che ciò che il loro governo stava facendo in Afghanistan fosse coerente con la Costituzione degli Stati Uniti. Non c'è stato alcun referendum o mandato per confermare o negare l'accettazione da parte del popolo della politica dell'amministrazione Bush nei confronti dell'Afghanistan.

La propaganda e il lavaggio del cervello non richiedono un mandato. Il fatto che nessuno dei presunti dirottatori degli aerei utilizzati contro le Torri Gemelle provenisse dall'Afghanistan è sfuggito completamente all'opinione pubblica americana, il 74% della quale continua a credere che sia stata "Al Qaeda" e che viva in Afghanistan! Alla stessa percentuale di americani è stato fatto il lavaggio del cervello per credere che i talebani e il presidente Hussein abbiano lavorato insieme per provocare questa tragedia! Il popolo americano non sa che Saddam Hussein non avrebbe nulla a che fare con la leadership talebana.

Perché il popolo americano si lascia trattare in questo modo? Perché permettono ai politici di mentire, imbrogliare, colludere, dissimulare, prevaricare, offuscare e ingannare continuamente? Ciò che dovremmo ricordare bene è il modo in cui Woodrow Wilson ha trattato il popolo americano, come una pecora.

Quando gli fu chiesto perché tenesse un piccolo gregge di pecore al pascolo sui prati della Casa Bianca, Wilson rispose: "Mi ricordano il popolo americano". Wilson aveva l'ambizione ardente di far precipitare l'America nella Prima Guerra Mondiale e usò le bugie della Wellington House (propaganda) contro i dissidenti (la maggior parte della popolazione) per convincerli a cambiare opinione.

Roosevelt ripeté questo stratagemma per far entrare gli Stati Uniti nella Seconda Guerra Mondiale attraverso bugie e propaganda (per lo più la stessa cosa) che culminarono nel "successo" di Pearl Harbor. Abbiamo visto la stessa linea utilizzata dal Presidente Clinton. Prima e durante l'ingiusta guerra contro la Serbia, tutta la persuasione di Clinton consisteva in bugie e disinformazione.

Non sorprende che le dichiarazioni di Rumsfeld siano sempre accolte con sospetto. Interrogato sul ruolo svolto dalla propaganda, Rumsfeld ha risposto blandamente: "I funzionari governativi, il Dipartimento della Difesa, questo Segretario della Difesa e le persone che lavorano con me stanno dicendo al popolo americano la verità".

CAPITOLO 17

Propaganda e guerra psicologica

Un elenco di documenti governativi statunitensi, alcuni liberamente disponibili e altri no, rivela in modo vivido quanto siano diventate controllate le nazioni del mondo (compresi gli Stati Uniti) attraverso l'esercizio di un'ampia gamma di metodi di propaganda che operano a vari livelli.

Nel migliore dei casi, posso solo citare i titoli e parafrasare il contenuto a causa della vastità del materiale. Spero che le informazioni che abbiamo raccolto risveglino il popolo americano dalla sua apatia e gli facciano capire quanto sia vicino a diventare schiavo del Nuovo Ordine Mondiale Socialista in un Governo Unico Mondiale.

Definizioni ufficiali: un'utile raccolta di termini e definizioni utilizzati dall'establishment del potere di Washington. Tutti i programmi qui elencati, senza eccezione, sono nati e progettati dal Tavistock.

Scienza sociale e intervento politico: ciò che passa per "assistenza allo sviluppo" basata su progetti può essere in realtà una pericolosa manipolazione della cultura e delle relazioni sociali nel Sud del mondo.

Grazie all'enorme vantaggio monetario di cui godono i donatori di "aiuti", essi sono spesso in grado di condurre studi psicosociali approfonditi sui gruppi target e di sfruttarli in modi che alla maggior parte delle persone non verrebbero in mente, nemmeno nei loro peggiori incubi.

Questo è un tipico esempio di tutto ciò che John Rawlings Reese ha insegnato al Tavistock e che è stato trasferito in tutti gli aspetti della vita americana.

Shock and Awe: Achieving Rapid Dominance - È il testo della National Defense University del 1996 che è diventato la teoria alla base dell'intervento statunitense in Medio Oriente e della guerra contro l'Iraq nel marzo e aprile 2003. Secondo il testo, "Shock and Awe" vuole essere l'"equivalente non nucleare" del bombardamento di Hiroshima e Nagasaki nel 1945.

Secondo la guida allo studio di questa terribile tragedia, ora definitivamente registrata,

> "L'impatto di queste armi fu sufficiente a trasformare sia la mentalità del cittadino medio giapponese che la visione dei leader in uno stato di shock e paura. I giapponesi non riuscivano a comprendere il potere distruttivo di un singolo aereo. Questa mancanza di comprensione ha creato uno stato di paura duraturo".

Oltre all'uso di una massiccia potenza di fuoco a fini psicologici, la pubblicazione include anche una discussione approfondita sulle operazioni di propaganda.

> Il meccanismo principale per ottenere questo dominio è imporre all'avversario condizioni di "shock e soggezione" sufficienti per convincerlo o costringerlo ad accettare i nostri obiettivi strategici e militari", affermano gli autori. "Chiaramente, questo richiede l'uso di inganni, confusione, disinformazione e disinformazione, forse in quantità massicce".

Guerra psicologica in combattimento: questo è il testo completo della famigerata dottrina "Shock and Awe", pubblicata nel 1996 dalla National Defense University di Washington. Il concetto è quello di assumere il controllo totale della volontà dell'avversario e della percezione e comprensione delle popolazioni bersaglio, rendendo il nemico letteralmente impotente ad agire o reagire.

Va notato che tutte queste parole e descrizioni si trovano nei libri di testo utilizzati per condizionare gli studenti che frequentano i corsi di John Rawlings Reese presso l'Ufficio di guerra psicologica dell'esercito britannico, dove Rawlings era un maestro teorico.

La dottrina "Shock & Awe" è descritta come una strategia per distruggere sistematicamente le capacità militari attraverso il logoramento, ove appropriato, e per usare una forza schiacciante per paralizzare, sioccare e infine distruggere moralmente l'avversario.

La Conferenza internazionale sulla popolazione e lo sviluppo (ICPD): un programma d'azione presentato alla conferenza richiedeva un massiccio sforzo di propaganda, utilizzando i mass media, le organizzazioni non governative, l'intrattenimento commerciale e le istituzioni accademiche per "persuadere" le persone nei Paesi in via di sviluppo a cambiare le loro preferenze in materia di fertilità.

Una revisione del testo originale, aggiunta per tenere conto dei rappresentanti dei Paesi in via di sviluppo, chiede che le attività di comunicazione dei donatori "allo scopo di sensibilizzare o promuovere particolari stili di vita" siano etichettate in modo che il pubblico sia consapevole del loro scopo e che "l'identità degli sponsor sia indicata in modo appropriato".

Nonostante questa raccomandazione, che non impone restrizioni obbligatorie ai donatori di aiuti, la sezione "comunicazione" del documento rimane una parte molto pericolosa e politicamente esplosiva dell'agenda del Nuovo Ordine Mondiale.

Il Population Communication Project: l'Agenzia statunitense per lo sviluppo internazionale (USAID) ha investito decine di milioni di dollari in una campagna di influenza sui "mass media" che utilizza tattiche mutuate dagli agenti militari di guerra psicologica. L'USAID è solo una delle centinaia di agenzie governative statunitensi che hanno stipulato un contratto con il Tavistock per la stesura dei suoi programmi.

In realtà, l'appaltatore che lavorava come agente dell'USAID in questo caso era anche sotto contratto con l'esercito americano per preparare manuali didattici per le operazioni psicologiche.

Enter-Educate: l'uso dell'intrattenimento come propaganda: è probabile che il pubblico giovane sia più vulnerabile ai messaggi presentati nel contesto dell'"intrattenimento" rispetto ad altre comunicazioni che potrebbero tendere a sollevare dubbi sulla legittimità delle idee straniere.

Così, l'approccio di intrattenimento-propaganda è diventato una parte importante dello sforzo di controllo della popolazione internazionale dell'USAID. Anche in questo caso, milioni di dollari sono andati al Tavistock per programmi tenuti da operatori di Enter-Educate.

Quando la propaganda si ritorce contro: Uno studio sugli atteggiamenti e i comportamenti di pianificazione familiare nella Nigeria settentrionale nel 1994. Secondo un rapporto pubblicato, la reazione negativa illustrata

> "opposizione alle scorrettezze straniere, alla pianificazione familiare in generale e ai programmi di pianificazione familiare sponsorizzati dagli Stati Uniti in particolare".

Programma bilaterale della Nigeria sulla popolazione: (documento del Dipartimento di Stato americano). Il principale documento di pianificazione della strategia di controllo demografico del governo statunitense in Nigeria.

Viene anche utilizzato come importante elemento di propaganda nella guerra psicologica impiegata nei programmi del governo statunitense per minare i movimenti politici latinoamericani, l'impegno contro la guerra, il movimento e l'organizzazione politica di base. Il contratto per la stesura del programma è stato assegnato a Tavistock.

Guerra postmoderna: un menu di risorse sulla guerra politica/psicologica, le attività segrete e il genocidio.

Deconcentrazione urbana e altre tattiche: il contenuto di questo documento è talmente diabolico che non intendo pubblicarlo, almeno per il momento.

Influenza sociale: propaganda e persuasione: - Alcune utili informazioni di base.

Psychological Operations in Guerrilla Warfare: The CIA Tactical Manual for Paramilitary Forces in Central America, preparato da Tavistock. La CIA ha un contratto con Tavistock e lavora a stretto contatto con lui.

Istituto per l'analisi della propaganda: una raccolta di documenti contenenti fatti fondamentali sulle campagne di influenza occulta. Ancora una volta, l'istituto è solo una camera di compensazione per i dati Tavistock e i metodi di lavaggio del cervello da utilizzare sulle masse.

U.S. Intelligence Bureaus: descrizioni ufficiali e funzioni degli uffici governativi statunitensi che si occupano di raccolta o analisi di intelligence.

Istruzioni segrete del governo: Una raccolta di documenti che sostengono l'apertura del governo agli attori del settore privato.

Press Collective: una fonte di materiale di ricerca affidabile sulle istituzioni internazionali e sul loro ruolo di facciata per le nazioni ricche e potenti che ne controllano le politiche. Gli scienziati sociali del Tavistock hanno insegnato a molti dei leader di queste istituzioni.

Propaganda, la diffusione di idee e informazioni allo scopo di indurre o intensificare specifici atteggiamenti e azioni: poiché la propaganda è spesso accompagnata da distorsioni dei fatti e appelli alle emozioni e ai pregiudizi, si ritiene che sia invariabilmente falsa o fuorviante. Come indicano i manuali Tavistock, la distinzione chiave sta nelle intenzioni del propagandista di persuadere un pubblico ad adottare l'atteggiamento o l'azione che sostiene. Wilson e Roosevelt sono esempi di questa verità, entrambi addestrati all'arte della diplomazia con l'inganno, come definita da Boukanine nel 1814.

CAPITOLO 18

Wilson fa entrare gli Stati Uniti nella prima guerra mondiale attraverso la propaganda

Le tecniche della moderna propaganda di massa, che sono diventate una caratteristica familiare dei governi americano e britannico in particolare, sono iniziate con la Prima guerra mondiale (1914-1918). Fin dall'inizio della guerra, i propagandisti tedeschi e britannici si impegnarono a fondo per conquistare la simpatia e il sostegno degli americani. I propagandisti tedeschi fecero appello ai molti americani di origine tedesca e a quelli di origine irlandese, tradizionalmente ostili alla Gran Bretagna, che vivevano in America. La propaganda è piuttosto rozza per gli standard odierni, ma la sua mancanza di finezza è compensata dalla mole di produzione della Wellington House.

Ben presto, tuttavia, la Germania fu virtualmente tagliata fuori dall'accesso diretto agli Stati Uniti. In seguito, la propaganda britannica ebbe poca concorrenza negli Stati Uniti e fu condotta più abilmente di quella tedesca, che non aveva l'equivalente di Wellington House, Bernays o Lippmann.

Una volta impegnato nella guerra, Woodrow Wilson organizzò il Committee on Public Information, un'agenzia ufficiale di propaganda, per mobilitare l'opinione pubblica americana. Questo comitato ha avuto molto successo, soprattutto nella vendita di Liberty Bonds. E non c'è da stupirsi. Il suo programma è stato scritto per la Casa Bianca da Tavistock ed è stato in gran parte diretto da Londra.

Lo sfruttamento da parte degli Alleati dei quattordici punti del Presidente Woodrow Wilson, che sembravano promettere una pace giusta sia per i vincitori che per i vinti, contribuì a cristallizzare l'opposizione delle Potenze Centrali al proseguimento della guerra.

In altre parti di questo libro abbiamo descritto in dettaglio le bugie e le distorsioni della Commissione Bryce, che rimane uno degli esempi più inquietanti di una palese menzogna mascherata da verità. Il ruolo svolto dagli americani a Wellington House, il più importante centro di propaganda del mondo all'epoca, è spiegato anche più avanti nel documento.

Gli aspetti propagandistici della Seconda guerra mondiale erano simili a quelli della Prima guerra mondiale, con la differenza che la Seconda guerra mondiale, anch'essa iniziata dalla Gran Bretagna e finanziata dai banchieri internazionali, era su scala più ampia. La radio ha svolto un ruolo importante, con "programmi di notizie" che erano sempre un misto di fatti e di finzione. Le attività di propaganda all'estero furono ancora più intense. Il Tavistock Institute fu in grado di applicare tutte le preziose lezioni apprese nel 1914-1919 e utilizzò la sua esperienza in molti modi nuovi sia nei vecchi che nei nuovi Paesi.

La Germania e il Regno Unito cercarono nuovamente di influenzare l'opinione americana. I propagandisti tedeschi fecero leva sul sentimento anti-britannico, presentarono la guerra come una lotta contro il comunismo e ritrassero la Germania come l'invincibile campione di una nuova ondata di anticomunismo. Gli agenti tedeschi sostenevano anche i movimenti negli Stati Uniti che sostenevano l'"isolazionismo", un'etichetta descrittiva attribuita a tutti gli americani che si opponevano alla guerra con la Germania.

Gli sforzi della propaganda tedesca non potevano competere con l'esperienza di Wellington House e Tavistock o con le risorse della Gran Bretagna (segretamente aiutata da enormi somme di denaro dell'amministrazione Roosevelt) e, ancora una volta, si rivelarono inefficaci.

L'attacco a Pearl Harbor, accuratamente pianificato, era noto a Roosevelt, Stimson e Knox mesi prima dell'attacco effettivo.

Questa trovata del dicembre 1941 fu una manna per Roosevelt, che cercava disperatamente di costringere gli Stati Uniti a entrare in guerra al fianco della Gran Bretagna, perché non appena i giapponesi attaccarono Pearl Harbor, il popolo americano fu convinto dalla propaganda e da vere e proprie bugie che la Germania fosse l'aggressore.

Gli avvertimenti di Lindbergh, il famoso aviatore, e di altri senatori contrari alla guerra, secondo i quali non ci si poteva fidare di Roosevelt e che, come nella Prima Guerra Mondiale, gli Stati Uniti non potevano interferire nella guerra in Germania, furono soffocati dalla propaganda. Inoltre, la "situazione artificiale" di Pearl Harbor cambiò l'opinione pubblica, come Roosevelt sapeva. Gli sforzi di propaganda alleata che provenivano da Tavistock miravano a separare i popoli delle nazioni dell'Asse dai loro governi, ritenuti gli unici responsabili della guerra. Trasmissioni radiofoniche e innumerevoli volantini aerei portarono la propaganda alleata al nemico.

Le agenzie ufficiali di propaganda degli Stati Uniti durante la Seconda Guerra Mondiale erano l'Office of War Information (OWI), responsabile della diffusione delle "informazioni" di Tavistock in patria e all'estero, e l'Office of Strategic Service (OSS), il precursore della CIA e creazione di Tavistock, responsabile della guerra psicologica contro il nemico.

Presso il Quartier Generale Supremo nel teatro europeo delle operazioni, l'OWI e l'OSS furono coordinati con le attività militari dalla Psychological Warfare Division, guidata da scienziati sociali del Tavistock Institute.

Nell'era della Guerra Fredda - un forte conflitto di interessi tra gli Stati Uniti e l'Unione Sovietica dopo la Seconda Guerra Mondiale - la propaganda è rimasta un importante strumento di politica nazionale.

Sia il blocco democratico che quello comunista hanno tentato, attraverso campagne sostenute, di conquistare alla loro causa le grandi masse di persone non impegnate e quindi di raggiungere i loro obiettivi senza ricorrere al conflitto armato. Tutti gli aspetti della vita e della politica nazionale furono sfruttati a fini propagandistici.

La Guerra Fredda è stata anche caratterizzata dall'uso di disertori, processi e confessioni a fini propagandistici. In questa guerra dell'informazione, le nazioni comuniste sembravano inizialmente avere un chiaro vantaggio. Poiché i loro governi controllavano tutti i mezzi di comunicazione, potevano in gran parte isolare le loro popolazioni dalla propaganda occidentale.

Allo stesso tempo, i governi altamente centralizzati potevano pianificare elaborate campagne di propaganda e mobilitare risorse per realizzare i loro piani. Potevano anche contare sull'aiuto di partiti comunisti e simpatizzanti in altri Paesi. Gli Stati democratici, invece, non potevano né impedire che le loro popolazioni fossero esposte alla propaganda comunista né mobilitare tutte le loro risorse per contrastarla. Questo apparente vantaggio dei governi comunisti è stato eroso negli anni '80 dai progressi della tecnologia della comunicazione. L'incapacità di controllare la diffusione delle informazioni è stato un fattore importante nella disintegrazione di molti regimi comunisti dell'Europa orientale alla fine del decennio. La United States Information Agency (USIA), istituita nel 1953 per condurre attività di propaganda e culturali all'estero, gestiva la "Voice of America", una rete radiofonica che trasmetteva notizie e informazioni sugli Stati Uniti in più di 40 lingue in tutte le regioni del mondo.

CAPITOLO 19

La storia si ripete?
Il caso di Lord Bryce

Quando gli storici sono fortemente coinvolti nella difesa o nella condanna della guerra in Iraq, è forse giunto il momento di riflettere sul visconte James Bryce, lo storico molto rispettato che si è venduto ed è passato alla storia come un bugiardo provato, vile e impenitente. Prima del suo sfortunato coinvolgimento con Wellington House, Bryce godeva di grande rispetto come storico onesto.

Fin dall'inizio della Prima guerra mondiale, le storie delle atrocità tedesche riempirono i giornali britannici e americani. La maggior parte di questi sono stati preparati alla Wellington House e diffusi dai media. Il più delle volte dovevano provenire dai racconti di "testimoni oculari", "reporter e fotografi", che avevano accompagnato la marcia dell'esercito tedesco attraverso il Belgio per aggirare le difese francesi sulla strada per Parigi.

I testimoni oculari hanno descritto i fanti tedeschi che hanno infilzato con le baionette i bambini belgi mentre camminavano cantando canzoni di guerra. Le storie di ragazzi e ragazze belgi a cui sono state amputate le mani (presumibilmente per impedire loro di usare armi da fuoco) sono numerose. Le storie di donne a cui è stato amputato il seno sono cresciute ancora di più.

Le storie di stupro sono in cima alla classifica delle atrocità. Un testimone afferma che i tedeschi presero venti giovani donne dalle loro case in una città belga catturata e le posero su tavoli nella piazza del villaggio, dove ognuna fu violentata da almeno dodici "unni", mentre il resto della divisione guardava e applaudiva. A spese del Regno Unito, un gruppo di belgi ha girato gli Stati Uniti per raccontare queste storie.

Il Presidente Woodrow Wilson li ricevette solennemente alla Casa Bianca. La loro storia ha inorridito l'America. Nessuno ha pensato di verificare il loro racconto dello stupro a cui avevano assistito. I loro racconti delle brutalità subite non sono mai stati messi in discussione.

I tedeschi hanno negato con rabbia queste storie. Così come i reporter americani nell'esercito tedesco. Nel 1914, Wilson non aveva ancora "gestito" i giornalisti sul campo di battaglia, a differenza di George Bush nell'invasione dell'Iraq del 2002. Non c'erano reporter "embedded" nell'esercito britannico. Tavistock non aveva ancora imparato a censurare la verità "incorporando" giornalisti selezionati nelle truppe.

Quando in Inghilterra cominciarono ad arrivare dispacci di giornalisti britannici che mettevano in dubbio le "atrocità", Northcliffe ebbe l'idea di nominare Lord Bryce a capo di una commissione d'inchiesta che esaminasse i resoconti delle atrocità tedesche e gli riferisse. In realtà, il suggerimento venne da Edward Bernays e fu approvato da Walter Lippmann.

Poi, all'inizio del 1915, il governo britannico ufficializzò la situazione chiedendo al visconte Bryce di dirigere una Commissione reale per indagare sulle segnalazioni di atrocità. Bryce era uno degli storici più noti dell'epoca, avendo scritto libri molto apprezzati sul governo americano e sulla storia irlandese, descrivendo con simpatia il duro destino del popolo irlandese sotto il dominio britannico. Nel 1907 aveva collaborato con un diplomatico anglo-irlandese, Roger Casement, per denunciare l'orribile sfruttamento delle popolazioni indiane dell'Amazzonia da parte di un'azienda britannica produttrice di gomma.

Dal 1907 al 1913 era stato ambasciatore britannico a Washington, dove era diventato una figura popolare, persino adorata.

Sarebbe stato difficile trovare uno studioso più ammirato, con una reputazione consolidata di onestà e integrità. Bryce e i suoi sei colleghi commissari, un amalgama di illustri avvocati, storici e giuristi, "analizzarono" 1.200 dichiarazioni di "testimoni oculari", che sostenevano di aver visto ogni sorta di atroce comportamento tedesco.

Quasi tutte le testimonianze provengono da rifugiati belgi in Inghilterra; ci sono anche alcune dichiarazioni di soldati belgi e britannici, raccolte in Francia. Ma i commissari non hanno intervistato nessuno di questi testimoni diretti; questo compito è stato affidato a "gentiluomini con conoscenze ed esperienze legali" - avvocati. Poiché i presunti crimini sono avvenuti in una zona ancora in guerra, non sono state condotte indagini in loco sui rapporti esistenti.

Non un solo testimone è stato identificato per nome; i commissari hanno dichiarato che nel caso dei belgi ciò era giustificato dal timore di rappresaglie tedesche contro i loro parenti. Ma i testimoni soldati britannici sono rimasti altrettanto anonimi, senza alcun motivo apparente. Ciononostante, nella sua introduzione, Bryce ha affermato che lui e i suoi colleghi commissari avevano testato "severamente" le prove. Nessuno sospettava che i testimoni militari non dovessero essere "messi alla prova", tanto meno in modo severo. Non è mai stata fornita alcuna ragione per un errore così grave e per quella che Tavistock ha poi definito non una menzogna, ma una "falsa dichiarazione".

Il Rapporto Bryce fu pubblicato il 13 maggio 1915. Il quartier generale della propaganda britannica a Wellington House, vicino a Buckingham Palace, si assicurò che fosse inviato praticamente a tutti i giornali americani. L'impatto è stato sconcertante, come hanno chiarito il titolo e i sottotitoli del *New York Times*.

LE ATROCITÀ TEDESCHE SONO PROVATE SECONDO LA COMMISSIONE BRYCE

Non solo crimini individuali, ma anche un massacro premeditato in Belgio

GIOVANI E VECCHI MUTILATI

Donne aggredite, bambini uccisi brutalmente, incendi e

saccheggi sistematici.

APPROVATO DAI FUNZIONARI

Sparatoria ingiustificata alla Croce Rossa e alla Bandiera Bianca: prigionieri e feriti colpiti da proiettili

CIVILI USATI COME SCUDI.

Il 27 maggio 1915, gli agenti della Wellington House in America riferirono a Londra i risultati della loro massiccia iniziativa di propaganda:

> "Anche nei giornali ostili agli Alleati non c'è il minimo tentativo di mettere in dubbio l'accuratezza dei fatti riportati. Il prestigio di Lord Bryce in America ha messo fuori discussione lo scetticismo".

Charles Masterman, responsabile della Wellington House, ha dichiarato a Bryce:

> "Il vostro rapporto ha fatto il giro dell'America".

Tra i pochi critici del Rapporto Bryce c'è Sir Roger Casement. "Basta rivolgersi a James Bryce, lo storico, per condannare Lord Bryce, il partigiano", scrive Casement in un furioso saggio, *The Far Extended Baleful Power of the Lie.*

A quel punto Casement era diventato un forte sostenitore dell'indipendenza irlandese, per cui pochi prestarono attenzione alla sua posizione di dissenso, che venne liquidata come di parte.

Clarence Darrow, il famoso avvocato americano iconoclasta specializzato nell'assolvere clienti apparentemente colpevoli, era un altro scettico. Alla fine del 1915 si recò in Francia e in Belgio e cercò invano un solo testimone oculare che potesse confermare anche una sola delle storie di Bryce. Sempre più scettico, Darrow annunciò che avrebbe pagato 1.000 dollari - una somma molto alta nel 1915, più di 17.000 dollari oggi - a chiunque fosse riuscito a presentare un ragazzo belga o francese a cui un soldato tedesco avesse amputato le mani o un figlio unico di entrambi i sessi che fosse stato baionettato dalle truppe tedesche.

Non c'è mai stato nessuno che abbia accettato, non una sola "vittima" si è fatta avanti per reclamare la ricompensa, nonostante Darrow abbia speso una considerevole quantità di denaro proprio per pubblicizzarla ampiamente.

Dopo la guerra, gli storici che cercarono di esaminare i documenti relativi alle storie di Bryce vennero a sapere che i fascicoli erano misteriosamente scomparsi. Nessun funzionario o dipartimento governativo si è offerto di avviare una ricerca dei documenti "mancanti".

Questo palese rifiuto di sottoporre i documenti "severamente testati" a un nuovo esame totalmente imparziale ha portato la maggior parte degli storici a liquidare il 99% delle atrocità di Bryce come falsificazioni. Uno storico ha detto che il rapporto era "di per sé una delle peggiori atrocità della guerra". Studi più recenti hanno rivisto al ribasso la percentuale di falsificazioni del Rapporto Bryce, poiché è emerso che diverse migliaia di civili belgi, tra cui donne e bambini, furono apparentemente fucilati dai tedeschi nell'estate del 1914 e che Bryce riassunse più o meno accuratamente alcuni dei peggiori eccessi, come le esecuzioni nella città di Dinant.

Ma anche questi specialisti dell'epoca ammettono che il rapporto di Bryce è stato "gravemente contaminato" dagli stupri, dalle amputazioni e dai neonati trafitti. Essi attribuiscono questo grave errore all'isteria e alla rabbia della guerra.

Questo equivale a dare a Bryce un lasciapassare. Il numero di correzioni che dovettero essere apportate dai critici dei rapporti di Darrow fu inferiore all'uno per cento e non scagionò Bryce. Come è stato sottolineato all'epoca, il 99% del rapporto della Commissione Bryce era una menzogna. La corrispondenza tra i membri della Commissione Bryce, sopravvissuta alla "scomparsa" dei documenti, rivela seri dubbi sui racconti di mutilazioni e stupri. Questi seri dubbi non sono mai stati diffusi in Gran Bretagna e in America come i rapporti sulla brutalità della Casa di Wellington. Uno dei segretari della commissione ha ammesso di aver ricevuto molti indirizzi inglesi di donne belghe che sarebbero rimaste incinte in seguito a stupri tedeschi, ma che nonostante le intense ricerche non era riuscito a trovarne nessuna nella lista.

Anche la storia di alto profilo di un membro del Parlamento che ospitava due donne incinte è risultata fraudolenta. Bryce ha apparentemente ignorato queste prove negative, come hanno fatto ripetutamente Bush e Blair quando, in rare occasioni, alcuni giornalisti hanno fatto il loro lavoro e hanno posto domande imbarazzanti.

Lo studioso Lord Bryce avrebbe dovuto sapere - e quasi certamente lo sapeva - che le storie di neonati trafitti, stupri e seni tagliati di donne uccise erano classiche favole di "odio per il nemico" risalenti a centinaia di anni fa, così come gli stupri di gruppo nei campi e nelle piazze pubbliche.

Anche un esame sommario delle campagne napoleoniche in Europa rivela centinaia di "atrocità" di questo tipo, una minima parte delle quali è stata dimostrata come vera.

Bryce, storico erudito e di grande fiducia, con una reputazione di onestà, avrebbe dovuto rifiutare a priori tali falsificazioni. Sapeva certamente che la maggior parte delle storie di "atrocità" provenivano dalla Wellington House (il precursor del Tavistock Institute). Invece di esaminarne l'origine e di liquidarle come propaganda, Bryce le riunì tutte in un "rapporto" descritto come reale e poi emise una condanna generale dell'esercito e del popolo tedesco. Questo ricorda G.W. Bush e la sua classificazione generale secondo cui l'intera popolazione di diversi Stati musulmani apparteneva a un "Asse del Male".

Perché Bryce non ha scartato queste falsificazioni e si è concentrato sulle esecuzioni tedesche di civili? Come abbiamo detto, sapeva che la maggior parte degli "incidenti" erano prodotti da Wellington House; e se lo avesse fatto, avrebbe aperto un argomento molto delicato, ovvero l'ampio uso della propaganda da parte del governo britannico.

C'è un motivo importante per cui Bryce scelse di abbandonare un percorso onorevole piuttosto che infangare la sua reputazione: un'alta percentuale dell'esercito belga nel 1914/15 era costituita da "Guardie Domestiche" che non indossavano uniformi se non un distintivo appuntato sulla camicia o sul cappello. I tedeschi, che cercavano disperatamente di vincere la guerra a ovest prima che l'esercito russo invadesse le linee che tenevano a malapena a est, erano esasperati da questi combattenti apparentemente civili e non avevano pietà di loro.

Il fatto che l'esercito tedesco avesse il diritto di rispondere al fuoco sui civili, o addirittura di iniziarlo, secondo le regole di guerra delle Convenzioni di Ginevra applicabili all'epoca, non fu mai menzionato dalla stampa.

Il fatto è che nel 1915 i "partigiani", fino al 1945, erano una facile preda. I civili, anche con le mostrine appuntate sul cappello, non potevano sparare ai soldati in uniforme, né avevano diritto alla protezione. Sì, questo è ciò che dicono le regole di guerra delle Convenzioni di Ginevra, e Lord Bryce e i suoi commissari lo sanno. Questo fatto importante non fu nemmeno sbandierato in tutta l'Inghilterra e l'America come la propaganda che aveva catturato con successo i cuori e le menti del popolo britannico e americano.

Alcuni comandanti di campo tedeschi persero chiaramente la testa e attuarono rappresaglie eccessive contro intere città, come Dinant.

Ma si potrebbe organizzare una sorta di difesa, anche per questi uomini. Il dibattito che ne seguì su ciò che la Convenzione di Ginevra consentiva avrebbe fatto sbadigliare i lettori dei giornali. Volevano quello che Bryce stava dando loro: sangue e lussuria, stupri e orrori perpetrati dalle "bestie" tedesche ("Boche") contro donne, bambini e "civili disarmati". Volevano la prova che il tedesco "unno" era un barbaro, una bestia selvaggia. E se l'opinione pubblica non fosse stata ingannata, Wellington House e lo sforzo bellico del governo britannico sarebbero stati in grande difficoltà.

Il Rapporto Bryce ha indubbiamente aiutato la Gran Bretagna a vincere la guerra. Senza dubbio influenzò l'opinione pubblica americana e convinse milioni di americani e altri neutrali - fu tradotto in 27 lingue - che i tedeschi erano orribili bestie in forma umana. Nessuno, ad eccezione di alcuni estranei "di parte" come

Sir Roger Casement e Clarence Darrow, ha mai incolpato Lord Bryce per le feroci menzogne che ha diffuso in tutto il mondo. Nessun uomo di buon senso potrebbe mai perdonare Bryce per essersi compromesso in questo modo.

Per tutto questo tempo la Wellington House rimase in secondo piano: pochi sapevano della sua esistenza, per non parlare del suo ruolo vitale, ma aveva svolto un lavoro importante e perfezionato la tecnica del lavaggio del cervello. Per quanto riguarda Bryce, è andato nella tomba carico di onori reali e accademici, un bugiardo di prim'ordine, un uomo che si è macchiato del sangue di milioni di persone, una brillante canaglia, un ladro che ha rubato la verità a un pubblico che aveva il diritto di conoscerla, e che è riuscito a sfuggire alla scoperta e all'esposizione e alla condanna totale che è stata universalmente accordata a Giuda Iscariota.

Con il senno di poi, dovremmo avere una visione molto più severa di quest'uomo. Il Rapporto Bryce aveva chiari legami con la decisione britannica di mantenere il blocco della Germania per sette mesi dopo l'Armistizio del 1918, causando la morte per fame di circa 600.000 tedeschi anziani e molto giovani, come parte del piano per indebolire la Germania fino al punto in cui non sarebbe mai più stata una "minaccia" per gli "Alleati".

Le menzogne propagandistiche di Wellington House sull'esercito tedesco furono di gran lunga la più grande atrocità della Prima Guerra Mondiale e diedero a ogni tedesco il desiderio di vendetta. Creando un odio cieco nei confronti della Germania, Bryce seminò i denti del drago della Seconda guerra mondiale.

CAPITOLO 20

L'arte di mentire con successo: La guerra del Golfo del 1991

In questo contesto, ciò che abbiamo visto nella Guerra del Golfo, intorno al 1991, è stato sufficientemente agghiacciante da ricordarci con forza l'origine dell'oscura arte della menzogna di Lord Bryce e quanto fosse diventato un bugiardo congenito e consapevole. Ci ha anche ricordato come Wellington House e poi il Tavistock abbiano definitivamente sancito l'uso del lavaggio del cervello come strumento di guerra. Questo è stato uno dei fattori decisivi che mi ha spinto a scrivere questo libro e a denunciare il Tavistock e la sua influenza malvagia e assolutamente maligna.

Durante la Guerra del Golfo, il Dipartimento della Difesa degli Stati Uniti ha escluso tutti i media e ha nominato un proprio portavoce, che ha fornito la sua versione grossolanamente fuorviante degli eventi attraverso trasmissioni televisive. Ho soprannominato questo tizio "Pentagon Pete" e lui ha parlato allegramente di "danni collaterali", una nuova frase Tavistock usata per la prima volta. C'è voluto molto tempo prima che il pubblico capisse cosa significava: perdite umane, morti umane e distruzione di proprietà.

Poi c'è stata una pausa in cui è stato permesso alla CNN di entrare e raccontare il successo della difesa missilistica Patriot nell'abbattere gli SCUD iracheni, che si è rivelato un altro esercizio di propaganda di base. Secondo la CNN, ogni notte è stato abbattuto almeno uno SCUD che attaccava Israele. Solo *World In Review*, nel bel mezzo della guerra, riportò che non era stato abbattuto un solo missile SCUD. Nessuno osò riferire che un totale di 15 SCUD avevano colpito Tel Aviv e altre parti di Israele. La disinformazione e la disinformazione hanno prevalso. Solo il WIR riportava la verità, ma con un piccolo numero di lettori, non importava ai propagandisti.

Poi c'è stata la gigantesca frode perpetrata ai danni del popolo americano da una delle più grandi società di pubbliche relazioni di Washington, la Hilton and Knowles.

Ancora una volta, solo la WIR ha rivelato che l'episodio dei soldati iracheni che strappavano i neonati kuwaitiani dalle incubatrici e li gettavano a terra era una grossolana bugia. È interessante notare che, come Benton e Bowles, Hilton e Knowles avevano legami di lunga data con il Tavistock Institute. Entrambe le società erano agenzie pubblicitarie di primo piano.

L'affabulazione di Hilton e Knowles, raccontata in lacrime da una "testimone oculare" (che si dà il caso sia la figlia adolescente dell'ambasciatore kuwaitiano della famiglia Al Sabah a Washington), è ciò che ha influenzato il Senato a violare la Costituzione degli Stati Uniti e a "dare" a Bush Sr. il "permesso" di attaccare l'Iraq, nonostante non esista alcuna disposizione del genere nella Costituzione degli Stati Uniti. Sebbene Bush senior possa dire: "Non lo sapevo, non ho assunto Hilton e Knowles", era chiaramente al corrente del colpo di stato propagandistico messo in atto contro il popolo americano. Nessuno crederà mai che non abbia riconosciuto la figlia sedicenne dell'ambasciatore del Kuwait, che aveva già incontrato in precedenza.

L'ambasciatore del Kuwait ha pagato Hilton e Knowles 600.000 dollari per mettere in scena questa elaborata frode davanti al Senato, per la quale avrebbe dovuto essere arrestato per aver mentito a una commissione del Senato. La cosa più esasperante è che anche la ragazza è rimasta impunita per il suo ruolo nel raccontare in lacrime la sua esperienza: "Ho visto i soldati iracheni strappare i neonati dalle incubatrici e gettarli sul pavimento", ha detto.

Il fatto è che Narita Al Sabah non ha messo piede in Kuwait per anni, e certamente non durante la guerra! Si trovava a

Washington D.C. con il padre, nella residenza dell'ambasciatore a Washington. Eppure questa bambina e suo padre non sono stati perseguiti. Questo è ciò che gli esperti di propaganda del Tavistock chiamano "un riuscito replay degli eventi". La testimonianza di Narita Al Sabah è diventata il fulcro di un'enorme campagna mediatica in America e si sa che ha influenzato non solo il Senato, ma ha portato il popolo americano dalla parte della guerra contro l'Iraq.

Bush senior si è lasciato andare a un vecchio pezzo di propaganda dicendo al mondo che "Saddam" doveva essere rimosso dall'Iraq "per rendere il Medio Oriente più sicuro". (Ricordiamo che Wilson mandò le truppe statunitensi a morire in Francia per "rendere il mondo sicuro per la democrazia"). Bush senior ha improvvisamente iniziato a diffamare e demonizzare il presidente iracheno per servire gli interessi dei suoi amici del cartello del petrolio e, come con il Kaiser nel 1913, ha funzionato.

Pochi ricordano lo stratagemma di Wilson, altrimenti avrebbero potuto notare la sorprendente somiglianza tra le parole del Presidente Bush, quelle che Bryce disse a Wilson e quelle che Wilson disse al popolo americano per sostenere la Prima Guerra Mondiale. Ora che Hussein è quasi dimenticato e che le minacce che avrebbe potuto rappresentare sono state liquidate come un mucchio di bugie, improvvisamente dobbiamo preoccuparci di "Al Qaeda".

Woodrow Wilson usò una vera e propria propaganda quando disse a un popolo americano riluttante che la guerra avrebbe "reso il mondo sicuro per la democrazia". Bush ha messo in atto lo stesso inganno. Il prezzo per rendere il mondo "sicuro per la democrazia" è stato spaventoso. Secondo il professor William Langer, i morti noti della Prima guerra mondiale ammontano a 10 milioni di soldati, uomini e donne, e 20 milioni di feriti. La sola Russia perse 9 milioni di uomini, pari al 75% del suo esercito. Il costo totale della guerra in dollari è stato stimato in 180 milioni di dollari, a cui vanno aggiunti costi indiretti per 151.612.500.000 dollari.

JOHN COLEMAN

CAPITOLO 21

Il Monumento ai Soldati e i cimiteri della Prima Guerra Mondiale

Il costo della guerra di Bush contro l'Iraq era di circa 420 miliardi di dollari a metà del 2005, e la famiglia Bush vuole altri soldi per la sua famigerata impresa. E conoscendo il popolo americano e i suoi sfortunati, impotenti ma inutili rappresentanti nella legislatura, Bush otterrà ciò che vuole.

Le cifre del costo in dollari della Prima guerra mondiale non dicono nulla del dolore e della sofferenza inflitti all'America da Wilson, il trasgressore. Inseriamo qui un articolo recente, che dà un tocco personale e toccante alla terribile perdita di vite umane in quella guerra da incubo.

"Alcune settimane fa ho visitato con la mia famiglia il Soldier's Memorial Museum nel cuore del centro di St. Louis. Si tratta di un edificio enorme e profondamente imponente, dedicato nel 1936 dal Presidente Roosevelt come monumento ai 1075 uomini di St. Louis morti nella Prima Guerra Mondiale. Il monumento è dolorosamente bello, tutto mosaici e marmi, con pavimenti in terrazzo e sculture in pietra di Bedford. È dominata dal grande cenotafio di granito nero al centro, coperto dai nomi delle centinaia di morti, disposti in file ordinate".

"Il giorno in cui abbiamo visitato questo luogo straordinario ma infestato, sembrava completamente vuoto. Se era vuota di visitatori, era piena di spiriti, voci e volti di quei ragazzi pallidi, dai capelli arruffati e dalle uniformi ben stirate, che 86 anni fa avevano lasciato St. Louis per combattere in una guerra gloriosa così lontana in una terra lontana, ragazzi che non erano mai tornati a casa.

La pregnanza di questo evento è stata tanto più forte in quanto viviamo quotidianamente le conseguenze dell'attuale conflitto, la sanguinosa e selvaggia guerra in Iraq. Leggiamo ogni giorno dei ragazzi che non torneranno mai a casa".

"Quello che mi ha colpito di più, mentre camminavo intorno al memoriale e al museo, tenendo in braccio mia figlia appena nata, è che assomigliava a tanti memoriali che avevo visitato nel mio Paese, la Scozia. Assomigliava anche ai memoriali che avevo visitato in Francia, Inghilterra, Canada e Nuova Zelanda, e a quelli di quasi tutti gli altri Paesi colpiti dalla carneficina della Prima Guerra Mondiale".

"In quasi tutti i Paesi colpiti dalla carneficina della Prima Guerra Mondiale, la cosiddetta "guerra per porre fine a tutte le guerre", gli uomini si sono precipitati ad arruolarsi nell'esercito e sono andati in guerra con grande entusiasmo. Credevano che sarebbe stata una guerra breve, decisa e di successo, combattuta per buone ragioni e gloriosa per i vincitori. Credevano di costruire un mondo migliore".

"Si sbagliavano. Nella Prima Guerra Mondiale sono morti in media 5.500 uomini al giorno per quattro anni e mezzo; cioè circa quattro uomini al minuto, ogni minuto, per quattro anni e mezzo, fino a raggiungere i 10 milioni di morti. La Prima guerra mondiale non ha distrutto solo vite umane, ma anche la fiducia nel progresso, nella prosperità e nella ragionevolezza degli esseri umani civilizzati che era diventata una caratteristica del XIX secolo. La guerra ha distrutto gran parte della generazione successiva che avrebbe potuto fornire una leadership all'Europa"...

"E questa mattina, mentre tengo in braccio la mia bambina e leggo le notizie quotidiane sull'escalation di violenza in Iraq, con inglesi, iracheni e americani che continuano a morire, il Soldato di St. Louis - un memoriale di una guerra che non avrebbe mai dovuto essere combattuta - mi perseguita e i loro fantasmi infestano il Memorial. È stata la peggiore di tutte le catastrofi, la guerra che non avrebbe mai dovuto essere combattuta - mi perseguita".

"I cervelli neoconservatori dell'amministrazione statunitense avrebbero fatto bene a visitare luoghi come questo e a riflettere a lungo sulle lezioni di tali monumenti prima di imbarcarsi in una guerra in Medio Oriente che ha già ucciso un numero incredibile di persone ed è certo che ne ucciderà molte altre, direttamente e indirettamente.

(Scritto dal Prof. Dr. James Lachlan MacLeod, Professore associato di Storia, Università di Evansville, Indiana).

Le mie esperienze sono parallele a quelle del professor MacLeod. Ho visitato i campi di battaglia di Verdun e Passchendale, dove si è svolta la maggior parte del massacro che lui racconta con tanta eloquenza. Ho cercato di immaginare 10 milioni di soldati che muoiono così giovani, il terrore, l'orrore e il dolore che hanno provato, e il dolore inconsolabile di coloro che hanno lasciato. Mentre mi trovavo nella luce sbiadita del pomeriggio in uno dei tanti cimiteri militari francesi, guardando le migliaia e migliaia di croci bianche ordinate che attraversavano i cimiteri militari, fui sopraffatto dalla rabbia, e poi sopraffatto dal dolore, tanto che giuro di aver sentito i pianti e le urla angosciate dei morti che chiedevano giustizia, così crudelmente massacrati nel fiore degli anni, e mi sembrava di vedere i loro volti riflessi nelle nuvole.

È stata un'esperienza mistica che non dimenticherò mai, così come quella di un ufficiale britannico che visitò questi campi di battaglia nel 1919:

> Ieri ho visitato i campi di battaglia degli ultimi anni. Il luogo era a malapena riconoscibile. Invece di un deserto devastato dalle granate, il terreno era un giardino di fiori selvatici ed erba alta. La cosa più notevole è stata l'apparizione di diverse migliaia di farfalle bianche che svolazzavano intorno. Era come se le anime dei soldati morti fossero venute a infestare il luogo in cui erano caduti tanti soldati. Era inquietante vederli. E il silenzio! Era così silenzioso che potevo quasi sentire il battito d'ali delle farfalle (dai documenti del British War Museum di Londra).

L'intenso senso di indignazione mi spinse a scoprire tutto ciò che potevo su una guerra terribile iniziata con una massiccia propaganda, il flagello del mondo moderno. Questo è stato un altro motivo decisivo per scrivere questo libro e denunciare il male del Tavistock. Sir Roger Casement pensava che Lord Bryce avrebbe dovuto essere impiccato per tradimento e io penso che

Wilson avrebbe dovuto subire un destino simile, che avrebbe impedito a Roosevelt e Churchill di far precipitare il mondo in una seconda serie di carneficine. La propaganda ha prevalso e il mondo occidentale civilizzato è andato perduto.

Il mondo che conoscevamo, il mondo stabilito dalla civiltà occidentale, è scomparso. Le fosche previsioni di Spengler si sono avverate. Al posto del nostro mondo civile occidentale, vedremo presto il terribile edificio del nuovo governo socialista comunista mondialista incombere nell'oscurità della lunga notte che ci attende.

Non c'è dubbio che la Prima guerra mondiale sia stata istigata dalla Gran Bretagna e dal suo alleato, gli Stati Uniti d'America, con l'aiuto di Wellington House. La guerra non avrebbe potuto avere luogo senza l'attiva propaganda di queste forze oscure. Il nome di Lord Grey, il suo principale architetto, passerà alla storia come politico disonesto e traditore del suo popolo.

Non c'è consenso sul perché la Gran Bretagna abbia provocato la Prima Guerra Mondiale. Ma nel 1916 l'esercito tedesco aveva sconfitto nel modo più decisivo gli eserciti francese e britannico. Wilson era sottoposto a forti pressioni per l'invio di truppe americane in Europa. La Casa di Wellington lanciò quindi una guerra di propaganda a tutto campo contro il popolo americano, ma fu inefficace fino alla pubblicazione del Rapporto Bryce.

È impossibile comprendere ciò che sta accadendo in Iraq se non si comprende appieno la terribile propaganda messa in atto contro il popolo britannico e americano nel 1913 e nel 1940. Si trattò di uno dei capitoli più oscuri e spregevoli della storia, con Wilson che sproloquiava bugie come "guerra giusta" e "guerra per porre fine a tutte le guerre", una guerra "per rendere il mondo sicuro per la democrazia". Lo scopo della guerra era quello di garantire il commercio, soprattutto per la Gran Bretagna e la Francia, ora minacciate dall'industria tedesca.

Ma queste erano solo parole che mascheravano la sua vera intenzione e non avevano senso in questo contesto, esattamente quello che ci si aspetta da un politico. Il tipo di assurdità che si trova sull'inserto di un cartellone pubblicitario.

Il discorso di Wilson sul "rendere il mondo sicuro per la democrazia" non era altro che bolle di gas colorate. Proponeva di entrare in guerra a fianco degli inglesi, che proprio in quel momento stavano facendo in modo che nell'Impero non ci fosse alcuna democrazia popolare.

I britannici avevano appena finito brutalmente i boeri in Sudafrica, in una guerra crudele durata tre anni. Se Wilson voleva rendere il mondo "sicuro per la democrazia", avrebbe dovuto entrare in guerra con la Germania contro l'Inghilterra, aggressore e istigatore della guerra.

Invece di "rendere il mondo sicuro per la democrazia", si è rivelata la più grande calamità che sia mai capitata alle nazioni civilizzate, cadute nelle grinfie di uomini corrotti, immorali e bugiardi, in una guerra giustamente chiamata "la Grande Guerra". Era "grande", ovviamente, solo per le sue dimensioni e la sua portata.

Non capiremo mai come gli Stati Uniti siano diventati l'"unica grande potenza" se non confesseremo i peccati di Wilson e dell'establishment britannico di 100 anni fa. Gli Stati Uniti si sono continuamente immischiati negli affari di altre nazioni sovrane, nonostante l'avvertimento di George Washington, e il primo esempio è stato il nostro ingresso nella Prima guerra mondiale e il fallimento della Società delle Nazioni. Wilson sfruttò appieno i maestri della propaganda alla Wellington House, usando lo slogan come arma coercitiva e dicendo al riluttante Senato che se non avessero ratificato la Società delle Nazioni, "si sarebbe spezzato il cuore del mondo".

Grazie al senatore Cabot Lodge e ad alcuni senatori statunitensi che, dopo aver preso in seria considerazione e riflettuto sulla base della Costituzione degli Stati Uniti, si sono rifiutati di ratificare il trattato della Società delle Nazioni perché hanno scoperto che mirava a uccidere la sovranità degli Stati Uniti. Usando e abusando della sua inclinazione alla propaganda, Wilson cercò di vincere dichiarando la sua campagna di rielezione "un grande e solenne referendum per l'accettazione del trattato" ma, mancando Lord Bryce a sostenerlo, perse e fu spazzato via.

Purtroppo, non ci volle molto perché i rulli compressori della propaganda tornassero in auge con la versione ridisegnata delle Nazioni Unite della Società delle Nazioni. Truman (non il semplice venditore di cappelli del Missouri, ma il Maestro Massone) ha tradito il popolo americano autorizzando la formazione di questo unico edificio mondiale negli Stati Uniti e Truman ha usato la propaganda lasciata da Wilson per convincere i senatori a votare per le sue bugie.

Ciò che Truman ha fatto è stato costringere la nazione americana a un patto con il diavolo - il diavolo del potere sulla giustizia e sulla verità, la giustizia a colpi di pistola. Abbiamo applicato questa "giustizia" nella Seconda guerra mondiale bombardando massicciamente centri civili senza tener conto delle perdite di vite umane, e abbiamo usato le bombe atomiche sul Giappone, anche se la guerra era finita, come parte della manovra propagandistica "shock and awe" ripresa da Rumsfeld nella guerra incostituzionale all'Iraq.

CAPITOLO 22

La pace non è popolare

La Seconda Guerra Mondiale ha seguito uno schema quasi identico a quello della Prima Guerra Mondiale. Per aver concluso un accordo di pace con Hitler, Neville Chamberlain fu immediatamente sottoposto a una potente campagna di propaganda condotta dal Tavistock Institute. Chamberlain aveva sfidato il Comitato dei 300 e sostenuto un nuovo arrivato, un outsider che era visto come una minaccia per il socialismo mondiale.

Il mondo non seppe la verità su Chamberlain, che era un politico capace e determinato a evitare un'altra guerra, che aveva esperienza e aveva elaborato un piano di pace equo - il che, naturalmente, non andava a genio agli avvoltoi delle munizioni seduti sulla barricata, in attesa di banchettare con le ricchezze delle nazioni e di librarsi sui cadaveri dei loro figli.

La vasta macchina propagandistica allestita presso il Tavistock Institute di Londra entrò immediatamente in azione contro Chamberlain dopo l'annuncio del successo del suo piano di pace. Shakespeare diceva che "il male che gli uomini fanno vive dopo di loro; il bene è spesso sepolto con le loro ossa". Il bene fatto da Chamberlain non piaceva ai guerrafondai, che lo seppellirono sotto un catalogo di propaganda e di vere e proprie bugie.

Queste bugie erano opera di specialisti della propaganda impiegati presso il Tavistock Institute, tra cui Peter Howard, Michael Foot e Frank Owen. Uno di questi uomini, sotto il nome di "Cato", diffamò a tal punto Chamberlain che l'infamia che essi attribuirono al suo nome vive ancora oggi, luglio 2005. Questo è il potere della potente macchina propagandistica del Tavistock.

In seguito, molto dopo che gli opinionisti della propaganda avevano fatto il loro lavoro, lo storico e accademico britannico David Dutton scrisse un libro, *Neville Chamberlain*, in cui dava una valutazione equilibrata dell'ex primo ministro.

Lungi dall'essere un "inganno di Hitler" e uno "sciocco", Chamberlain fu un grande negoziatore e un leader molto capace, che combatté valorosamente per evitare un'altra guerra. Churchill ottenne la sua "guerra deliziosa", ma nel 1941 gli "Alleati" erano stati praticamente cacciati dal continente europeo con enormi perdite di manodopera. Francia, Belgio, Olanda e Danimarca furono occupate.

La Germania offrì condizioni generose alla Gran Bretagna, ma il guerrafondaio Churchill respinse le offerte di pace e si rivolse al suo vecchio alleato, gli Stati Uniti, per fornire uomini, denaro e materiale per continuare la "guerra deliziosa".

Al popolo americano diciamo con profondo dolore:

> "Quando mai imparerai? Quando distinguerete tra propaganda e informazione autentica? Quando metterete alla prova costituzionale le proposte di guerra?"

Wilson era un bugiardo incallito e un detrattore della Costituzione americana, eppure, grazie a un'enorme campagna di propaganda organizzata, diretta e mantenuta dalla Wellington House, riuscì a portare a termine la sua missione operando sotto la bandiera del patriottismo, che superò la vigorosa opposizione alla guerra. Tra Wilson, Churchill e Roosevelt, sono stati fatti enormi danni alla civiltà cristiana occidentale. Eppure, nonostante questo fatto, un'ondata di propaganda continua a lambire i loro nomi, come per liberarli dal sangue di milioni di persone sulle loro mani.

Invece di essere vilipesi, ci sono numerosi monumenti a loro dedicati in tutta Europa, e in America sta per essere eretto un monumento multimiliardario a Franklin D. Roosevelt, il cui tradimento ha fatto sì che i giapponesi "sparassero il primo colpo", come dicono gli Stimson Dairies. Pearl Harbor ha aperto la strada al controllo comunista della Cina e, in ultima analisi, a un nuovo ordine mondiale comunista-socialista in un governo mondialista. La nostra unica speranza in questa valle di disperazione è che questo lavoro possa aiutare ad aprire gli occhi al popolo americano, in modo che si decida a non cadere mai più nella propaganda, anche se, sulla scia della tragedia dell'11 settembre, questa sembra ormai una speranza vana.

Di recente abbiamo avuto l'inquietante esperienza di essere precipitati in guerre inutili in Serbia, Afghanistan e Iraq grazie agli strumenti di propaganda allargata nelle mani degli opinionisti del Tavistock, gli stessi usati per diffamare il Kaiser e Chamberlain. Il Presidente Milosevic è stato demonizzato, diffamato, sminuito e infine allontanato dal potere. Il Presidente Milosevic è stato arrestato illegalmente e trasportato illegalmente in Olanda per essere "processato" da un tribunale fantoccio che da quasi quattro anni cerca di condannarlo per "crimini di guerra".

George Bush Jr. si rifiutò di dare ai mediatori in Iraq il tempo di lavorare perché sapeva che avrebbe evitato la guerra. Si è rifiutato di dare agli ispettori delle Nazioni Unite il tempo di completare il loro lavoro e ha invece dichiarato, con la cattiva intenzione di tutti i propagandisti, che il mondo non poteva aspettare altri dieci giorni a causa del "pericolo imminente" di "armi di distruzione di massa" nelle mani del "dittatore iracheno". (Il "Macellaio di Baghdad").

Così, ancora una volta, il popolo degli Stati Uniti è stato travolto da una marea di bugie diffuse dai propagandisti del Tavistock Institute e riprese dai media statunitensi, tra cui il principale organo di propaganda americano, *Fox News*.

Tuttavia, questa volta gli americani sono più fortunati: Non abbiamo dovuto aspettare un secolo perché la verità venisse fuori: non c'erano "armi di distruzione di massa", né "fabbriche chimiche e batteriologiche", né razzi a lunga gittata per provocare una "nuvola a fungo su Boston" (grazie all'apologeta della propaganda Tavistock e del lavaggio del cervello di massa, la signora Rice), né il signor Bush e il suo complice, il premier britannico Blair. Ma nonostante siano stati invischiati in una rete di bugie, tutti i suddetti rimangono in carica. Non sono stati licenziati per le innumerevoli bugie che hanno giurato fossero vere e dalle quali oggi non si preoccupano nemmeno di uscire, ignorando le critiche con l'aiuto di spinmaster come Karl Rove e Alaister Campbell. Speriamo che la causa della giustizia sia servita e che i responsabili della tragedia dei bombardamenti in Serbia e in Afghanistan e dell'ingiustificata invasione dell'Iraq siano portati alla sbarra della giustizia internazionale per rispondere dei loro crimini.

Le voci dei morti si levano dai campi di battaglia dell'Europa, del Pacifico, della Serbia, dell'Afghanistan e dell'Iraq, lamentando che sono morti perché il "lavaggio del cervello" ha trionfato e la propaganda ha prevalso, il flagello del mondo moderno, che filtra dal Tavistock Institute come il miasma di una palude umida e rumorosa, avvolgendo il mondo per accecarlo alla verità.

Lord Northcliffe

Walter Lippman

Edward Bernays e
Eleanor Roosevelt

Edward Bernays

Scienziati sociali a Tavistock

W.R. Bion

Gregory Bateson

R.D. LaingEric

L. Trist. Scienziato sociale presso l'Istituto Tavistock

Leon Trotsky. Leader marxista (vero nome Lev. Bronstein).

Willy Munzenberg. La brillante spia russa e il principale propagandista

Lord Northcliffe e Adolph Hitler.

H.G. Wells. Autore britannico. Fabianista di spicco e agente dei servizi segreti. Ha scritto *La guerra dei mondi*.

George Bernard Shaw. Drammaturgo e fabianista irlandese

Walter Rathenau. Importante industriale tedesco. Consulente finanziario del Kaiser Guglielmo II.

Lord Bertrand Russell. Socialista britannico, autore e anziano statista dei "300".

Il Kaiser Guglielmo II Wellington House si riferì falsamente al leader tedesco come a un "sanguinario macellaio".

La regina Vittoria era cugina di Guglielmo II.

Re Giorgio V.

Woodrow Wilson,
presidente degli Stati Uniti.
Un socialista dichiarato

Il famigerato disegno propagandistico del Kaiser Guglielmo II in piedi davanti a donne e bambini belgi che aveva fucilato. Questo disegno, e uno simile prodotto dalla Wellington House, che mostra Guglielmo II in piedi sopra i bambini belgi, con una spada grondante di sangue dalle loro mani mozzate, è stato pubblicato dai giornali in Gran Bretagna e negli Stati Uniti.

(sopra) Trotsky "passa in rassegna" le sue "truppe" a Mosca. Questa è una delle centinaia di fotografie di propaganda che inondarono i giornali occidentali volontari.

(sotto) Una rappresentazione di una delle tante terribili battaglie corpo a corpo della Prima guerra mondiale. La brutalità e il massacro hanno lasciato i sopravvissuti di entrambe le parti mentalmente disabili e perseguitati da ciò che hanno vissuto.

L'ISTITUTO TAVISTOCK DI RELAZIONI UMANE

(1) Sean Hannity (2) Rush Limbaugh
(3) Tucker Carlson (4) Matt Drudge
(5) G. Gordon Liddy (6) Peggy Noonan
(7) Brian Williams (8) Bill O'Reilly
(9) Lawrence Kudlow (10) Dick Morris
(11) John Stossel (12) William Bennet
(13) Oliver North (14) Michael Savage
(15) Michael Reagan (16) Joe Scarborough

CAPITOLO 23

L'Istituto Tavistock: il controllo della Gran Bretagna sugli Stati Uniti

Il Tavistock Institute of Human Relations ha sede a Londra e nei terreni dell'Università del Sussex, nel Sussex, in Inghilterra, dove si trova la maggior parte delle sue strutture di ricerca. Il Tavistock rimane importante oggi come lo era quando ho rivelato la sua esistenza all'inizio del 1969. Sono stato accusato di far parte del Tavistock perché lavoravo vicino alle sue strutture nel Sussex e conoscevo la sua storia.

Gran parte dell'attività più recente del Tavistock ha avuto e continua ad avere una profonda influenza sul modo di vivere in America e sulle nostre istituzioni politiche. Si ritiene che il Tavistock sia dietro la pubblicità dell'aborto, la proliferazione delle droghe, la sodomia e il lesbismo, le tradizioni familiari e il feroce attacco alla Costituzione, il nostro comportamento scorretto in politica estera e il nostro sistema economico, programmato per fallire.

Oltre a John Rawlings Reese, nessun altro uomo ha influenzato la politica e gli eventi mondiali più di Edward Bernays (nipote di Sigmund Freud) e Kurt Lewin. Qui va incluso un "terzo uomo", anche se non è mai stato un membro della facoltà di Tavistock. Si tratta di Willi Munzenberg, i cui metodi e applicazioni di propaganda, così cruciali per l'era moderna della comunicazione di massa, gli sono valsi il titolo di "più grande propagandista del mondo". Probabilmente l'uomo più brillante del suo tempo (iniziò il suo lavoro prima della Prima Guerra Mondiale), Munzenberg fu incaricato di sbiancare i bolscevichi dopo che questi avevano rovesciato la dinastia Romanov.

Munzenberg ha sicuramente plasmato le idee e i metodi messi in pratica da Bernays e Lewin. Le sue leggendarie imprese di manipolazione di Leon Tepper, il Kappelmeister di Rot Kappell (direttore della rete di spionaggio "Orchestra Rossa"), fecero di Munzenberg il maestro di spionaggio di tutte le agenzie di intelligence esistenti. Tepper è stato addestrato da Munzenberg e non è mai stato catturato. Tepper è riuscito a ottenere tutti i segreti della Gran Bretagna e degli Stati Uniti durante la Seconda Guerra Mondiale. Non c'è quasi nessun piano segreto avviato dagli "alleati" che non fosse già noto a Tepper, che ha passato le informazioni al KGB e al GRU di Mosca.

Nel suo campo, Bernays era altrettanto brillante, ma sospetto che la maggior parte delle sue idee provenissero dal famoso zio Sigmund. Per quanto riguarda le sue idee sulla propaganda, ci sono pochi dubbi sul fatto che abbia "preso in prestito" da Munzenberg, e questo si riflette nel classico *Propaganda* di Bernays, pubblicato nel 1928. La tesi di questo libro è che è del tutto appropriato e un diritto naturale per il governo organizzare l'opinione pubblica per conformarsi alle politiche ufficiali. Torneremo su questo argomento più avanti.

Munzenberg ebbe l'audacia di mettere in pratica i suoi principi fondamentali di propaganda molto prima di Bernays o di Joseph Goebbels, il Ministro tedesco dell'Illuminazione Popolare (come veniva chiamato il Ministero della Propaganda).

Lo specialista di propaganda del Partito nazista ammirava molto il lavoro di Munzenberg e modellò il proprio programma di propaganda sui metodi di Munzenberg. Goebbels fu sempre attento ad accreditare Munzenberg come "padre" della propaganda, anche se pochi lo conoscevano.

Goebbels aveva studiato in particolare il modo in cui Munzenberg aveva usato la sua padronanza della scienza della propaganda quando Lenin lo reclutò per mitigare la spaventosa pubblicità del 1921, quando 25 milioni di contadini della regione del Volga morirono per le devastazioni della carestia. Così Munzenberg, nato in Germania, divenne il beniamino dei bolscevichi. Per citare un recente resoconto storico:

"Munzenberg, che nel frattempo era tornato a Berlino dove fu poi eletto deputato comunista al Reichstag, fu incaricato di creare un falso "ente di beneficenza", il Comitato Estero per l'Organizzazione degli Aiuti ai Lavoratori Affamati in Unione Sovietica, il cui scopo era quello di far credere al mondo che gli aiuti umanitari provenissero da una fonte diversa dall'American Relief Organization di Herbert Hoover. In questo, Munzenberg ha avuto un discreto successo.

Munzenberg attirò l'attenzione della direzione dell'ex Wellington House, che nel 1921 aveva cambiato nome in Tavistock Institute of Human Relations, sotto la direzione del Maggiore Generale John Rawlings Reese, già della Scuola di Guerra Psicologica dell'Esercito Britannico.

I lettori che hanno seguito il mio lavoro non saranno sorpresi nell'apprendere che la maggior parte delle tecniche adottate e perfezionate da Munzenberg sono state riprese da Bernays e dai suoi colleghi, Kurt Lewin, Eric Trist, Dorwin Cartwright e H. V. Dicks W. R. Bion a Tavistock, che in seguito insegnò questi metodi alla Central Intelligence Agency.

Munzenberg non fu l'unico comunista ad avere una profonda influenza sugli eventi negli Stati Uniti. Credo che il Tavistock sia stato determinante nella preparazione del "memoriale sull'aborto", che fu poi presentato alla Corte Suprema nel 1973 come un'opera originale, mentre in realtà si trattava di una mera recitazione di ciò che aveva scritto Madame Kollontei, fondatrice del movimento di "liberazione della donna" e sostenitrice del "libero amore" in URSS.

Commissario e leader dei bolscevichi, il suo libro è una diatriba contro la sacralità del matrimonio e della famiglia come unità sociale più importante nei Paesi cristiani. Kollontei, ovviamente, ha preso il suo "femminismo" direttamente dalle pagine del Manifesto Comunista del 1848.

George Orwell, l'agente dell'MI6 che scrisse il famoso *1984*, studiò in dettaglio il lavoro di Munzenberg. In effetti, la sua dichiarazione più famosa si basava su ciò che Munzenberg aveva detto essere la base della propaganda:

"Il linguaggio politico è concepito per far sembrare veritiere le bugie e rispettabile l'omicidio e per dare un'apparenza di solidità al puro vento".

Come ha detto il suo omologo tedesco Munzenberg:

"Tutte le notizie sono bugie e tutta la propaganda è mascherata da notizie".

È utile conoscere Munzenberg perché ci aiuta a capire come operano i politici e come le forze segrete controllano l'accesso alle informazioni e come l'opinione pubblica viene plasmata e modellata. Bernays ha certamente seguito il maestro e non si è mai discostato dalla sua metodologia. Senza sapere queste cose, non potremo mai capire come il Presidente George Bush possa fare le cose che fa senza doverne affrontare le conseguenze. Di certo mi ha permesso di risalire alle origini dei cosiddetti "neoconservatori" che danno forma alle sue politiche, fino al suo fondatore, Irving Kristol, che ammette di essere stato un discepolo dichiarato di Leon Trotsky.

Il Tavistock rimane la madre di tutte le strutture di ricerca legate al cambiamento comportamentale, alla formazione delle opinioni e alla formazione di eventi politici. Ciò che il Tavistock ha fatto è stato creare un "buco nero dell'inganno nel $20^{\text{ème}}$ secolo". Il suo compito sarebbe stato molto più difficile se non ci fosse stata la prostituzione dei media e il loro ruolo nella diffusione del "vangelo secondo George Orwell".

Lord Northcliffe, a capo del predecessore di Tavistock, Wellington House, era un magnate dei media e a un certo punto arrivò a spedire migliaia di copie del suo *Daily Mail* in Francia ogni settimana e a farle consegnare da una flotta di camion alle truppe britanniche al fronte, "per conquistare i loro cuori e le loro menti a favore della guerra" (Prima Guerra Mondiale).

In particolare qui negli Stati Uniti, ha praticamente preso il controllo del Massachusetts Institute of Technology (MIT), della Stanford Research, dell'Esalen Institute, della Wharton School of Economics, dell'Hudson Institute, della Kissinger Associates, della Duke University e di molte altre istituzioni che siamo abituati a considerare totalmente americane.

La Rand Research and Development Corporation, sotto l'egida del Tavistock, ha esercitato una profonda influenza su molte istituzioni e segmenti della nostra società. Come uno dei principali istituti di ricerca direttamente controllati dal Tavistock, la Rand gestisce il nostro programma ICBM, conduce analisi di alto livello per i responsabili della politica estera degli Stati Uniti e li consiglia sulla politica nucleare, conduce centinaia di progetti per la CIA nel campo del controllo mentale.

Tra i clienti di Rand figurano AT&T, Chase Manhattan Bank, l'Aeronautica Militare degli Stati Uniti, il Dipartimento dell'Energia degli Stati Uniti e il Dipartimento della Sanità.

La B.M. Rand è una delle principali istituzioni controllate dal Tavistock nel mondo e si occupa di lavaggio del cervello a tutti i livelli, compresi il governo, l'esercito e le organizzazioni religiose. Desmond Tutu della Chiesa anglicana era uno dei progetti di Rand.

Prendiamo un altro esempio: la Georgetown University, forse una delle migliori istituzioni di istruzione superiore in America. Dal 1938 in poi, l'intera struttura di Georgetown fu revisionata da Tavistock: tutti i formati e i programmi di apprendimento furono modificati per adattarsi al piano elaborato dal gruppo di cervelli di Tavistock.

Ciò ha avuto una grande importanza per la politica degli Stati Uniti, in particolare nell'ambito delle relazioni di politica estera. Senza eccezioni, i funzionari del Dipartimento di Stato americano sono formati a Georgetown.

Tra i più noti laureati di Georgetown (Tavistock) ci sono Richard Armitage e Henry Kissinger. L'entità del danno che questi due membri dell'esercito invisibile di John Rawlings Reese hanno arrecato al benessere del nostro Paese dovrà essere raccontata in un altro momento.

Ci sono prove sempre più evidenti di un aumento del contributo del Tavistock alle nostre agenzie di intelligence. Quando pensiamo all'intelligence negli Stati Uniti, di solito pensiamo alla

CJA o alla Divisione 5 dell'FBI.

Ma ci sono molte altre agenzie di intelligence che ricevono istruzioni dal Tavistock. Tra questi, il Dipartimento di Intelligence della Difesa (DIA), il National Reconnaissance Office (NRO) e l'Office of Naval Intelligence (ONI), il Treasury Intelligence Service (TIS), il Servizio di Intelligence del Dipartimento di Stato, la Drug Enforcement Agency (DEA) e almeno altri dieci.

Come e quando è iniziata la carriera del Tavistock? Come ho detto nei miei libri del 1969 e del 1983, quando si pensa al Tavistock, si pensa automaticamente al suo fondatore, il maggiore dell'esercito britannico John Rawlings Reese. Fino al 1969, pochissime persone in Gran Bretagna al di fuori degli ambienti dell'intelligence sapevano dell'esistenza del Tavistock, per non parlare di ciò che veniva fatto nelle sue strutture di Londra e del Sussex.

Il Tavistock ha fornito servizi di natura sinistra a quelle persone che si trovano in ogni città di questo Paese; persone che hanno in pugno i funzionari dei governi locali e statali e la polizia.

Questo accade anche in ogni grande città americana, dove i membri Illuminati della Massoneria usano i loro poteri segreti di controllo per calpestare la Carta dei Diritti, intimidire e brutalizzare cittadini innocenti a loro piacimento. Dove sono gli statisti che hanno reso grande questo Paese? Abbiamo invece legislatori che non applicano le leggi che fanno e che sono terrorizzati dall'idea di correggere gli errori evidenti che abbondano da tutte le parti, temendo che se obbedissero al loro giuramento potrebbero trovarsi senza lavoro.

Sono anche legislatori che non hanno nemmeno la più vaga idea di cosa sia il diritto costituzionale, e non sembrano preoccuparsene. Approvano "leggi" che non sono mai state sottoposte a un test di costituzionalità. La maggior parte dei legislatori non sa comunque come fare. Di conseguenza, a Washington regna l'anarchia. La maggior parte dei candidati alla Camera dei Rappresentanti e al Senato potrebbe rimanere scioccata dal fatto che ognuno di loro è stato attentamente vagliato e profilato dagli scienziati che si occupano di modificazione del comportamento del Tavistock, o di una o più delle sue affiliate negli Stati Uniti.

Basti dire che nel Congresso c'è uno spirito di illegalità incostituzionale, ed è per questo che siamo insultati da misure come la "Brady Bill" e la legge Feinstein sulle "armi d'assalto" e, nel 2003, la legge sulla sicurezza interna e il Patriot Act, che non compaiono da nessuna parte nella Costituzione e sono, quindi, un divieto. La "legge" di Feinstein assomiglia molto al lavoro del Tavistock Institute. Poiché la Costituzione è la legge suprema del Paese, le leggi sul "controllo delle armi" sono nulle.

Le armi da fuoco sono proprietà privata. Le armi da fuoco non fanno parte del commercio interstatale. Ogni cittadino americano sano di mente, adulto e non criminale ha il diritto di tenere e portare armi in qualsiasi quantità e in qualsiasi luogo.

Il grande San Giorgio Tucker disse:

> "Il Congresso degli Stati Uniti non ha il potere di regolare o interferire con gli affari interni degli Stati, spetta a loro (gli Stati) stabilire le regole relative al diritto di proprietà, e la Costituzione non permetterà alcun divieto di portare armi al popolo o di riunirsi pacificamente da parte loro, per qualsiasi scopo e in qualsiasi numero, in qualsiasi occasione". (Blackstone's Views on the Constitution, pag. 315)

Qualsiasi candidato che non sia facile da controllare o che non rientri nei profili del Tavistock viene scartato. In questo contesto, i media della carta stampata e di Internet - sotto la direzione del Tavistock o di uno dei suoi affiliati - svolgono un ruolo fondamentale. Che l'elettore sia attento, che l'opinione pubblica sia consapevole di questo.

Il nostro processo elettorale è diventato una farsa, grazie al lavoro svolto dal Tavistock per controllare i pensieri e le idee del popolo di questa nazione attraverso il "condizionamento direzionale interno" e la "penetrazione a lungo raggio", di cui la scienza del controllo mentale dei sondaggi è parte integrante. Il Tavistock serve la Nobiltà Nera in tutti i suoi elementi, lavorando per derubarci della vittoria della Rivoluzione Americana del 1776. Se il lettore non ha familiarità con la Nobiltà Nera, va notato che il termine non si riferisce alle persone di colore. Si riferisce a un gruppo di persone estremamente ricche, dinastie, la cui storia risale a oltre cinquecento anni fa e che costituiscono la spina dorsale del Comitato dei 300.

Sul fronte internazionale, così come nelle aree delle istituzioni statunitensi che decidono la politica estera, il Tavistock pratica il profiling psicologico a tutti i livelli di governo, così come l'intrusione nella vita privata, su una scala davvero vasta.

Il Tavistock ha sviluppato profili e programmi per il Club di Roma, la Fondazione Cini, il German Marshall Fund, la Fondazione Rockefeller, i Bilderberger, il CFR e la Commissione Trilaterale, la Fondazione Ditchley, la Banca dei Regolamenti Internazionali, il Fondo Monetario Internazionale, l'ONU e la Banca Mondiale, Microsoft, Citibank, la Borsa di New York e così via. Questo elenco di istituzioni nelle mani dei pianificatori del Tavistock è tutt'altro che esaustivo.

L'ondata di propaganda che ha preceduto la Guerra del Golfo del 1991 si è basata sulla profilazione psicologica di enormi gruppi di persone negli Stati Uniti da parte del Tavistock. I risultati sono stati trasmessi agli opinionisti, noti anche come "agenzie pubblicitarie" di Madison Avenue.

La propaganda è stata così efficace che nel giro di due settimane, persone che non sapevano nemmeno dove si trovasse l'Iraq sulla mappa, per non parlare di chi fossero i suoi leader, hanno iniziato a gridare e a chiedere la guerra contro "un dittatore che minaccia gli interessi dell'America". Spaventoso? Sì, ma purtroppo è vero al 100%! Le parole "crisi del Golfo" sono state coniate dal Tavistock Institute per ottenere il massimo sostegno alla guerra di Bush per conto di un comitato di 300 persone la cui azienda di riferimento è la British Petroleum (BP).

Ora sappiamo - almeno alcuni di noi - quale ruolo importante svolge il Tavistock nel creare un'opinione pubblica basata su offuscamenti, bugie, insabbiamenti, distorsioni e vere e proprie frodi. Nessun'altra istituzione al mondo può competere con il Tavistock Institute for Human Relations. Citazione dal mio rapporto aggiornato del 1984:

> "Ci sono alcune istituzioni e case editrici che si stanno rendendo conto dei cambiamenti in corso. L'ultimo numero della rivista *Esquire* contiene un articolo intitolato "Alla scoperta dell'America". *Esquire* non cita il Tavistock per nome, ma ecco cosa dice: Durante la rivoluzione sociale (frase molto significativa) degli anni Settanta, la maggior parte dei rituali e delle interazioni personali e la vita istituzionale sono stati radicalmente modificati. Naturalmente, questi cambiamenti hanno influenzato il nostro modo di percepire il futuro... La base economica dell'America sta cambiando e vengono offerti nuovi servizi e prodotti".

L'articolo prosegue dicendo che le nostre vite lavorative, il nostro tempo libero, i nostri sistemi educativi stanno cambiando e, soprattutto, il pensiero dei nostri figli. L'autore dell'articolo di *Esquire* conclude:

> "L'America sta cambiando, e così la direzione che prenderà in futuro... Di tanto in tanto, la nostra nuova sezione americana (promessa per le prossime edizioni di *Esquire*) non sembrerà così nuova, poiché la maggior parte del nuovo pensiero si è insinuato nel mainstream della vita americana, ma finora è passato inosservato."

Non avrei potuto dare una descrizione più appropriata della fallacia del "tempo che cambia le cose". **Nulla cambia da solo, tutti i cambiamenti sono progettati, sia in segreto che in pubblico.** Anche se *Esquire* non ha detto chi è responsabile dei cambiamenti - per lo più indesiderati - a cui noi cittadini abbiamo cercato di resistere.

Esquire non è l'unico a fare questa affermazione. Milioni di americani vivono nella totale ignoranza delle forze che stanno plasmando il loro futuro. Non sanno che l'America è completamente "condizionata" dal "metodo di penetrazione domestica direzionale a lungo raggio" del Tavistock. Quel che è peggio è che questi milioni di persone, a causa del condizionamento di Tavistock (che fa sì che gli americani pensino come Tavistock vorrebbe che pensassero), non sembrano più preoccuparsi. Sono stati "condizionati internamente" dalla "penetrazione a lungo raggio", il piano di controllo messo in atto da Tavistock per fare il lavaggio del cervello alla nazione, per così tanto tempo che ora soffrono di un costante stato di "shock da bombardamento".

Come vedremo, ci sono buone ragioni per questa apatia e ignoranza. I cambiamenti forzati e indesiderati a cui siamo stati sottoposti come nazione sono opera di diversi maestri teorici e tecnici che si sono uniti a John Rawlings Reese al Tavistock Institute.

CAPITOLO 24

Il lavaggio del cervello salva un presidente americano

Oserei dire che, anche dopo tutti gli anni in cui ho denunciato Reese e il suo lavoro, il 95% degli americani non sa chi sia o quali danni abbia fatto agli Stati Uniti.

Questo gran numero di cittadini è ancora del tutto ignaro di come sia stato manipolato e costretto ad accettare "nuove idee", "nuove culture" e "nuove religioni". Sono stati gravemente violati e non lo sanno. Vengono ancora violentati e non sanno ancora cosa sta succedendo, soprattutto quando si tratta di formarsi un'opinione attraverso i sondaggi.

Per illustrare il mio punto di vista, l'ex presidente Clinton è riuscito a sopravvivere a uno scandalo dopo l'altro grazie ai sondaggi che mostravano come il popolo americano non si preoccupasse abbastanza del suo comportamento stravagante da chiedere un procedimento di impeachment. Potrebbe essere vero? Potrebbe essere vero che la gente non si preoccupa più della moralità pubblica? Certo che no!

Si tratta di una situazione artificiale insegnata dall'Istituto Tavistock e ogni scrutatore è addestrato ai metodi Tavistock di formazione dell'opinione e di manipolazione dell'opinione pubblica, in modo che le risposte "suonino vere".

Possiamo aggiungere il Presidente G. W. Bush ai "sopravvissuti". Non è stato rimosso dall'incarico nonostante le palesi bugie usate per iniziare una guerra illegale (incostituzionale) in Iraq. È incostituzionale perché la guerra non è mai stata dichiarata in conformità con la Costituzione.

Inoltre, la Costituzione degli Stati Uniti non contiene alcuna disposizione che consenta agli Stati Uniti di attaccare un'altra nazione che non abbia commesso atti di belligeranza contro di loro. Come ha fatto il presidente Bush a farla franca senza subire l'impeachment? La risposta è nell'Istituto Tavistock e nelle sue capacità di lavaggio del cervello di massa.

Uno dei primi compiti intrapresi dal Tavistock dopo il lancio della guerra totale contro gli Stati Uniti nel 1946 fu quello di costringere il popolo americano ad accettare "stili di vita alternativi". I documenti del Tavistock mostrano come i leader di una campagna volta a forzare l'accettazione pubblica legale di gruppi il cui comportamento, fino a quando i cambiamenti non sono stati forzati dal Congresso, era riconosciuto come un crimine in quasi tutti gli Stati dell'Unione, e in alcuni Stati rimane un crimine. Mi riferisco allo "stile di vita gay" come è conosciuto oggi.

L'attenta profilazione effettuata prima del lancio di questo programma di "cambiamento" non è stata creduta dai non addetti ai lavori, che l'hanno liquidata come "terribile fantascienza", anche se è stata spiegata nei termini più semplici. Una grande maggioranza di americani non ha mai saputo (e non lo sa ancora nel 2005) che il Tavistock Institute è entrato in guerra con loro nel 1946, né che il popolo ha perso quella guerra da allora.

Alla fine della seconda guerra mondiale, Tavistock rivolse la sua attenzione agli Stati Uniti. I metodi che hanno fatto crollare la Germania sono stati utilizzati contro gli Stati Uniti. Il massiccio lavaggio del cervello della nostra nazione è stato chiamato "Penetrazione a lungo raggio" e "Condizionamento direzionale interno".

L'obiettivo principale di questa impresa era quello di installare programmi socialisti a tutti i livelli di governo, aprendo così la strada a una nuova era oscura, un nuovo ordine mondiale all'interno di un unico governo, una dittatura comunista.

In particolare, è stato progettato per rompere la santità del matrimonio e della vita familiare. Ed era rivolto anche alla

Costituzione, per "renderla inefficace". L'omosessualità, il lesbismo e l'aborto sono programmi ideati dal Tavistock, così come l'obiettivo di "cambiare" la Costituzione degli Stati Uniti.

La maggior parte dei programmi del Tavistock si basa sull'elezione dei candidati "giusti", con l'aiuto dei suoi esperti sondaggisti e delle loro domande intelligenti. Il progetto Tavistock sullo "stile di vita gay" comprendeva la creazione di diverse unità "task force" per aiutare i media a coprire l'attacco agli omosessuali e a far apparire i crociati del "nuovo stile di vita" come "persone come tante".

I talk show sono oggi parte integrante di questi piani, ma all'epoca non erano così largamente utilizzati per produrre cambiamenti sociali come lo sono oggi. I leader scelti dal Tavistock per promuovere significativi cambiamenti sociali e politici attraverso i talk show sono stati Phil Donahue e Geraldo Riviera, Bill O'Reilly, Barbara Walters e molti altri i cui nomi sono diventati familiari in America. Sono stati loro a promuovere le persone che si sarebbero candidate; persone che, fino ad ora, sarebbero state derise dalla piattaforma. Ma ora, grazie all'abile uso dei sondaggi, queste persone vengono prese sul serio.

La pianificazione che è stata fatta per adescare il pubblico attraverso i conduttori dei talk show televisivi è costata milioni di dollari per attuare questo piano a lungo termine per il cambiamento sociale imposto dal Tavistock e, come dimostrano i risultati, il Tavistock ha fatto i compiti a casa. Con tutta la mia esperienza, sono ancora stupito di come sia stata portata a termine questa grande mossa.

Intere comunità in tutta la nazione sono state profilate; gli ospiti dei talk show e il loro pubblico sono stati selezionati in base al loro profilo, senza mai rendersi conto di ciò che veniva fatto a loro insaputa e senza il loro consenso. Gli americani sono stati ingannati su vasta scala e non lo sapevano allora e non lo sanno oggi! Né sapevano che il Tavistock Institute for Human Relations stava dando loro un colpo di frusta.

Infine, dopo tre anni di preparazione, l'attacco dei

sodomiti/lesbiche del Tavistock a un popolo americano del tutto ignaro può essere paragonato alla tempesta che si scatenò sull'ignara nazione francese al tempo della Rivoluzione francese. La campagna ben pianificata ed eseguita è iniziata in Florida, come previsto, ed esattamente come previsto, Anita Bryant si è fatta avanti per prendere le armi contro gli invasori della "comunità gay" - parole accuratamente selezionate da Tavistock, che ora sono diventate totalmente accettabili. Prima di questo episodio, la parola "gay" non era mai stata usata per descrivere gli omosessuali o il loro comportamento.

Il Tavistock fu fondato nel 1921 come successore della Wellington House, che aveva messo a segno un grande colpo nel 1914 e nel 1917 e, come abbiamo già detto, aveva portato la Gran Bretagna e l'America in una guerra selvaggia con la Germania.

Il Tavistock doveva servire come principale strumento di ricerca per i servizi segreti britannici, che rimangono i migliori al mondo. Il maggiore e poi generale di brigata John Rawlings Reese, incaricato dal monarca, fu scelto per guidare il progetto. La famiglia reale britannica ha finanziato il progetto con l'aiuto dei Rockefeller e dei Rothschild.

Nel bel mezzo della Seconda Guerra Mondiale, il Tavistock ricevette ulteriori finanziamenti da David Rockefeller in cambio del suo aiuto nel rilevare i servizi segreti tedeschi dall'ex Reynard Heydrich. L'intero apparato e il personale del brillante servizio di sicurezza nazista è stato trasportato a Washington, in violazione della legge suprema del Paese. Iniziò a chiamarsi "Interpol".

Durante la Seconda guerra mondiale, la struttura Tavistock di Londra e del Sussex servì come quartier generale dell'ufficio per la guerra psicologica dell'esercito britannico.

Infatti, grazie all'accordo di "miglior amicizia" tra Churchill e Roosevelt, Tavistock fu in grado di assumere il pieno controllo dell'intelligence e della politica militare statunitense attraverso lo Special Operations Executive (SOE) e lo mantenne per tutta la Seconda guerra mondiale. Eisenhower fu scelto dal Comitato dei

300 per diventare il Comandante Generale delle Forze Alleate in Europa, ma solo dopo un approfondito lavoro di profiling da parte di Tavistock. È stato poi nominato alla Casa Bianca. A Eisenhower fu permesso di mantenere il suo posto alla Casa Bianca fino a quando, esaurita la sua utilità e svanito il ricordo della guerra, fu rimosso. L'amarezza di Eisenhower per il trattamento ricevuto per mano del Comitato dei 300 e dell'Istituto Tavistock si riflette nelle sue dichiarazioni sui pericoli posti dal complesso militare-industriale - un velato riferimento ai suoi ex capi, gli "olimpionici".

Il libro *Committee of 300*[9] racconta la storia completa di questo organismo ultra-segreto e ultra-elitario di uomini che gestiscono il mondo. Il Comitato dei 300 ha a disposizione una vasta rete interconnessa di banche, società finanziarie, mezzi di comunicazione cartacei e online, grandi "think tank", scienziati delle nuove scienze che sono in realtà i moderni creatori di quella che passa per l'opinione pubblica, plasmata dai suoi sondaggisti nazionali, e così via. Oggi, oltre 450 delle più grandi aziende Fortune 500 sono sotto l'egida del Comitato dei 300.

Tra questi, Petro-Canada, Hong Kong and Shanghai Bank, Halliburton, Root, Kellogg and Brown, British Petroleum, Shell, Xerox, Rank, Raytheon, ITT, Eagle Insurance, tutte le principali compagnie di assicurazione, tutte le principali aziende e organizzazioni di Stati Uniti, Gran Bretagna e Canada. Il cosiddetto movimento ambientalista è interamente controllato dal Comitato, attraverso il Tavistock Institute.

La maggior parte delle persone tende a credere che il "lavaggio del cervello" sia una tecnica coreana/cinese. Non è questo il caso. Il lavaggio del cervello può essere fatto risalire a Tavistock, che ne ha dato origine. La scienza della modificazione comportamentale è nata con Tavistock, che ha addestrato un esercito di agenti dei servizi segreti a fare lo stesso.

Gli Stati Uniti, forse più di ogni altro Paese, hanno sentito la presa del pugno Tavistock nella nostra vita nazionale a quasi tutti

---

[9] Pubblicato da Omnia Veritas Limited, www.omnia-veritas.com.

i livelli, e la sua presa su questo Paese non è diminuita: al contrario, con l'avvento di William Jefferson Clinton e Bush, padre e figlio, si è notevolmente rafforzata. Nel 1992 e nel 1996 ci è stato fatto un vero e proprio lavaggio del cervello. Nel 2005 siamo davvero una nazione a cui è stato fatto il lavaggio del cervello. Gli Stati Uniti sono la principale vittima della guerra di penetrazione a lungo raggio che utilizza le tecniche di Reese.

Altri Paesi vittime furono la Rhodesia (oggi Zimbabwe), l'Angola, il Sudafrica, le Filippine, la Corea del Sud, l'America Centrale, l'Iran, l'Iraq, la Serbia, la Jugoslavia e il Venezuela.

La tecnica non funziona in Iraq e in Iran e, nel complesso, i Paesi musulmani sembrano meno ricettivi ai metodi di controllo della popolazione di massa del Tavistock rispetto ai Paesi occidentali.

Non c'è dubbio che la loro stretta aderenza alle leggi del Corano e alla loro fede islamica sia ciò che ha sconfitto i piani del Tavistock per il Medio Oriente, almeno temporaneamente. Di conseguenza, è stata organizzata una campagna concertata per muovere guerra al mondo musulmano.

Il successo di Reese nel forzare il cambiamento in un'ampia gamma di Paesi si riflette negli eventi successivi. In patria, il Tavistock ha rimodellato tutta una serie di importanti istituzioni americane, sia private che governative, tra cui le nostre agenzie di intelligence, le unità del Pentagono, le commissioni del Congresso, le grandi imprese, il mondo dello spettacolo, ecc.

CAPITOLO 25

L'assalto del Tavistock agli Stati Uniti

Il dottor Kurt Lewin era uno dei protagonisti del team Tavistock. Nato in Germania, fu costretto a fuggire quando i suoi esperimenti di controllo della popolazione furono scoperti dal governo tedesco. Lewin era già ben noto a Reese: i due uomini avevano collaborato a lungo in sondaggi e simili esperimenti di formazione dell'opinione. Si dice che il dottor Goebbels abbia adottato con entusiasmo i metodi di Tavistock.

Lewin fuggì in Inghilterra, dove raggiunse Reese al Tavistock e gli fu affidato il suo primo compito importante: riuscì a portare a termine in modo ammirevole quella che si rivelò la più grande campagna di propaganda della storia, quella che mandò il popolo americano in una frenesia di odio contro la Germania e, successivamente, contro il Giappone. Il blitz è costato la vita a centinaia di migliaia di soldati americani e ha versato miliardi di dollari nelle casse di Wall Street, delle banche internazionali e dei trafficanti di armi.

Le nostre perdite in vite umane e tesori nazionali non possono essere recuperate.

Poco prima dell'aggressione all'Iraq, gli Stati Uniti sono stati sottoposti a un'esplosione di propaganda solo di poco inferiore a quella sviluppata per spingere gli Stati Uniti nella Seconda Guerra Mondiale. Un'attenta analisi delle parole e delle frasi chiave sviluppate da Lewin per la Seconda Guerra Mondiale ha dimostrato che nel 93,6% dei casi esaminati, queste parole e frasi scatenanti corrispondevano a quelle utilizzate nella Guerra di Corea, nella Guerra del Vietnam e nella Guerra del Golfo.

All'epoca della guerra del Vietnam, i sondaggi basati sulla metodologia Tavistock furono utilizzati con effetti devastanti contro il popolo americano.

Durante la Guerra del Golfo, un esempio dei metodi Tavistock fu il modo in cui il Dipartimento di Stato continuò a riferirsi al personale dell'ambasciata in Kuwait come "ostaggi", quando nessuno era mai stato imprigionato. In realtà, ognuno di loro era libero di andarsene in qualsiasi momento, ma gli è stato ordinato di rimanere in Kuwait per poter propagandare la propria situazione.

In realtà, gli "ostaggi" erano ostaggi del Dipartimento di Stato! Non riuscendo a convincere il Presidente Hussein a sparare i primi colpi, è stato necessario architettare un'altra "situazione artificiale" come Pearl Harbor. Il nome di April Glaspie sarà per sempre associato al tradimento e all'infamia. Seguì un elaborato furto di milioni di barili di petrolio iracheno da parte del Kuwait. Hussein ricevette il "via libera" dall'ambasciatore statunitense a Baghdad, April Gillespie, per attaccare l'Iraq e porre fine a una situazione che costava miliardi di dollari al popolo iracheno. Ma quando l'attacco è stato sferrato, Bush il Vecchio non ha perso tempo a inviare l'esercito americano in aiuto del Kuwait.

Il Presidente Bush ha costruito il sostegno contro l'Iraq utilizzando la falsa affermazione degli "ostaggi". È qui che il Tavistock Institute fallirà: Mentre è riuscito a convincere la maggioranza degli americani che le nostre politiche per il Medio Oriente sono giuste, il Tavistock non è riuscito a prendere il controllo di Siria, Iran, Iraq, Algeria e Arabia Saudita.

È a questo punto che il subdolo piano di Tavistock di espropriare le nazioni arabe del loro petrolio crolla. I giorni in cui l'MI6 poteva inviare "arabisti" come i Philby e il capitano Hill per minare gli Stati musulmani sono ormai lontani.

I Paesi arabi hanno imparato dai loro errori e oggi si fidano del governo britannico molto meno di quanto non facessero all'inizio della Prima guerra mondiale. La dittatura di Mubarak in Egitto è in difficoltà. I fondamentalisti musulmani cercano di rendere il turismo insicuro, e l'Egitto dipende dalla valuta estera per continuare a farlo, oltre alla donazione annuale di 3 miliardi di dollari da parte dei contribuenti statunitensi. Allo stesso modo, la Siria non sopporterà a lungo le politiche statunitensi che favoriscono Israele a scapito dei palestinesi.

In patria, miliardi di dollari sono stati versati nelle casse del Tavistock dal governo degli Stati Uniti: tra i beneficiari di questi miliardi di dollari ci sono i Laboratori nazionali di formazione, la Clinica psicologica di Harvard, la Wharton School, l'Istituto Hoover di Stanford, la Rand, il MIT, l'Istituto nazionale di salute mentale, l'Università di Georgetown, l'Istituto Esalen, il Centro per lo studio avanzato delle scienze comportamentali, l'Istituto per la ricerca sociale del Michigan e molti altri think tank e istituti di istruzione superiore.

Il compito di creare queste filiali negli Stati Uniti nei servizi segreti di tutto il mondo fu affidato a Kurt Lewin, che abbiamo già incontrato in precedenza, ma il cui nome probabilmente non era noto a più di 100 persone prima che la mia storia sul Tavistock venisse alla luce. Eppure quest'uomo e John Rawlings Reese hanno danneggiato le istituzioni su cui poggia la Repubblica americana più di quanto Hitler o Stalin abbiano potuto fare. Il modo in cui il Tavistock ha disfatto l'ordito e la trama del nostro tessuto sociale che tiene insieme la nazione è una storia agghiacciante e spaventosa, di cui la "normalizzazione" degli stili di vita di gay e lesbiche è solo un piccolo ma importante risultato; un risultato molto più grande e spaventoso è stato il successo del lavaggio del cervello di massa attraverso i sondaggi di opinione.

Perché le tecniche Tavistock di Reese funzionano così bene nella pratica? Reese perfezionò i suoi esperimenti di lavaggio del cervello di massa con stress test, o shock psicologici, noti anche come eventi stressanti. La teoria di Reese, oggi ampiamente dimostrata, era che se si fossero potute sottoporre intere popolazioni a test di stress, sarebbe stato possibile determinare in anticipo quali sarebbero state le reazioni della popolazione a determinati eventi stressanti.

In modo molto esplicito, questa tecnica è alla base della creazione dell'opinione pubblica desiderata attraverso i sondaggi, che sono stati utilizzati con effetti devastanti per proteggere l'amministrazione Clinton dagli scandali scoppiati intorno alla Casa Bianca, e che ora proteggono Bush Jr. dall'essere estromesso dalla Casa Bianca.

CAPITOLO 26

Come vengono "promossi" politici, attori e cantanti mediocri

Questa tecnica, nota come "profiling", può essere applicata a individui, gruppi piccoli o grandi di persone, gruppi di massa e organizzazioni di ogni dimensione. Vengono poi "pompati" per diventare "stelle". Quando era appena ventenne, in Arkansas, William Clinton fu selezionato per essere ammesso al programma di borse di studio Rhodes. I suoi progressi sono stati illustrati nel corso della sua carriera, soprattutto durante il periodo della guerra del Vietnam. Poi, dopo aver dato prova di sé, Clinton è stato "strigliato" per la Casa Bianca, quindi costantemente "pompato".

L'intera operazione era sotto il controllo dei cervelloni dell'Istituto Tavistock. È così che funzionano queste cose. È così che si forgiano gli strumenti per fabbricare letteralmente i candidati, soprattutto quelli ritenuti idonei per le cariche pubbliche; candidati su cui si può sempre contare per fare la cosa "giusta". Il Congresso ne è pieno. Gingrich era un tipico "prodotto Tavistock" di successo, finché non è stata scoperta la sua condotta. Trent Lott, Dick Cheney, Charles Schumer, Barney Frank, Tom DeLay, Dennis Hastert, il dottor Frist, ecc. sono altri esempi di "laureati" Tavistock. La stessa tecnica viene applicata ad attori, cantanti, musicisti e artisti.

Una pesante propaganda è stata utilizzata per convincere la popolazione che le sgradite "turbolenze socio-ambientali" fossero il risultato del cambiamento epocale in cui viviamo, quando, come oggi sappiamo, i nuovi scienziati hanno progettato programmi (programmi di stress) per creare artificialmente "turbolenze socio-ambientali" e poi spacciarle come il risultato di una condizione naturale, meglio nota come "cambiamento epocale".

I nuovi scienziati del Tavistock erano convinti che non avremmo applicato il principio "per ogni effetto deve esserci una causa" - e avevano ragione. Per esempio, abbiamo accettato docilmente i "Beatles", la loro "nuova musica" e i loro testi - se osate chiamarli musica e testi, perché ci è stato detto che la band aveva scritto tutto da sola.

In realtà, la musica è stata scritta da Theo Adorno, laureato alla Tavistock, i cui accordi a 12 toni sono stati scientificamente accordati per creare una "turbolenza sociale ambientale" di massa in tutta l'America. Nessuno dei Beatles sapeva leggere la musica. Ciononostante, sono stati "pompati" giorno e notte senza sosta fino a quando tutto ciò che li riguardava, bugie e quant'altro, è stato accettato come verità.

Il Tavistock ha dimostrato più volte che quando un grande gruppo viene profilato con successo, può essere sottoposto a un "condizionamento direzionale interno" praticamente in tutti gli aspetti della vita sociale e politica. Parte integrante degli esperimenti di controllo mentale di massa condotti dal Tavistock negli Stati Uniti dal 1946, i sondaggi e le prese di posizione sono stati di gran lunga le sue imprese di maggior successo. L'America è stata ingannata e non lo sapeva.

Per dimostrare il successo delle sue tecniche, Reese chiese al Tavistock di sottoporre a un test un ampio gruppo di persone su un argomento legato alla cospirazione. È emerso che il 97,6% degli intervistati ha rifiutato categoricamente l'idea che esista una cospirazione globale. Fino a che punto la nostra gente non crede di essere stata attaccata direttamente dal Tavistock negli ultimi 56 anni? Abbiamo conduttori di talk show radiofonici come Rush Limbaugh, che ripetutamente dicono al loro pubblico che non c'è nessuna cospirazione.

Quanti credono che negli ultimi 56 anni il Tavistock abbia inviato un esercito invisibile di truppe d'assalto in ogni borgo, villaggio, città e paese del nostro Paese? Il compito di questo esercito invisibile è quello di infiltrarsi, alterare e modificare il comportamento sociale collettivo, attraverso il "condizionamento direzionale interno".

L'"esercito invisibile" di Reese è composto da veri professionisti che conoscono il loro lavoro e si dedicano all'attività da svolgere. Ora si trovano nei tribunali, nei dipartimenti di polizia, nelle chiese, nei consigli scolastici, negli enti sportivi, nei giornali, negli studi televisivi, nei comitati consultivi governativi, nei consigli comunali, nelle legislature statali e sono legioni a Washington. Si candidano a tutto, dal consigliere di contea allo sceriffo, al giudice, dal membro del consiglio scolastico al consigliere comunale, fino al presidente degli Stati Uniti d'America. Il funzionamento di questo sistema è stato spiegato da John Rawlings Reese nel 1954:

> "Il loro compito è quello di applicare le tecniche avanzate della guerra psicologica, così come le conosciamo, a interi gruppi di persone che continueranno a crescere, in modo da poter controllare più facilmente intere popolazioni. In un mondo completamente impazzito, gruppi di psicologi Tavistock collegati tra loro e in grado di influenzare il campo politico e governativo devono essere arbitri, la cabala del potere".

Questa franca confessione convincerà gli scettici della cospirazione? Probabilmente no, perché è dubbio che menti così chiuse possano avere una reale conoscenza di queste cose. Queste informazioni sono sprecate dalle "teste parlanti" della radio.

Uno dei direttori dell'esercito invisibile di Reese era Ronald Lippert, la cui specialità era manipolare la mente dei bambini.

Il dottor Fred Emery, un altro degli "psicologi collegati" di Tavistock, faceva parte del consiglio di amministrazione della Commissione Kerner del presidente Johnson.

Emery era quello che Tavistock definiva uno specialista della "turbolenza sociale ambientale", la cui premessa è che quando un intero gruppo di popolazione è sottoposto a crisi sociali, si rompe nell'idealismo sinottico e alla fine si frammenta, cioè rinuncia a cercare di affrontare il problema o i problemi.

Il termine "ambientale" non ha nulla a che fare con le questioni ecologiche, ma si riferisce all'ambiente particolare in cui lo specialista si è insediato con l'intento specifico di creare problemi - "turbolenze" o "modelli di stress".

Questo è già il caso del rock and roll, della droga, dell'amore libero (aborto), della sodomia, del lesbismo, della pornografia, delle bande di strada, dell'attacco costante alla vita familiare, all'istituzione del matrimonio, all'ordine sociale, alla Costituzione e in particolare ai 2 emendamenti^{ème} e ai 10ème.

Laddove ciò è accaduto, le comunità si sono trovate impotenti di fronte a un sistema giudiziario in crisi, ai consigli scolastici che insegnano l'evoluzione, ai minori che vengono incoraggiati a comprare preservativi e persino ai "diritti dei bambini". Diritti dei bambini" significa generalmente che i bambini dovrebbero essere autorizzati a disobbedire ai loro genitori, un elemento chiave del programma socialista di "assistenza all'infanzia". I membri dell'esercito invisibile di Reese sono radicati alla Camera e al Senato, nell'esercito, nella polizia e praticamente in ogni ufficio governativo del Paese.

Dopo aver studiato lo Stato della California, sono giunto alla conclusione che esso ha il più grande contingente di truppe d'assalto dell'"Esercito Invisibile" del Paese, che ha reso la California qualcosa di molto vicino a uno Stato socialista e di polizia. Credo che la California sarà il "modello" per il resto della nazione.

Attualmente non esiste una legge che renda illegale questo tipo di condizionamento. Reese e Lewin fecero una ricerca sulle leggi inglesi e statunitensi e conclusero che era legale "condizionare" una persona senza il suo consenso o la sua conoscenza.

Dobbiamo cambiare questa situazione. I sondaggi sono parte integrante del "condizionamento". L'"esercito invisibile" delle truppe d'assalto Tavistock ha cambiato il modo in cui l'America pensa alla musica rock, al sesso prematrimoniale, all'uso di droghe, ai figli nati fuori dal matrimonio, alla promiscuità, al matrimonio, al divorzio, alla vita familiare, all'aborto, all'omosessualità e al lesbismo, alla Costituzione e sì, anche all'omicidio, per non parlare del fatto che l'assenza di moralità è accettabile purché si faccia un buon lavoro.

Nei primi anni del Tavistock, il concetto di "gruppo senza leader" è stato usato per ridurre in polvere l'America come la conosciamo. Il leader del progetto era W.R. Bion, che per anni ha diretto la Wharton School of Economics, dove si insegnano sciocchezze come il libero scambio e l'economia keynesiana. Il Giappone è rimasto fedele al modello americano insegnato dal generale McArthur - non la frode della Wharton School - e guardate il Giappone di oggi. Non incolpate i giapponesi per il loro successo, ma Tavistock per aver distrutto il nostro sistema economico. Ma sta arrivando il turno del Giappone! Nessuna nazione sarà risparmiata nell'assalto finale per stabilire un governo unico mondiale in un nuovo ordine mondiale.

Il "gruppo di cervelli" responsabile della guerra Tavistock contro l'America (1946) comprendeva Bernays, Lewin, Byron, Margaret Meade, Gregory Bateson, H. V. Dicks, Lippert, Nesbit ed Eric Trist. Dove sono state addestrate le truppe d'assalto dell'"Esercito invisibile"? Da Reese's a Tavistock, da dove si sono diffusi in tutta l'America per seminare i loro "modelli di stress da turbolenza sociale ambientale".

Si diffusero a tutti i livelli della società americana, conquistando posizioni in luoghi dove potevano esercitare l'influenza che Reese aveva insegnato loro a usare. Le decisioni prese dall'esercito invisibile delle truppe d'assalto hanno colpito profondamente l'America a tutti i livelli, e il peggio deve ancora venire.

Per citare solo alcune delle principali truppe d'assalto, George Schultz, Alexander Haig, Larry King, Phil Donahue, l'ammiraglio Burkley (profondamente coinvolto nell'insabbiamento degli assassini di Kennedy), Richard Armitage, Billy Graham, William Paley, William Buckley, Pamela Harriman (ormai deceduta), Henry Kissinger, George Bush e la compianta Katherine Meyer Graham, e non dimentichiamo la carovana che arrivò a Washington dall'Arkansas nel 1992, guidata dai coniugi Clinton, la cui nazione sarebbe stata presto fatta a pezzi. e la signora Clinton, la cui nazione sarebbe stata presto lacerata. Tra i nuovi arrivati ci sono Rush Limbaugh, Bill O'Reilly, Larry King e Karl Rove.

I leader aziendali che fanno parte delle truppe d'assalto sono una legione, troppi per essere elencati qui. Migliaia di queste truppe d'assalto dell'Esercito Invisibile della Brigata d'Affari si sono presentate alla conferenza di Tavistock.

La struttura americana, il National Training Laboratory (NTL), è nata nella vasta tenuta newyorkese di Averill e Pamela Harriman. Come sappiamo, fu Harriman a selezionare Clinton per un addestramento speciale e, infine, per lo Studio Ovale.

Presso il National Training Laboratory, i dirigenti aziendali sono stati formati sulle situazioni di stress e su come gestirle. Tra le aziende che hanno inviato i propri dirigenti all'NTC per la formazione Tavistock figurano Westinghouse, B.F. Goodrich, Alcoa, Halliburton, BP, Shell, Mobil-Exxon Eli Lily, DuPont, la Borsa di New York, Archer Daniels Midland, Shell Oil. Mobil Oil, Conoco, Nestlé, AT&T, IBM e Microsoft. Peggio ancora, il governo degli Stati Uniti ha inviato il suo personale di alto livello della Marina, del Dipartimento di Stato, della Commissione per il Servizio Civile e dell'Aeronautica. I soldi delle vostre tasse, a milioni, hanno pagato la "formazione" che la Tavistock ha impartito a questi dipendenti pubblici nella Arden House della tenuta di Harriman.

CAPITOLO 27

La formula Tavistock che portò gli Stati Uniti alla Seconda Guerra Mondiale

Forse l'aspetto più importante della loro formazione è l'uso dei sondaggi per garantire che le politiche pubbliche siano in linea con ciò che gli obiettivi del Tavistock considerano desiderabile. Questa tecnica di alterazione della mente si chiama "sondaggio d'opinione".

Le risposte inadeguate rese possibili dal profiling su larga scala di Tavistock, e in cui le risposte inadeguate dell'"esercito invisibile" di Tavistock hanno funzionato alla perfezione durante la Guerra del Golfo.

Invece di ribellarci al fatto di trascinare la nazione in una guerra contro un Paese amico con cui non avevamo alcun dissidio, una guerra iniziata senza un'adeguata dichiarazione di guerra da parte del Congresso, siamo stati "rivoltati" a suo favore. In breve, siamo stati gravemente ingannati senza saperlo, a causa del "condizionamento interno a lungo raggio" che il popolo americano ha subito dal 1946.

Tavistock consigliò al presidente Bush il Vecchio di utilizzare la seguente semplice formula, che Reese e Lewin chiesero ad Allen Dulles nel 1941, quando Roosevelt si stava preparando a trascinare l'America nella Seconda Guerra Mondiale:

(1) Qual è lo stato del morale e la sua probabile evoluzione nel Paese di destinazione? (Questo vale anche per il morale negli Stati Uniti).

(2) Quanto sono sensibili gli Stati Uniti all'idea che una guerra

nel Golfo Persico sia necessaria?

(3) Quali tecniche potrebbero essere utilizzate per indebolire l'opposizione degli Stati Uniti alla guerra nel Golfo Persico?

(4) Che tipo di tecniche di guerra psicologica riuscirebbero a minare il morale del popolo iracheno? (È qui che il Tavistock ha fatto un passo falso).

Una volta che Bush si impegnò nella Guerra del Golfo del 1991 del Primo Ministro Thatcher per conto della Regina Elisabetta e della sua compagnia petrolifera BP, Tavistock mise insieme un team di psicologi, di creatori di opinione pubblica, guidati dagli sfacciati bugiardi di Hill and Knowlton, e una schiera di profiler Tavistock. Ogni discorso del presidente Bush per promuovere la guerra in Iraq è stato scritto da team multidisciplinari di scrittori formati dal Tavistock.

Informazioni top secret su come è stata propagandata la Guerra del Golfo e su come il Presidente George Bush ha convinto il popolo americano a sostenere questa guerra feroce e corrotta sono state recentemente rese note a una commissione del Congresso. Il rapporto afferma che nelle prime fasi del piano di eliminazione dell'Iraq, all'amministrazione Bush è stato detto che il sostegno pubblico era fondamentale e che non aveva il popolo americano dietro di sé.

La prima regola era quella di stabilire nella mente del popolo americano la "grande necessità di proteggere i giacimenti petroliferi sauditi minacciati da un'invasione irachena sotto la guida di un pazzo". Così, sebbene fosse noto fin dall'inizio che l'Iraq non aveva alcuna intenzione di attaccare i giacimenti petroliferi sauditi, la National Security Agency (NSA) diffuse informazioni false e fuorvianti secondo cui i giacimenti petroliferi sauditi erano l'obiettivo finale dell'Iraq. Si trattava di un'invenzione totale, ma era la chiave del successo. La National Security Agency non è mai stata sanzionata per la sua condotta ingannevole.

Il rapporto affermava che sarebbe stata necessaria una copertura televisiva senza precedenti per costruire il sostegno pubblico alla guerra. L'amministrazione Bush si è assicurata fin da subito la piena collaborazione dei tre principali network, ABC, CBS e NBC, e poi della CNN. In seguito, si è aggiunta una stazione di propaganda virtuale, Fox News (nota anche come Faux News). Nel 1990, la copertura della Guerra del Golfo e delle questioni correlate da parte di queste reti era tre volte superiore a qualsiasi altra storia trattata nel 1989 e, una volta iniziata la guerra, la copertura era cinque volte superiore a qualsiasi altra storia, compresa Piazza Tienanmen.

Nel 2003, Bush junior ha seguito molto da vicino la formula che aveva funzionato per suo padre, ma con alcuni adattamenti aggiuntivi. Le notizie mescolate con la fiction (si veda la sezione sulla "Guerra dei mondi" di H.G. Wells) divennero sempre più fiction mescolate con le notizie, e si ricorse a palesi bugie, tanto che divenne impossibile distinguere le notizie vere e proprie da quelle mescolate con la fiction.

Uno dei principali attori della copertura della guerra è stata la CNN, che ha stipulato un contratto con l'amministrazione Bush per portare la Guerra del Golfo nei salotti americani 24 ore al giorno. Grazie alla massa di notizie favorevoli e di parte, il dispiegamento di truppe nel Golfo è stato accolto con favore da circa il 90% degli americani. Era solo un altro modo per sondare il popolo americano, un altro modo per fargli il lavaggio del cervello.

I consiglieri della National Security Agency (NSA) dissero all'amministrazione Bush che, fin dall'inizio, bisognava convincere l'opinione pubblica ad accettare i piani per la Guerra del Golfo. Si è deciso di creare un parallelo tra Hitler e Saddam Hussein, con le parole "Saddam Hussein deve essere fermato" ripetute più volte, seguite dalla menzogna che il presidente iracheno "si comporta come Hitler".

In seguito, si aggiunse una terribile minaccia: l'Iraq aveva la capacità di colpire gli Stati Uniti con armi di distruzione di massa a lungo raggio. Si trattava di un adattamento dell'editto di Stalin, secondo cui per catturare e schiavizzare il proprio popolo bisogna prima terrorizzarlo.

Il primo ministro britannico Blair si è spinto oltre. Parlando in Parlamento, ha detto al popolo britannico che "Saddam Hussein" ha la capacità di colpire la Gran Bretagna e potrebbe farlo in 45 minuti. Si spinse fino ad avvertire i turisti britannici in vacanza a Cipro di tornare in Gran Bretagna il prima possibile, perché l'intelligence britannica aveva appreso che l'Iraq si stava preparando a lanciare un attacco nucleare contro l'isola. Blair ha fatto il suo annuncio sapendo benissimo che il programma di armi nucleari dell'Iraq era stato completamente distrutto nel 1991.

L'"abilità" della prima amministrazione Bush nel comunicare la necessità di una guerra nel Golfo è culminata nella storia dell'"incubatrice" inventata da Hill e Knowlton e raccontata in lacrime dalla figlia dell'ambasciatore del Kuwait a Washington. Il Senato - e l'intero Paese - hanno ingoiato questa enorme frode.

Il Kaiser Guglielmo II tornò a "tagliare le braccia ai bambini belgi", con un successo ancora maggiore. Dopo la "grande bugia" di Hill and Knowlton, il 77% degli americani intervistati ha dichiarato di approvare l'uso delle truppe americane contro l'Iraq, anche se il 65% degli intervistati non sapeva nemmeno dove fosse l'Iraq sulla mappa.

Tutti i principali sondaggi hanno mostrato che la violazione della Costituzione da parte di Bush è stata approvata, perché gli intervistati non avevano idea di cosa fosse una dichiarazione di guerra costituzionale o che fosse vincolante. Il ruolo svolto dalle Nazioni Unite ha rafforzato le "capacità di comunicazione" dell'amministrazione Bush, si legge nel rapporto.

La seconda amministrazione Bush ha utilizzato gli stessi metodi Tavistock e ancora una volta il popolo americano ha accettato le bugie e le distorsioni presentate come fatti. La guerra è stata promossa con forza dal vicepresidente Cheney, che ha condotto una massiccia campagna per costringere l'opinione pubblica a schierarsi con George Bush. Nessun altro vicepresidente nella storia degli Stati Uniti era stato così attivo nel costringere il popolo americano a entrare in guerra con l'Iraq.

Cheney è apparso in televisione 15 volte in un mese e ha dichiarato senza mezzi termini che i Talebani erano dietro l'attacco alle torri del World Trade Center di New York e che i Talebani erano sotto il controllo del Presidente Hussein. "La lotta al terrorismo doveva essere condotta contro i 'terroristi' in Iraq", ha detto Cheney, "prima che potessero colpire nuovamente gli Stati Uniti".

Cheney ha continuato sulla stessa linea anche molto tempo dopo che la sua affermazione era stata dimostrata assolutamente falsa. Nonostante le principali autorità mondiali avessero annunciato che l'Iraq non aveva nulla a che fare con l'11 settembre e che non c'erano combattenti talebani in Iraq, Cheney continuò a mentire, fino a quando Hans Blix, l'ex ispettore capo delle Nazioni Unite per gli armamenti, non lo interruppe e la Central Intelligence Agency riferì al Senato degli Stati Uniti che non era stato trovato alcun legame tra l'Iraq, i talebani e l'11 settembre.

In realtà, secondo il rapporto della CIA, Hussein odiava i Talebani e li aveva cacciati dall'Iraq molti anni prima. Pubblichiamo queste informazioni nella speranza che il popolo americano non sia così credulone la prossima volta che il suo presidente vuole coinvolgerlo in una guerra. Vorremmo anche che il popolo americano sapesse che è stato gravemente ingannato da un think tank straniero che lo ha costantemente fuorviato su una moltitudine di questioni.

Esaminiamo alcuni di questi temi e speriamo che il popolo americano non si lasci mai più ingannare dagli abili "comunicatori".

Il popolo americano è stato grossolanamente ingannato su cinque grandi guerre, e questo dovrebbe essere sufficiente per qualsiasi nazione. Ma purtroppo i bombardamenti ininterrotti di aerei statunitensi e britannici sull'Iraq e sulla Serbia hanno dimostrato che il popolo americano non ha imparato nulla dalla Guerra del Golfo e da come è stata iniziata, e che è stato ingannato e manipolato in modo riprovevole.

La seconda guerra del Golfo ha ampiamente dimostrato che i metodi del Tavistock funzionano ancora, tanto che l'amministrazione Bush ha fatto ricorso a palesi bugie, sapendo che, anche se fossero state scoperte, le loro mistificazioni sarebbero state semplicemente ignorate, in quanto il popolo americano era ormai condizionato in uno stato permanente di "shock", per non preoccuparsi di quella che era una situazione molto grave per una nazione.

Che cosa si può fare contro la morsa che il Tavistock e le sue numerose istituzioni affiliate hanno sul Paese, sulla destra cristiana, sul Congresso, sulle nostre agenzie di intelligence e sul Dipartimento di Stato, una morsa che si estende fino al Presidente e ai nostri vertici militari? Come ho già detto, il problema principale è convincere la grande massa degli americani che ciò che sta accadendo a loro e al Paese non è un caso di "tempi che cambiano" dovuto a circostanze al di fuori del loro controllo, ma un complotto accuratamente elaborato, una minaccia reale per tutti i nostri futuri, non solo una teoria "cospirativa".

Possiamo risvegliare la nazione, ma solo se si compie uno sforzo concertato a livello di base. La soluzione al problema sta nell'educare gli americani e nell'intraprendere un'azione unitaria.

È indispensabile educare milioni di persone su ciò che fanno i gestori segreti e, soprattutto, su come e perché lo fanno. È necessaria un'azione costituzionale urgente per raggiungere questo obiettivo. Ci sono molti cittadini di spicco che hanno il potere e i mezzi finanziari per lanciare una campagna di base. Quello che non vogliamo è un terzo partito politico.

Un movimento popolare adeguatamente educato e concertato è l'unico modo (almeno secondo me) per reclamare il nostro Paese dalle forze oscure e malvagie che lo tengono per la gola. Insieme, in un movimento popolare, possiamo liberare l'America dalla morsa delle potenze straniere, le potenze che il Tavistock Institute serve così bene, potenze straniere che sono intenzionate a distruggere l'America così come è stata costituita dai nostri Padri Fondatori.

Questo lavoro sul Tavistock Institute è un'altra "prima" della mia serie sulle grandi organizzazioni i cui nomi saranno nuovi per la maggior parte dei lettori. Il Tavistock è il centro nevralgico più importante degli Stati Uniti e ha avvelenato e progressivamente modificato in peggio ogni aspetto della nostra vita dal 1946, anno in cui ha iniziato la sua attività in Nord America.

Il Tavistock ha svolto e svolge tuttora un ruolo di primo piano nella definizione delle politiche americane e degli eventi mondiali. È senza dubbio la madre di tutti i centri di controllo e condizionamento mentale del mondo. Negli Stati Uniti, esercita un notevole controllo sull'attualità e influenza direttamente il corso e la direzione di think tank americani come lo Stanford Research, l'Esalen Institute, la Wharton School, il MIT, l'Hudson Institute, la Heritage Foundation, la Georgetown University e, più direttamente, estende la sua influenza alla Casa Bianca e al Dipartimento di Stato. Il Tavistock ha esercitato una profonda influenza sullo sviluppo della politica interna ed estera degli Stati Uniti.

Il Tavistock è un centro di studi al servizio della Nobiltà Nera e di coloro che si dedicano alla promozione del Nuovo Ordine Mondiale all'interno di un Governo Unico Mondiale.

Il Tavistock lavora per il Club di Roma, il CFR, la Commissione Trilaterale, il Fondo Marshall tedesco, la Mont Pelerin Society, il Gruppo Ditchley, la Loggia massonica di controllo Quator Coronati e la Banca dei Regolamenti Internazionali.

CAPITOLO 28

Come il Tavistock fa ammalare le persone sane

La storia del Tavistock inizia con il suo fondatore, il generale di brigata John Rawlings Reese, nel 1921. Fu Reese a sviluppare i metodi di "lavaggio del cervello" di massa del Tavistock. Il Tavistock è stato fondato come centro di ricerca per i servizi segreti britannici (SIS).

È stato Reese il pioniere del metodo di controllo delle campagne politiche e delle tecniche di controllo mentale, che continuano ancora oggi, ed è stato Reese e Tavistock a insegnare all'URSS, al Vietnam del Nord, alla Cina e al Vietnam come applicare le sue tecniche - tutto ciò che hanno sempre voluto sapere sul lavaggio del cervello di individui o di una massa di persone.

Reese è stato uno stretto confidente della defunta Margaret Meade e di suo marito Gregory Bateson, che hanno entrambi svolto un ruolo importante nella formazione delle istituzioni pubbliche americane. Era anche amico di Kurt Lewin, che fu espulso dalla Germania dopo essere stato accusato di essere un sionista attivo. Lewin fuggì dalla Germania quando fu chiaro che il NSDAP avrebbe controllato la Germania. Lewin divenne direttore del Tavistock nel 1932. Ha svolto un ruolo fondamentale nel preparare il popolo americano all'ingresso nella Seconda Guerra Mondiale. Lewin fu responsabile dell'organizzazione della più grande macchina di propaganda conosciuta dall'umanità, che diresse contro l'intera nazione tedesca. La macchina di Lewin fu responsabile di fomentare l'opinione pubblica americana a favore della guerra creando un clima di odio contro la Germania. Cosa ha reso il metodo Reese così efficace? In sostanza, si trattava di questo: Le stesse tecniche di psicoterapia utilizzate per trattare un malato di mente potrebbero essere applicate al contrario.

Potrebbe anche essere usato per rendere mentalmente malate persone sane. Reese iniziò la sua lunga serie di esperimenti negli anni '30 utilizzando come cavie le reclute dell'esercito britannico. Da lì, Reese ha perfezionato le tecniche di lavaggio del cervello di massa, che ha poi applicato ai Paesi che prometteva di cambiare. Uno di questi paesi erano gli Stati Uniti, che rimangono il fulcro del Tavistock. Reese iniziò ad applicare le sue tecniche di modificazione del comportamento al popolo americano nel 1946. Pochi, se non nessuno, si rendono conto dell'estrema minaccia che Reese rappresenta per l'America.

L'Ufficio per la guerra psicologica dell'esercito britannico fu creato a Tavistock grazie ad accordi segreti con Churchill, molto prima che questi diventasse Primo Ministro. Questi accordi davano all'Esecutivo britannico per le operazioni speciali, comunemente noto come SOE, il controllo completo sulle politiche delle forze armate statunitensi, agendo attraverso canali civili, che diventavano invariabilmente la politica ufficiale del governo americano.

Questo accordo è ancora saldamente in vigore, inaccettabile per gli americani patriottici oggi come quando è stato stabilito. Fu la scoperta di questo accordo che portò il generale Eisenhower a lanciare il suo storico monito sul potere accumulato nelle mani del "complesso militare-industriale".

Per comprendere l'influenza del Tavistock nella vita politica, sociale, religiosa ed economica quotidiana degli Stati Uniti, vorrei spiegare che è stato Kurt Lewin, il secondo in comando, a fondare le seguenti istituzioni americane, molte delle quali sono state responsabili di profondi cambiamenti nella politica estera e locale degli Stati Uniti:

> ➤ La clinica psicologica di Harvard
>
> ➤ Massachusetts Institute of Technology (MIT).
>
> ➤ Il Comitato nazionale per il morale

- La Rand Corporation
- Il Consiglio nazionale delle risorse per la difesa
- L'Istituto Nazionale di Salute Mentale
- Laboratori nazionali di formazione
- Il Centro di ricerca di Stanford
- La Wharton School of Economics.
- Il Dipartimento di Polizia di New York
- L'FBI
- La CIA
- L'Istituto Rand

Lewin è stato responsabile della selezione del personale chiave per queste e altre prestigiose istituzioni di ricerca, tra cui Esalen, la Rand Corporation, l'aeronautica statunitense, la marina, i capi di stato maggiore congiunti e il Dipartimento di Stato. In seguito, il Tavistock condizionò le persone selezionate per gestire gli impianti di modificazione climatica ELF nel Wisconsin e nel Michigan a difendersi da quelli gestiti dalla penisola di Kola, in Russia.

È stato attraverso istituzioni come Stanford e Rand che è nato il famigerato progetto "MK Ultra"[10]. "MK Ultra" è stato un esperimento durato 20 anni con l'uso di LSD e altre droghe che alterano la mente, condotto sotto la direzione di Aldous Huxley e del guru del movimento "Ban the Bomb", Bertrand Russell (lo statista più importante del Comitato dei 300), tutto per conto della CIA.

Durante la seconda guerra del Golfo, agenti addestrati dal Tavistock hanno mostrato al generale statunitense Miller come utilizzare la tortura sistematica per estorcere "informazioni" ai prigionieri musulmani detenuti nella prigione di Abu Graib in

---

[10] Vedi *MK - Abuso rituale e controllo mentale*, Alexandre Lebreton, Omnia Veritas Limited. www.omnia-veritas.com, ND

Iraq e nella baia di Guantanamo a Cuba. Con queste e altre droghe simili che controllano la mente e alterano l'umore, Lewin, Huxley e Russell sono stati in grado di causare danni incalcolabili alla gioventù americana, danni da cui probabilmente non ci riprenderemo mai del tutto come nazione. I loro orribili esperimenti farmacologici sono stati condotti presso il Centro di Ricerca di Stanford, l'Università McGill, l'Ospedale Navale di Bethesda e i siti dell'Esercito degli Stati Uniti in tutto il Paese.

È bene ricordare che il movimento sorto tra i nostri giovani negli anni Cinquanta e Sessanta, noto come "New Age" o "Età dell'Acquario", era un programma supervisionato dal Tavistock. Non c'era nulla di spontaneo. La nudità è stata introdotta in linea con le misure adottate per sminuire le donne.

Nel 2005, la "nuova" moda si chiamava "Hip-Hop", un tipo di gioco di danza praticato soprattutto dai bambini dei sobborghi più poveri delle città americane. Fu rilevata dal Tavistock e trasformata in un'industria a sé stante, con i suoi specialisti che scrivevano "musica e testi", fino a diventare una delle migliori fonti di profitto per l'industria discografica.

I metodi di Reese furono seguiti da vicino da Aldous Huxley, Bertrand Russell, Arnold Toynbee e Alistair Crowley. Russell fu particolarmente abile nell'utilizzare i metodi di Tavistock per formare la sua campagna "CND": la campagna "Ban the Bomb" che si opponeva agli esperimenti nucleari statunitensi I "think tank" di Tavistock ricevettero ingenti finanziamenti dal governo degli Stati Uniti. Queste istituzioni conducono esperimenti di ricerca sul condizionamento di massa della popolazione. Il movimento CND era una facciata dietro la quale Huxley dispensava droghe alla gioventù britannica.

In questi esperimenti, il popolo americano è stato preso di mira più di qualsiasi altro gruppo nazionale al mondo. Come ho rivelato nel 1969 e nel 2004, dal 1946 il governo degli Stati Uniti ha versato miliardi di dollari in progetti che possono essere descritti come "operazioni segrete", ossia programmi sperimentali presentati con altri nomi e titoli, in modo che l'ignaro popolo americano non sollevi alcuna protesta per queste sontuose spese governative.

In queste esperienze Tavistock, ogni aspetto dello stile di vita americano, i suoi costumi, le sue tradizioni, la sua storia, viene esaminato per vedere se può essere sottoposto a un cambiamento. Ogni aspetto della nostra vita psicologica e fisiologica viene costantemente esaminato nelle istituzioni americane di Tavistock.

Gli "agenti del cambiamento" lavorano instancabilmente per modificare il nostro stile di vita e far credere che questi cambiamenti siano semplicemente "tempi che cambiano" ai quali dobbiamo adattarci. Questi cambiamenti forzati si riscontrano nella politica, nella religione, nella musica, nel modo in cui vengono prodotte e riportate le notizie, nello stile di trasmissione dei lettori di notizie con la preponderanza di lettori americani di sesso femminile nei quali è stata eliminata ogni traccia di femminilità; nello stile e nella trasmissione dei discorsi di Bush (frasi brevi e staccate) accompagnati dall'uso della parola "femminile". Lo stile e la pronuncia dei discorsi di Bush (frasi brevi e staccate) accompagnati da contorsioni facciali e movimenti del corpo insegnati dagli agenti del cambiamento, il modo in cui cammina (stile US Navy), l'ascesa dei cosiddetti fondamentalisti cristiani in politica, il sostegno massiccio agli "ismi", l'elenco è infinito.

L'esito, il risultato netto di questi programmi sperimentali determina come e dove vivremo nel presente e nel futuro, come reagiremo alle situazioni di stress nella nostra vita nazionale e personale e come il nostro pensiero nazionale su educazione, religione, morale, economia e politica può essere incanalato nella "giusta direzione".

Noi, il popolo, siamo stati e siamo costantemente studiati nelle istituzioni di Tavistock. Ci stanno sezionando, profilando, leggendo la mente e inserendo i dati nei database dei computer per plasmare e pianificare il modo in cui reagiremo agli shock e agli stress futuri previsti. Tutto questo avviene senza il nostro consenso e in chiara violazione del nostro diritto costituzionale alla privacy.

I risultati dei profili e le prognosi sono inseriti nei database dei computer della National Security Agency, dell'FBI, dell'Agenzia di Intelligence del Dipartimento della Difesa e dei Capi di Stato Maggiore, della Central Intelligence Agency, della National Security Agency, per citare solo alcuni dei luoghi in cui questi dati sono conservati.

La linea di demarcazione tra spionaggio interno ed esterno si sta confondendo, mentre il popolo americano si prepara all'avvento di un governo mondialista in cui la sorveglianza degli individui raggiungerà livelli senza precedenti.

È stato questo tipo di informazioni che ha permesso all'FBI di sbarazzarsi di David Koresh e dei suoi Davidiani, mentre la nazione guardava alla televisione nazionale, senza la minima reazione da parte della gente e con un'incredibile mancanza di proteste da parte del Congresso. In un colpo solo, i diritti degli Stati del Texas furono distrutti. Waco doveva essere un test per vedere come la gente avrebbe reagito alla distruzione del $10^{\text{ème}}$ Emendamento davanti ai loro occhi e, secondo il profilo, la gente del Texas e degli Stati Uniti si è comportata esattamente come descritto nel profilo Tavistock; si è comportata come pecore che pascolano pacificamente sull'erba mentre la capra di Giuda che le avrebbe condotte al macello girava intorno al gregge.

Ciò che è accaduto, e sta accadendo continuamente, è stato previsto dal consigliere per la sicurezza nazionale di Carter, Zbigniew Brzezinski, nel suo libro *New Age*, *"L'era tecnocratica"*, pubblicato nel 1970. Ciò che aveva previsto sta accadendo sotto i nostri occhi, ma la natura sinistra e mortale di questi eventi non è percepita dalla gente. La realtà di ciò che Brzezinski aveva previsto nel 1970 si è avverata. Vi suggerisco di leggere il libro - se è disponibile - e poi, come ho fatto io, di confrontare gli eventi che si sono verificati dal 1970 in poi con ciò che viene detto in *"The Technotronic Age"*. L'accuratezza delle previsioni di Brzezinski non è solo sorprendente, ma piuttosto spaventosa.

Se siete ancora scettici, leggete *1984* di George Orwell, ex agente dei servizi segreti britannici dell'MI6. Orwell dovette scrivere la sua sorprendente rivelazione in forma romanzata per evitare di essere perseguito ai sensi dell'Official Secrets Act del Regno Unito. La "novellistica" di Orwell è ormai ovunque e, come aveva previsto, non trova opposizione.

I lettori pensavano che Orwell stesse descrivendo la Russia, ma stava predicendo l'arrivo di un regime ben peggiore di quello bolscevico, il governo britannico del Nuovo Ordine Mondiale.

Basta guardare le leggi approvate dal regime di Blair per capire che le libertà sono state schiacciate, il dissenso politico è stato stroncato, la Magna Carta è stata rasa al suolo e sostituita da una serie di leggi draconiane che costituiscono una lettura inquietante. Un vecchio detto dice che "dove oggi va l'Inghilterra, domani andranno gli Stati Uniti".

Che ci piaccia o no, Brzezinski ha previsto che noi, il popolo, non avremmo più avuto alcun diritto alla privacy; ogni piccolo dettaglio della nostra vita sarebbe stato conosciuto dal governo e avrebbe potuto essere richiamato istantaneamente dalle banche dati. Entro il 2000, ha detto, i cittadini saranno sotto il controllo del governo come nessun'altra nazione ha mai conosciuto prima.

Oggi, nel 2005, siamo costantemente sorvegliati in un modo inimmaginabile fino a pochi anni fa, il Quarto Emendamento è stato calpestato, la nostra migliore protezione contro uno Stato gargantuesco, l'Emendamento 10ème non esiste più, e tutto questo è stato reso possibile dal lavoro di Reese e degli scienziati sociali che controllano il Tavistock Institute.

Nel 1969, per ordine del Comitato dei 300, il Tavistock creò il Club di Roma, come riportato per la prima volta nelle mie monografie del 1969. Il Club di Roma ha poi creato l'Organizzazione del Trattato del Nord Atlantico (NATO) come alleanza politica.

Nel 1999 abbiamo scoperto la verità sulla NATO: è un'entità politica sostenuta militarmente dai suoi Paesi membri. Il Tavistock ha fornito personale chiave alla NATO fin dalla sua nascita e continua a farlo. Scrivono tutte le politiche chiave della NATO. In altre parole, il Tavistock controlla la NATO.

La prova è che la NATO ha potuto bombardare la Serbia per 72 giorni e notti e farla franca, nonostante abbia violato le quattro Convenzioni di Ginevra, la Convenzione dell'Aia, i Protocolli di Norimberga e la Carta delle Nazioni Unite. Non c'è stata alcuna protesta da parte del popolo americano o britannico contro questa azione barbarica.

Naturalmente, tutto questo era stato predeterminato dalle banche dati del Tavistock: sapevano esattamente come il pubblico avrebbe reagito o meno all'attentato. Se si fosse deciso in anticipo sulla reazione dell'opinione pubblica, non ci sarebbe stato il bombardamento della Serbia.

Sono stati proprio gli stessi studi Tavistock a essere utilizzati per valutare la reazione dell'opinione pubblica alla pioggia di missili cruise e bombe sulla città di Baghdad nel 2002, la famigerata tattica "shock and awe" di Rumsfeld. Un comportamento barbaro di questa portata è stato permesso perché il presidente e i suoi uomini sapevano in anticipo che non ci sarebbe stata alcuna protesta da parte dell'opinione pubblica americana.

Sia il Club di Roma che la NATO esercitano una notevole influenza sulle decisioni di politica estera del governo statunitense, e continuano a farlo anche oggi, come abbiamo visto nel caso degli attacchi non provocati alla Serbia e all'Iraq da parte delle amministrazioni Clinton e Bush, rispettivamente. La storia fornisce altri esempi del controllo interno del Tavistock sugli Stati Uniti.

Allo scoppio della Seconda Guerra Mondiale, gli Stati Uniti furono sottoposti a una campagna di lavaggio del cervello di proporzioni enormi, preparata ed eseguita dal Tavistock Institute.

In questo modo si spianerebbe la strada a un'agevole entrata americana in una guerra che non ci riguarda e si metterebbe la museruola a coloro che vi si oppongono. Tutti i grandi discorsi di Roosevelt furono composti dai tecnici del controllo mentale di Tavistock, molti dei quali provenienti dalla Fabian Society.

Agli americani fu detto che la guerra era stata scatenata dalla Germania; che il pericolo della Germania per la pace mondiale era molto più grande della minaccia del bolscevismo. Un gran numero di scienziati sociali che lavoravano nelle istituzioni americane Tavistock furono selezionati per guidare l'azione di persuasione del popolo americano che l'entrata in guerra dell'America era la strada da seguire. Tuttavia, non ci riuscirono finché il Giappone non fu "costretto a sparare il primo colpo" a Pearl Harbor.

CAPITOLO 29

La psicologia topologica porta gli Stati Uniti alla guerra in Iraq

La psicologia topologica di Kurt Lewin, standard nelle istituzioni Tavistock, fu insegnata a selezionati scienziati americani inviati lì per apprendere la sua metodologia, e il gruppo tornò negli Stati Uniti per guidare la campagna per costringere gli americani a credere che il sostegno alla Gran Bretagna - l'istigatore della guerra - fosse nel nostro migliore interesse. La psicologia topologica rimane il metodo più avanzato per indurre cambiamenti comportamentali, sia negli individui che nei gruppi di massa.

Purtroppo, la psicologia topologica è stata usata con troppo successo dai media per spingere l'America ad entrare in una situazione creata dagli inglesi in Iraq, un'altra guerra in cui non avevamo motivo di essere coinvolti. I bugiardi professionisti che gestiscono questo Paese, le puttane dei media, i "portavoce" traditori del Governo Unico Mondiale del Nuovo Ordine Mondiale hanno usato un'accurata psicologia topologica contro chi diceva che non dovevamo attaccare l'Iraq.

Bush, Baker, Haig, Rumsfeld, Rice, Powell, il generale Myers, Cheney e i membri del Congresso che si sono inchinati a loro in un'esibizione servile di sicofonia hanno fatto il lavaggio del cervello al popolo americano, facendogli credere che il presidente iracheno Saddam Hussein fosse un mostro, un uomo malvagio, un dittatore, una minaccia per la pace mondiale, che doveva essere rimosso dal potere, anche se l'Iraq non aveva mai fatto nulla per danneggiare gli Stati Uniti. Se fosse vero che Hussein ha fatto cose terribili, si potrebbe dire lo stesso di Wilson e Roosevelt, ingrandito un milione di volte.

La guerra del Tavistock contro la Costituzione degli Stati Uniti ha completamente rimbambito il popolo americano al punto da fargli credere che gli Stati Uniti abbiano il diritto di attaccare l'Iraq e di rimuovere il suo leader, anche se la Costituzione vieta espressamente tale azione, senza contare che viola il diritto internazionale e i protocolli di Norimberga. Come abbiamo già detto, ci vuole una "situazione inventata" perché il popolo americano si infiammi.

Nella Prima guerra mondiale, si trattava delle "atrocità" commesse dal Kaiser. Nella Seconda Guerra Mondiale fu Pearl Harbor, in Corea furono le "torpediniere fantasma" dell'attacco nordcoreano alla Marina statunitense che non avvenne mai.

In Iraq, sono stati gli inganni e le menzogne di April Glaspie; in Serbia, è stata la "preoccupazione" della signora Albright per la presunta "persecuzione" degli stranieri albanesi clandestini che affollano la Serbia per sfuggire alla miseria economica del loro Paese a servire da pretesto per la sua crociata moralista contro la Serbia.

Tavistock inventò un nuovo nome per gli albanesi clandestini: d'ora in poi sarebbero stati chiamati "kosovari". Naturalmente, l'opinione pubblica americana, profilata e programmata, non si è opposta quando la Serbia, senza alcuna ragione e senza aver mai danneggiato gli Stati Uniti, è stata spietatamente bombardata per settantasei giorni e notti!

Il vero pericolo per la pace viene dalla nostra politica unilaterale nei confronti delle nazioni del Medio Oriente e dal nostro atteggiamento nei confronti dei governi socialisti. Gli appelli a radunarsi intorno alla bandiera all'inizio della Seconda Guerra Mondiale erano pura psicologia topologica di Reese - e questo si è ripetuto nella Guerra del Golfo, nella Guerra di Corea, in Iraq (due volte) e in Serbia.

Presto sarà di nuovo la Corea del Nord. Gli Stati Uniti hanno perseguitato questa nazione per oltre 25 anni - solo che questa volta la scusa sarà che la Corea del Nord sta per lanciare una bomba nucleare su una città americana! In tutte queste guerre, il popolo americano ha ceduto al grande rullo di tamburi del lavaggio del cervello Tavistock sotto la maschera del "patriottismo", condito da una pesante dose di paura, ripetuta notte e giorno. Gli americani credevano al mito che la Germania fosse il "cattivo" che voleva dominare il mondo; rifiutavamo la minaccia del bolscevismo.

Per due volte siamo stati mandati in fibrillazione contro la Germania. Abbiamo creduto ai nostri controllori mentali perché non sapevamo di aver subito il lavaggio del cervello, la manipolazione e il controllo. È così che i nostri figli sono stati mandati a morire sui campi di battaglia d'Europa per una causa che non era quella americana.

Subito dopo che Winston Churchill divenne Primo Ministro della Gran Bretagna, dopo aver spodestato Neville Chamberlain per aver concluso con successo un accordo di pace con la Germania, Churchill, il grande campione della fede nel rispetto del diritto internazionale, iniziò a infrangere le leggi internazionali che regolano la condotta civile durante le guerre.

Su consiglio del teorico Tavistock Richard Crossman-Winston, Churchill adottò il piano Tavistock per il bombardamento terroristico della popolazione civile. (Avremmo visto la stessa politica attuata in Iraq e in Serbia).

Churchill ordinò alla Royal Air Force (RAF) di bombardare la piccola città tedesca di Freiberg, una città non difesa presente nell'elenco delle città tedesche e britanniche, che entrambe le parti avevano concordato in un patto scritto come "città aperta e non difesa" da non bombardare.

Nel pomeriggio di martedì 27 febbraio 1940, i bombardieri "Mosquito" della RAF hanno bombardato Freiberg, uccidendo 300 civili, tra cui 27 bambini che giocavano nel cortile di una scuola, chiaramente identificabili come tali.

Questo fu l'inizio della campagna di bombardamenti terroristici della RAF contro obiettivi civili tedeschi; il famigerato bombardamento Prudential, ispirato da Tavistock, fu diretto esclusivamente contro le abitazioni dei lavoratori tedeschi e le infrastrutture civili. Tavistock assicurò a Churchill che questi massicci bombardamenti terroristici avrebbero messo in ginocchio la Germania una volta raggiunto l'obiettivo di distruggere il 65% delle abitazioni dei lavoratori tedeschi.

La decisione di Churchill di lanciare bombardamenti terroristici contro la Germania fu un crimine di guerra e rimane un crimine di guerra. Churchill era un criminale di guerra e avrebbe dovuto essere processato per i suoi orrendi crimini contro l'umanità.

Il bombardamento di Freiberg, in Germania, senza consultazione con la Francia, fu il primo allontanamento dalla condotta civile nella Seconda Guerra Mondiale e il governo britannico fu l'unico responsabile dei raid aerei tedeschi che seguirono. Le tattiche di terrore di Churchill sono state seguite alla lettera dagli Stati Uniti nella guerra non dichiarata contro l'Iraq, la Serbia, l'Iraq e l'Afghanistan, iniziata nel marzo 1999, sulla falsariga della spietatezza di Churchill.

Kurt Lewin, il cui odio per la Germania non conosceva limiti, sviluppò la politica di bombardamento terroristico delle abitazioni civili. Lewin fu il "padre" dei bombardamenti strategici, deliberatamente progettati per distruggere il 65% delle case dei lavoratori tedeschi e uccidere indiscriminatamente il maggior numero possibile di civili tedeschi.

Le perdite militari tedesche furono di gran lunga superate dalle perdite civili della guerra, dovute al "bombardiere" Harris e ai suoi raid notturni di bombardieri pesanti della RAF sulle abitazioni dei lavoratori tedeschi. Si è trattato di un grave crimine di guerra che è sempre rimasto impunito.

Questo smentisce la propaganda del Tavistock secondo cui la Germania avrebbe iniziato questi raid terroristici. In realtà, fu solo dopo otto settimane di raid terroristici su Berlino, che causarono ingenti danni a case civili e obiettivi non militari e costarono migliaia di vite civili, che la Luftwaffe si vendicò con attacchi su Londra. La rappresaglia tedesca avvenne solo dopo innumerevoli appelli da parte di Hitler, direttamente a Churchill, a non infrangere il loro accordo, che il "grande uomo" ignorò. Churchill, il maestro della menzogna, il bugiardo consumato, con l'aiuto e la direzione di Lewin, riuscì a persuadere il mondo che la Germania aveva iniziato a bombardare i civili come politica deliberata quando, come abbiamo visto, era stato Churchill a iniziare. I documenti del British War Office e della RAF riflettono questa posizione. I danni causati a Londra dalla Luftwaffe furono relativamente leggeri rispetto a quelli causati dalla RAF alle città tedesche, ma il mondo non ne ha mai sentito parlare.

Il mondo vide solo piccole parti di Londra danneggiate dai raid aerei tedeschi, con Churchill che camminava sulle macerie, con la mascella sporgente e un sigaro stretto tra i denti, l'epitome della sfida! Quanto bene Tavistock gli aveva insegnato a mettere in scena tali eventi! (Vediamo echi dei modi affettati di Churchill in George Bush, che sembra aver ricevuto da lui un certo "addestramento").

Il personaggio "bulldog" di Churchill è stato creato da Tavistock. Il suo vero carattere non è mai stato rivelato. Lo spietato bombardamento di Freiberg è stato l'ombra del bombardamento insensibile, barbaro, non cristiano e disumano della città di Dresda, aperta e non difesa, che ha ucciso più persone dell'attacco atomico su Hiroshima.

Il bombardamento di Dresda e la sua tempistica furono una decisione a sangue freddo, in consultazione con Tavistock, del "grande uomo" per provocare uno "shock" e impressionare il suo amico Joseph Stalin. Si trattava anche di un attacco diretto al cristianesimo, programmato durante la Quaresima.

Non c'era alcuna ragione militare o strategica per bombardare Dresda con un diluvio di fuoco, che era l'obiettivo scelto da Lewin. A mio parere, il bombardamento incendiario di Dresda, affollata di rifugiati civili tedeschi in fuga dall'assalto russo da est, mentre si celebrava la Quaresima, è il più atroce crimine di guerra mai commesso. Tuttavia, poiché gli inglesi e gli americani erano accuratamente programmati, condizionati e sottoposti al lavaggio del cervello, non si udì un solo sussurro di protesta. I criminali di guerra, il "bombardiere" Harris, Churchill, Lewin e Roosevelt, la fecero franca con questo terribile crimine contro l'umanità.

Il 5 maggio 2005, durante una visita di Stato a Berlino, il Presidente russo Vladimir Putin ha tenuto una conferenza congiunta con il Cancelliere tedesco Gerhard Schroeder. Ha dichiarato al quotidiano tedesco *Beeld* che le forze alleate non possono essere assolte dagli orrori della Seconda Guerra Mondiale, compreso il bombardamento di Dresda:

> "Gli alleati occidentali non sono stati particolarmente umani", ha detto. "Ancora oggi non capisco perché Dresda sia stata distrutta. Non c'era alcuna ragione militare".

Forse il leader russo non era a conoscenza del Tavistock e della sua indagine sull'attentato alla Prudential che ha ordinato il terribile bombardamento, ma sicuramente i lettori di questo libro sapranno ora perché è stata commessa questa barbara e orribile atrocità.

Torniamo a Reese e al suo lavoro iniziale al Tavistock, che prevedeva esperimenti di lavaggio del cervello su 80.000 soldati dell'esercito britannico. Dopo cinque anni di "riprogrammazione" di questi uomini, Reese si convinse che il suo sistema di far ammalare persone mentalmente stabili avrebbe funzionato su qualsiasi gruppo di massa. Reese era convinto di poter somministrare un "trattamento" a gruppi di massa, che lo volessero o meno, e senza che le vittime si rendessero conto di ciò che veniva fatto alle loro menti. Interrogato sulla saggezza delle sue azioni, Reese ha risposto che non era necessario ottenere il permesso dei "soggetti" prima di iniziare gli esperimenti.

Il modus operandi sviluppato da Reese e dai suoi guru si è rivelato efficace. Il metodo Reese-Lewin di manipolazione della mente si è dimostrato molto efficace ed è ancora ampiamente utilizzato in America oggi, nel 2005. Siamo manipolati, le nostre opinioni vengono fabbricate per noi, senza il nostro permesso. Qual era lo scopo di questa modifica del comportamento? Si trattava di apportare modifiche forzate al nostro stile di vita, senza il nostro consenso e senza nemmeno essere consapevoli di ciò che stava accadendo.

Tra i suoi studenti più brillanti, Reese selezionò quella che chiamò "la mia prima squadra" per diventare il primo gruppo dei suoi "laureati invisibili", le "truppe d'assalto" che sarebbero state collocate in posizioni chiave nell'intelligence britannica, nell'esercito, nel Parlamento e, più tardi, nello SHAEF (Supreme Headquarters Allied Expeditionary Forces).

I "laureati della prima squadra" controllavano quindi completamente il generale Eisenhower, che divenne un burattino nelle loro mani. I "laureati della prima squadra" sono stati inseriti in tutti gli organi decisionali degli Stati Uniti.

La "prima squadra di laureati" prendeva le decisioni politiche degli Stati Uniti. La "squadra segreta", come si definiva, era responsabile dell'esecuzione pubblica del Presidente. La "squadra segreta", come veniva chiamata, fu responsabile dell'esecuzione pubblica del presidente John F. Kennedy, davanti all'America e al mondo, per dimostrare ai futuri presidenti che dovevano obbedire a tutte le direttive ricevute dagli "olimpionici". Kissinger è stato uno dei tanti "laureati della prima squadra" collocati in posizioni di autorità all'interno del governo degli Stati Uniti, dell'O.S.S. e dell'FBI.

Il maggiore Louis Mortimer Bloomfield, cittadino canadese, era a capo della divisione cinque di controspionaggio dell'FBI durante la Seconda guerra mondiale. In Gran Bretagna, H.V. Dicks era responsabile dell'inserimento di "laureati della prima squadra" in posizioni chiave nell'intelligence, nella Chiesa d'Inghilterra, nel Foreign Office e nel War Office, per non parlare del Parlamento.

Tavistock fu in grado di condurre esperimenti bellici in tempo di pace, grazie a tutte le strutture a sua disposizione, e grazie a questa esperienza fu in grado di stringere la sua presa sugli istituti militari e di intelligence americani e britannici.

In America, le sinistre esperienze del Tavistock hanno cambiato lo stile di vita americano, completamente e per sempre. Quando questa verità sarà riconosciuta dalla maggioranza dei nostri concittadini, quando capiranno la portata del controllo che il Tavistock esercita sulla nostra vita quotidiana, solo allora potremo difenderci, se non saremo diventati degli automi in stato di shock permanente.

Nel 1942, la struttura di comando dei servizi militari e di intelligence britannici e americani era diventata così intrecciata che non era più possibile separarli o distinguerli l'uno dall'altro.

Questo ha fatto sì che il nostro governo seguisse molte politiche strane e bizzarre, la maggior parte delle quali contraddiceva direttamente la Costituzione e la Carta dei Diritti degli Stati Uniti e andava contro la volontà di Noi Popolo espressa dai nostri rappresentanti eletti al Congresso. In breve, i nostri rappresentanti eletti avevano perso il controllo del nostro governo. Winston Churchill la definì "una relazione speciale".

Alla fine della Seconda guerra mondiale, un certo numero di alti funzionari politici e militari britannici e statunitensi, accuratamente selezionati e profilati, furono invitati a partecipare a una conferenza presieduta da Reese. Ciò che Reese ha detto al gruppo è stato tratto da appunti confidenziali compilati da uno di coloro che hanno partecipato all'incontro, ma che hanno chiesto di rimanere anonimi:

> "Se vogliamo affrontare apertamente i problemi nazionali e sociali del nostro tempo, abbiamo bisogno di truppe d'assalto, che non possono essere fornite da una psichiatria interamente basata sulle istituzioni.
>
> Dobbiamo disporre di team mobili di psichiatri che siano liberi di spostarsi e di prendere contatto con la situazione locale in determinate aree. In un mondo completamente impazzito, gruppi di psichiatri legati tra loro, ognuno in grado di influenzare l'intero campo della politica e del governo, devono essere gli arbitri, la cabala del potere".

C'è qualcosa di più chiaro? Reese ha auspicato una condotta anarchica da parte di un gruppo di psichiatri collegati per formare le prime squadre dei suoi colleghi invisibili, liberi da vincoli sociali, etici e legali, che potevano essere spostati in aree dove c'erano gruppi di persone mentalmente sane che, secondo Reese e la sua squadra, dovevano essere rese malate da un "trattamento" di psicologia inversa. Qualsiasi comunità che avesse resistito con successo al lavaggio del cervello di massa, come dimostrato dai risultati dei "sondaggi", veniva definita "sana".

Le "prime squadre" sarebbero seguite da "truppe d'assalto" come quelle dei gruppi ambientalisti. E non c'è da stupirsi, visto che l'EPA è un mostro creato dalle "preoccupazioni ambientali" del Tavistock, che sono state generate dal Tavistock stesso e trasmesse all'EPA attraverso le truppe d'assalto.

L'EPA non è l'unica creatura generata dal Tavistock. L'aborto e l'omosessualità sono aberrazioni create e sostenute dal Tavistock.

A causa dei programmi creati e sostenuti dal Tavistock, negli Stati Uniti abbiamo subito un terribile degrado della nostra vita morale, della nostra vita religiosa; uno svilimento della musica con l'aberrazione del rock and roll, che è peggiorato progressivamente dopo un'introduzione relativamente mansueta da parte dei Beatles, seguita dal Rap e dall'Hip-Hop; una distruzione dell'arte, come vediamo spinta dalla PBS negli oggetti degenerati di derisione di Mapplethorpe. Abbiamo assistito a una proliferazione della cultura della droga e a un'intensificazione del culto del vitello d'oro. La sete di denaro non è mai stata così forte in nessuna civiltà come in questa.

Questi sono i frutti amari delle politiche Tavistock impiantate nella nostra società da "laureati invisibili" che sono diventati membri dei consigli scolastici e si sono insinuati in ruoli di leadership nelle nostre chiese. Si sono anche insinuati in posizioni politiche importanti, a livello cittadino e statale, ovunque la loro influenza si faccia sentire.

I "laureati" sono diventati membri dei consigli di mediazione del lavoro, dei consigli scolastici, dei consigli universitari, dei sindacati, delle forze armate, della chiesa, dei media di comunicazione, dei media di intrattenimento e della funzione pubblica, oltre che del Congresso, a tal punto che diventa ovvio per un osservatore esperto che il Tavistock ha preso le redini del governo.

Reese e i suoi colleghi del Tavistock sono riusciti a superare i loro sogni più sfrenati, prendendo il controllo delle istituzioni chiave su cui si basa il governo. I genitori - il Comitato dei 300 - devono essere soddisfatti dei progressi compiuti dal neonato Club di Roma.

Il 4 luglio è stato reso privo di significato. Non c'è più alcuna "indipendenza" americana da celebrare. Le vittorie del 1776 sono state negate, in gran parte ribaltate, ed è solo questione di tempo prima che la Costituzione degli Stati Uniti venga respinta a favore di un Nuovo Ordine Mondiale. Durante il mandato di G.W. Bush, stiamo assistendo a un'accelerazione di questo processo.

CAPITOLO 30

Non scelta dei candidati alle elezioni

Guardiamo al modo in cui si svolgono le elezioni. Il popolo americano non vota per un presidente. Votano per un candidato di partito scelto dai funzionari eletti del partito, di solito sotto il totale controllo del Comitato dei 300. Non si tratta di un voto per un candidato di libera scelta, come spesso ci viene detto. In realtà, gli elettori non hanno altra scelta che quella di scegliere tra candidati preselezionati.

I candidati che il pubblico pensa di votare per scelta (la nostra scelta) sono stati accuratamente vagliati dal Tavistock Institute e ci hanno fatto il lavaggio del cervello per farci credere che siano virtuosi.

Queste impressioni o sound bites sono create negli studi di think tank come Yankelovich, Skalley and White, gestito da Daniel Yankelovich, laureato alla Tavistock. I "think tank" controllati da Tavistock ci dicono come votare nel modo da loro scelto. Dall'avvento di Yankelovich, il numero di industrie di "profiling" è proliferato fino a superare le centocinquanta istituzioni di questo tipo. Prendiamo l'esempio di James Earl Carter e George Bush. Carter è emerso da una relativa oscurità per "vincere" la Casa Bianca, il che, secondo i magnati dei media, dimostra che il sistema americano funziona.

In realtà, l'elezione di Carter ha dimostrato che il Tavistock gestisce il Paese e può convincere la maggioranza degli elettori a votare per un uomo di cui non sanno quasi nulla. Dire che "il sistema ha funzionato" rispetto a Carter, e successivamente rispetto a William Jefferson Clinton, era esattamente la risposta inadeguata che Tavistock si aspettava da una popolazione sottoposta a un lavaggio del cervello di massa.

Ciò che Carter ha riflettuto è che gli elettori voteranno per un candidato preselezionato per loro. Nessuna persona sana di mente avrebbe voluto George Bush, l'uomo del Teschio e delle Ossa, come vicepresidente, eppure abbiamo avuto Bush. Come è arrivato Carter alla Casa Bianca? È successo così: Il dottor Peter Bourne, psicologo sociale interno al Tavistock, fu incaricato di trovare un candidato che il Tavistock potesse manipolare. In altre parole, Bourne doveva trovare il candidato "giusto" per il lavoro secondo la regola di Tavistock, un candidato che potesse essere venduto agli elettori.

Bourne, conoscendo il background di Carter, propose il suo nome per essere preso in considerazione. Una volta approvato il curriculum di Carter, l'elettorato americano è stato "trattato", cioè sottoposto a una campagna prolungata di lavaggio del cervello per convincerlo di aver trovato Carter come scelta. In realtà, quando Tavistock ebbe terminato il suo lavoro, non c'era più alcun bisogno di elezioni. È diventata una mera formalità. La vittoria di Carter fu una vittoria personale di Reese, mentre quella di Bush fu una vittoria della metodologia Tavistock. Una storia di successo ancora più grande seguì con la vendita di William Jefferson Clinton come candidato alla Casa Bianca, un'impresa che sarebbe stata impossibile in qualsiasi altro Paese.

Poi è arrivata la vendita di George W. Bush, un uomo d'affari fallito che aveva evitato di servire come soldato in Vietnam e aveva pochissima esperienza di leadership.

Tavistock doveva farsi avanti, ma anche questo non era sufficiente. Quando era certo che Bush non avrebbe vinto, la Corte Suprema degli Stati Uniti è intervenuta illegalmente in un'elezione statale e ha assegnato il premio al perdente.

Un elettorato attonito (sciocccato) ha permesso che passasse questa massiccia violazione della Costituzione statunitense, assicurando che il loro futuro sarà in un Nuovo Ordine Mondiale - un governo mondiale dittatoriale comunista internazionale unificato.

Reese continuò a sviluppare la base operativa di Tavistock, assumendo Dorwin Cartwright, un esperto profiler della popolazione. Una delle sue specialità era misurare la reazione della popolazione a una carenza di cibo. Lo scopo è quello di acquisire esperienza quando l'arma alimentare viene usata contro un gruppo di popolazione che non vuole conformarsi alle regole del Tavistock.

Tavistock ha pianificato il tutto in questo modo: i cartelli alimentari internazionali metteranno all'angolo la produzione e la distribuzione delle risorse alimentari mondiali. La carestia è un'arma di guerra, così come il cambiamento climatico. Il Tavistock userà l'arma della carestia senza ritegno quando sarà il momento. Continuando l'espansione del Tavistock, Reese assume Ronald Lippert.

Ciò che il Tavistock aveva in mente quando assunse Lippert era di ottenere un punto d'appoggio nel futuro controllo dell'istruzione, a partire dai bambini piccoli. Lippert era un esperto nell'arte di manipolare le menti dei giovani. Ex agente dell'O.S.S., è un teorico altamente qualificato e uno specialista della mescolanza delle razze come mezzo per indebolire i confini nazionali. Una volta stabilitosi a Tavistock, Lippert iniziò il suo lavoro creando un "think tank" dedicato a ciò che chiamava "interrelazioni comunitarie", che comportava la ricerca di metodi per abbattere le naturali barriere razziali.

La cosiddetta legislazione sui "diritti civili" è una pura creazione di Reese e Lippert e non ha alcuna base costituzionale.

(Per una spiegazione completa dei cosiddetti "diritti civili", si veda "Cosa bisogna sapere sulla Costituzione degli Stati Uniti").

A proposito, devo dire che tutta la legislazione sui diritti civili nella Costituzione degli Stati Uniti si basa sul 14ème emendamento, ma il problema è che il quattordicesimo emendamento non è mai stato ratificato. Quindi non fa parte della Costituzione degli Stati Uniti e tutte le leggi basate su di essa sono nulle. In effetti, non esiste una disposizione costituzionale per i diritti civili.

Lippert ha stabilito la giustificazione per i "diritti civili" di Martin Luther King, nonostante il fatto che non vi fosse alcuna base per questo nella Costituzione federale. Il trasporto dei bambini fuori dalle loro scuole è stato un altro successo del lavaggio del cervello di Lippert-Reese. Trasportare i bambini oltre la loro destinazione non era certo un "diritto". Per vendere l'idea dei "diritti civili" alla popolazione americana, sono stati creati tre "think tank":

➢ Il Centro di ricerca sulla politica scientifica

➢ L'Istituto per la ricerca sociale

➢ I Laboratori nazionali di formazione

Attraverso la Science Policy Research Unit, Lippert è stato in grado di collocare migliaia di "laureati" sottoposti a lavaggio del cervello in posizioni chiave negli Stati Uniti, in Europa occidentale (compresa la Gran Bretagna), in Francia e in Italia. Oggi la Gran Bretagna, la Francia, l'Italia e la Germania hanno tutti governi socialisti, le cui basi sono state gettate dal Tavistock.

Centinaia di alti dirigenti delle più prestigiose aziende americane sono stati formati presso uno o più istituti Lippert. I National Training Laboratories presero il controllo della National Education Association, che contava due milioni di persone, e questo successo diede loro il controllo completo dell'insegnamento nelle scuole e nelle università americane.

Ma forse l'influenza più profonda sull'America venne dal controllo della NASA da parte del Tavistock, in parte a causa del rapporto speciale sul programma spaziale della NASA, scritto dal dottor Anatole Rappaport per il Club di Roma. Questo rapporto sorprendente è stato pubblicato in occasione di un seminario tenutosi nel maggio 1967, al quale sono stati invitati solo i delegati più accuratamente selezionati e profilati, provenienti dai vertici delle aziende e dei governi dei Paesi più industrializzati.

Tra i partecipanti c'erano anche membri del Foreign Policy Institute, mentre il Dipartimento di Stato ha inviato il cospiratore dell'Età dell'Acquario Zbigniew Brzezinski come osservatore. Nel suo rapporto finale, il simposio controllato dal Tavistock ha deriso il lavoro della NASA come "inappropriato" e ha suggerito di interrompere immediatamente i suoi programmi spaziali. Il governo statunitense si adeguò tagliando i fondi, il che mise in pausa la NASA per 9 anni, mentre il programma spaziale sovietico recuperava e superava quello statunitense.

Il rapporto speciale di Rappaport sulla NASA affermava che l'agenzia stava producendo "troppe persone qualificate, troppi scienziati e ingegneri" i cui servizi non sarebbero stati necessari nella società post-industriale più piccola e più bella voluta dal Club di Roma. Rappaport ha definito "superflui" i nostri scienziati e ingegneri spaziali altamente qualificati e preparati. Il governo degli Stati Uniti, che, come ho già detto, sembra essere sotto il controllo del Tavistock, ha poi tagliato i fondi. L'interferenza nella NASA è un esempio perfetto di come la Gran Bretagna controlli la politica interna ed estera degli Stati Uniti.

Il fiore all'occhiello del Tavistock è l'Aspen Institute, in Colorado, che da anni è sotto la direzione di Robert Anderson, laureato all'Università di Chicago e leader nel lavaggio del cervello negli Stati Uniti. La struttura di Aspen è la sede nordamericana del Club di Roma, che insegna che un ritorno alla monarchia sarebbe molto positivo per l'America. John Nesbitt, un altro laureato del Tavistock, ha tenuto regolarmente seminari ad Aspen in cui è stata promossa l'istituzione di una monarchia tra i principali uomini d'affari.

Uno degli studenti di Nesbitt era William Jefferson Clinton, all'epoca già considerato un candidato alla presidenza. Nesbitt, come Anderson, è stato abbagliato dai reali britannici e ha seguito le loro dottrine catartiche di finte preoccupazioni ecologiche.

I radicali filosofi avevano introdotto le credenze dei Bogomili e dei Catari nei circoli socialisti britannici. I protetti di Anderson furono Margaret Thatcher e George Bush, le cui azioni nella Guerra del Golfo dimostrarono che il Tavistock aveva fatto bene i suoi compiti. Anderson è tipico dei "leader laureati" ingannati e sottoposti a lavaggio del cervello. La sua specialità è insegnare a

gruppi mirati di leader aziendali l'educazione ambientale.
Le questioni ambientali sono il punto forte di Anderson. Sebbene Anderson finanzi alcune delle sue attività con le sue enormi risorse finanziarie, riceve anche donazioni da tutto il mondo, tra cui quelle della Regina Elisabetta e di suo marito, il Principe Filippo. Anderson ha fondato il movimento di attivisti ambientali "Amici della Terra" e la "Conferenza delle Nazioni Unite sull'Ambiente".

Oltre a lavorare ad Aspen, Anderson è presidente e amministratore delegato della Atlantic Richfield Company-ARCO, il cui consiglio di amministrazione comprende le seguenti personalità:

Jack Conway.

È ricordato soprattutto per il suo lavoro per lo United Way Appeal Fund e per essere stato direttore della Fondazione Ford dell'Internazionale Socialista, due attività che sono quanto di più antiamericano ci possa essere. Conway è anche direttore del Center for Change, un centro di consulenza specializzato nelle truppe d'assalto Tavistock.

Philip Hawley.

È presidente della società di Los Angeles "Hawley and Hale", collegata a "Transamerica", una società specializzata nella realizzazione di film anticristiani, antifamiliari, pro-aborto, pro-lesbiche, pro-gay e pro-droga. Hawley è associato alla Bank of America, che finanzia il Center for the Study of Democratic Institutions, un classico think tank Tavistock per il lavaggio del cervello e la promozione dell'uso e della legalizzazione delle droghe.

Dr. Joel Fort.

Questo cittadino britannico, Fort, è stato membro del consiglio di amministrazione del quotidiano Observer di Londra insieme all'onorevole David Astor e a Sir Mark Turner, direttore del Royal Institute for International Affairs (RIIA), il cui abietto servitore americano è Henry Kissinger.

Istituto Reale degli Affari Internazionali (RIIA)

Il Council on Foreign Relations (CFR) è stato fondato come organizzazione gemella, il governo medio segreto americano di fatto è il braccio esecutivo del Comitato dei 300. Nel maggio 1982, Kissinger annunciò con orgoglio il controllo dell'America da parte di Tavistock.

L'occasione è stata una cena per i membri del RIIA. Kissinger ha elogiato il governo britannico, come ci si aspetterebbe da un laureato del Tavistock. Nella sua migliore voce profonda, Kissinger ha detto: "Durante il mio periodo alla Casa Bianca, ho tenuto il Ministero degli Esteri britannico più informato del Dipartimento di Stato americano".

Il denominatore comune dei tre Istituti Lippert è la metodologia di lavaggio del cervello insegnata originariamente al Tavistock. Tutti e tre gli Istituti Lippert sono stati finanziati da sovvenzioni governative. In queste istituzioni, i principali amministratori e responsabili politici del governo sono stati e sono addestrati a minare lo stile di vita consolidato dell'America, basato sulla civiltà occidentale e sulla Costituzione degli Stati Uniti. L'intento è quello di indebolire e infine abbattere le istituzioni che costituiscono le fondamenta degli Stati Uniti.

L'Associazione Nazionale dell'Educazione

Un'indicazione della portata del controllo di Lippert sull'Associazione Nazionale dell'Educazione può essere data dal voto massiccio per William Jefferson Clinton da parte dei suoi membri insegnanti sottoposti a lavaggio del cervello, secondo le direttive della leadership.

Il Gruppo Corning.

La società ha donato Wye Plantation all'Aspen Institute, che è diventato il principale campo di addestramento per le reclute New Age e le "truppe d'assalto". James Houghton, vicepresidente di Coming, è un messaggero della famiglia Pierepoint Morgan di Morgan Guarantee and Trust a Wall Street. Morgan riceve quotidianamente briefing dalla RIIA direttamente da Londra, che diventano ISTRUZIONI da trasmettere al

Segretario di Stato americano. L'ex Segretario del Tesoro William Fowler faceva parte dell'interfaccia Corning-Aspen. È il principale sostenitore del trasferimento delle politiche fiscali statunitensi al Fondo Monetario Internazionale (FMI) e ha sempre spinto affinché la Banca dei Regolamenti Internazionali controllasse le banche nazionali statunitensi. Significativamente, Wye Plantation è stata la sede dei colloqui di pace arabo-israeliani noti come Accordi di Wye.

Centro conferenze esecutivo.

Sotto la direzione di Robert L. Schwartz, questo "centro di formazione specializzato" è gestito sul modello dell'Istituto Esalen.

Schwartz trascorse tre anni all'Istituto Esalen e lavorò a stretto contatto con Aldous Huxley, il primo pusher "rispettabile" della cultura della droga di Tavistock, responsabile dell'introduzione dell'LSD agli studenti americani. Schwartz era anche un amico intimo dell'antropologa Margaret Meade e di suo marito, Gregory Bateson. Dopo aver lasciato Stanford ed Esalen, Schwartz si trasferì a Terrytown House, la tenuta di Westchester di Mary Biddle Duke, dove, con importanti sovvenzioni da parte di IBM e AT&T, aprì l'Executive Conference Center, la prima "scuola di specializzazione" a tempo pieno dell'Acquario e della Nuova Era per dirigenti aziendali di tutti i settori dell'America, dall'industria al commercio e alle banche.

Migliaia di alti dirigenti e manager di aziende statunitensi, in particolare delle Fortune 500, la crema del mondo degli affari, hanno pagato 750 dollari a testa per essere addestrati alla metodologia dell'Età dell'Acquario in seminari tenuti da Schwartz, Meade, Bateson e altri lavatori di cervelli Tavistock.

Un tempo Schwartz era fortemente alleato di Scientology ed era anche editore della rivista *TIME*.

Istituto Aspen

- I centri New Age sono stati generosamente finanziati da

IBM e AT&T.

Per gli americani che non hanno accesso a questo tipo di informazioni è difficile credere che IBM e AT&T, due grandi nomi dell'America aziendale, abbiano a che fare con il controllo mentale, il lavaggio del cervello, la modificazione del comportamento e la meditazione trascendentale, l'addestramento alla sensibilità baha'i, il buddismo zen, la psicologia inversa e tutto il resto della New Age.

- I programmi dell'Età dell'Acquario sono progettati per distruggere la morale del popolo americano e indebolire la vita familiare. Il cristianesimo non viene insegnato.

I dubbi sorgerebbero nella mente della maggior parte degli americani che non sono consapevoli della misura in cui le corporazioni statunitensi governano in patria e all'estero in modi pericolosi per la Costituzione e la Carta dei Diritti degli Stati Uniti. Senza l'America corporativa, non avremmo mai avuto la guerra del Vietnam, la guerra del Golfo, la guerra contro la Serbia e una seconda guerra contro l'Iraq. Anche Carter e Clinton non avrebbero avuto la possibilità di sedere alla Casa Bianca!

Se ciò che è scritto qui non è accurato, queste aziende potrebbero sempre negarne la veridicità, ma finora non l'hanno fatto. Sarebbe scioccante scoprire che molti dei giganti aziendali, che sono nomi noti al pubblico americano, mandano i loro dirigenti e staff manageriale a farsi fare il lavaggio del cervello da Schwartz, Meade, Bateson, John Nesbitt, Lewin, Cartwright e altri specialisti di modifiche comportamentali e controllo mentale del Tavistock: Presso l'Executive Conference Centre, gli imprenditori incontrano John Nesbitt, che deve la sua fedeltà alla nobiltà nera e alla Casa di Guelfo, meglio conosciuta come Casa di Windsor; il RIIA, i Gruppi Milner - Tavola Rotonda, il Club di Roma e l'Aspen Institute. Nesbitt è un tipico agente utilizzato dal governo britannico per dirigere la politica estera e statunitense.

Nesbitt è un convinto monarchico e un esperto del Club di Roma sulla crescita zero per l'industria, soprattutto quella pesante.

Crede nella crescita zero post-industriale al punto da riportare il mondo a uno stato feudale. In una delle sue sessioni di lavaggio del cervello, ha detto a importanti dirigenti d'azienda statunitensi:

"Gli Stati Uniti si stanno avviando verso una monarchia come la Gran Bretagna e verso un sistema di governo in cui il Congresso, la Casa Bianca e la Corte Suprema saranno solo simbolici e rituali. Questa sarà una vera democrazia; al popolo americano non interessa chi è il presidente; la metà di loro non vota comunque. L'economia americana si sta allontanando da quella di uno Stato-nazione e si sta dirigendo verso centri di potere sempre più piccoli, persino verso più nazioni. Dobbiamo sostituire lo Stato-nazione con una mentalità geografica ed ecologica".

"Gli Stati Uniti si allontaneranno dalla concentrazione di attività industriali pesanti. Automobili, acciaio, abitazioni non rinasceranno mai più. Buffalo, Cleveland, Detroit, i vecchi centri industriali moriranno. Stiamo andando verso una società dell'informazione. C'è e continuerà ad esserci molta sofferenza, ma nel complesso l'economia sta andando meglio di dieci anni fa". Nesbitt riprendeva infatti gli stessi sentimenti espressi dal conte Davignon nel 1902.

CAPITOLO 31

Crescita zero nell'agricoltura e nell'industria: la società post-industriale americana

Nel 1983 ho scritto una monografia intitolata "La morte dell'industria siderurgica", in cui descrivevo come l'aristocratico francese Etienne Davignon del Club di Roma fosse stato incaricato di ridurre le dimensioni dell'industria siderurgica americana.

All'epoca della pubblicazione, molti erano scettici, ma sulla base delle informazioni sul Club di Roma - di cui la maggior parte degli americani e degli storici internazionali non aveva mai sentito parlare prima del mio articolo del 1970 con lo stesso titolo - ero sicuro che la previsione di Nesbitt si sarebbe potuta avverare, e nei sette anni successivi lo fece, anche se non in tutti i suoi aspetti. Sebbene alcune parti delle previsioni di Nesbitt fossero sbagliate - il loro tempo non era ancora arrivato - per molti aspetti aveva ragione sulle intenzioni del nostro governo segreto.

Nessuno dei capitani d'industria che hanno partecipato alle sessioni di lavaggio del cervello della Tavistock EEC ha ritenuto opportuno protestare contro le parole di Nesbitt. Stando così le cose, come potevo aspettarmi che uno scrittore sconosciuto come me, di cui nessuno aveva mai sentito parlare, avesse un qualche impatto?

Le conferenze dei dirigenti e le sessioni di formazione a Tarrytown House dimostrarono che le tecniche di lavaggio del cervello di Reese erano impeccabili. Si trattava di un forum a cui partecipavano i capitani d'industria, l'élite del business americano, ben contenti di partecipare alla scomparsa dell'industria siderurgica americana, di sacrificare l'esclusivo mercato interno che aveva reso l'America una grande nazione industriale, di stracciare la Costituzione e la Carta dei Diritti e di adottare programmi genocidi che prevedevano l'eliminazione di metà della popolazione mondiale; sostituendo il misticismo orientale e la cabala al cristianesimo; plaudendo a programmi che porterebbero a un crollo della morale della nazione e alla distruzione della vita familiare; un'America futura balcanizzata.

Nessuno può negare, guardando allo stato dell'America di oggi, nel 2005, che Reese e i suoi metodi Tavistock hanno fatto un lavoro straordinario di lavaggio del cervello ai nostri dirigenti d'azienda, ai nostri leader politici e religiosi, ai nostri giudici ed educatori e ai guardiani morali della nazione, per non parlare della Camera dei Rappresentanti e del Senato degli Stati Uniti.

Nel 1974, il professor Harold Isaacson del Massachusetts Institute of Technology (MIT), nel suo libro *Idoli della tribù, mise a* nudo il piano del Tavistock di unire Messico, Canada e Stati Uniti in Stati simili ai Balcani. Ricordo ai miei lettori che il MIT è stato fondato da Kurt Lewin, lo stesso Kurt Lewin che fu cacciato dalla Germania a causa dei suoi esperimenti di lavaggio del cervello; lo stesso Lewin che pianificò l'indagine sui bombardamenti strategici; il teorico numero uno di Reese.

Isaacson ha solo esposto il piano dell'Acquario in modo più leggibile e dettagliato rispetto allo studio Stanford-Willis Harmon sull'Acquario. Nel 1981, sette anni dopo, le idee di Isaacson (il Piano Acquario Tavistock) furono presentate al pubblico da Joel Gallo, editore del *Washington Post*, portavoce della Casa di Windsor e del Club di Roma. Gallo ha intitolato la sua presentazione "Le nove nazioni del Nord America". La versione di Gallo del piano Tavistock per l'America del futuro comprendeva:

> ➤ La morte dell'industria siderurgica e il declino dell'industria nel Nord Est industriale e la fondazione della "Nazione del Nord Est".

- Dixie, la nazione emergente del Sud.
- Etopia, costituita dalle frange costiere del Pacifico nordoccidentale (Willis Harmon, nel suo articolo sull'Età dell'Acquario, ha usato il termine "ecotopia").
- L'equilibrio del Sud-Ovest americano da combinare con il Messico come regione granaio.
- Il Midwest sarà chiamato "il distretto vuoto".
- Parti del Canada e delle isole saranno designate "per scopi speciali". (Forse questi territori saranno i luoghi di futuri "gulag", ora che abbiamo visto l'impensabile: il centro di ricostruzione della prigione di Guantanamo Bay, dove vengono effettivamente praticati il controllo mentale e la tortura).

In tutte queste aree non ci sarebbero grandi città, il che sarebbe contrario all'"ecotopia". Per assicurarsi che tutti capissero di cosa stava parlando, Gallo ha presentato una mappa insieme al suo libro. Il problema è che il popolo americano non ha preso Gallo sul serio. Questo era esattamente il modo in cui Tavistock si aspettava che reagissero, in quella che lui definiva una "risposta da perfetto disadattato".

La destra americana è cresciuta con i Rockefeller, i Warburg, la Massoneria, gli Illuminati, il Council on Foreign Relations, la cospirazione della Federal Reserve e la Commissione Trilaterale. Non è stato pubblicato molto sul funzionamento interno.

Quando iniziai a pubblicare le mie ricerche nel 1969, il popolo americano non aveva quasi mai sentito parlare del Comitato dei 300, della Fondazione Cini, del Fondo Marshall, del Club di Roma, e certamente non del Tavistock Institute, la Nobiltà Nera di Venezia e Genova. Ecco un elenco delle istituzioni Tavistock per il lavaggio del cervello negli Stati Uniti, riportate nelle mie monografie pubblicate nel 1969:

- Centro di ricerca di Stanford. Impiega 4.300 persone e ha un budget annuale di oltre 200 milioni di dollari.
- MIT/Sloane. Impiega 5000 persone e ha un budget

annuale di 20 milioni di dollari.
- ➤ Università della Pennsylvania Wharton School. Impiega tra le 700 e le 800 persone e ha un budget annuale di oltre 35 milioni di dollari.
- ➤ Ricerca gestionale e comportamentale. Impiega 40 persone con un budget annuale di 2 milioni di dollari.
- ➤ Rand Corporation. Impiega oltre 2000 persone con un budget annuale di 100 milioni di dollari.
- ➤ Laboratori nazionali di formazione. Impiega 700 persone con un budget annuale di 30 milioni di dollari.
- ➤ Hudson Institute. Impiega tra le 120 e le 140 persone e ha un budget annuale stimato di 8 milioni di dollari.
- ➤ Istituto Esalen. Impiega tra 1.800 e 2.000 persone con un budget annuale di oltre 500 milioni di dollari.

(Tutti i dati risalgono al 1969)

Così, solo negli Stati Uniti, nel 1989, avevamo già una rete Tavistock di 10-20 grandi istituzioni, più 400-500 istituzioni di medie dimensioni con oltre 5.000 gruppi satellite interconnessi, tutti ruotanti attorno al Tavistock. Insieme impiegano oltre 60.000 persone, specializzate in un modo o nell'altro in scienza comportamentale, controllo mentale, lavaggio del cervello, sondaggi e creazione dell'opinione pubblica.

E tutti lavoravano contro gli Stati Uniti, la nostra Costituzione e la Carta dei Diritti.

Dal 1969, queste istituzioni sono state ampliate e un gran numero di nuove istituzioni si sono aggiunte alla rete. Sono finanziati non solo da grandi donazioni private e aziendali, ma anche dallo stesso governo degli Stati Uniti. Tra i clienti del Tavistock ci sono:

- ➤ Il Dipartimento di Stato

- Il servizio postale degli Stati Uniti
- Dipartimento della Difesa
- La CIA: il Dipartimento di Intelligence Navale della Marina USA
- L'Ufficio Nazionale di Ricognizione
- Il Consiglio di sicurezza nazionale
- L'FBI
- Associati Kissinger
- Università Duke
- Lo Stato della California
- Georgetown University e molti altri.

I clienti di Tavistock comprendono privati e aziende:
- Hewlett Packard
- RCA
- Corona di Zeilerbach
- McDonald Douglas
- IBM, Microsoft, Apple Computers, Boeing
- Industrie Kaiser
- TRW
- Blythe Eastman Dillon
- Wells Fargo Bank of America
- Bechtel Corp
- Halliburton
- Raytheon
- McDonnell Douglas
- Petrolio Shell

- Petrolio britannico
- Conoco
- Exxon Mobil
- IBM e AT&T.

Non si tratta affatto di un elenco completo, che il Tavistock custodisce gelosamente. Questi sono solo i nomi che sono riuscito a ottenere. Direi che la maggioranza degli americani è completamente ignara del fatto che si trova in una guerra totale che è stata condotta contro di loro dal 1946; una guerra di proporzioni devastanti e di pressione incessante; una guerra che stiamo rapidamente perdendo e che ci travolgerà a meno che non si riesca a scuotere il popolo americano dalla sua posizione preconcetta di "questo non può accadere in America".

CAPITOLO 32

Rivelazione del livello superiore del governo parallelo segreto

Il solo modo per sconfiggere questo potente e insidioso nemico è quello di educare il nostro popolo, soprattutto i giovani, alla Costituzione e di rimanere saldi nella nostra fede cristiana. Altrimenti, il nostro inestimabile patrimonio andrà perduto per sempre. Il potere che Tavistock detiene su questa nazione deve essere spezzato.

Si spera che questo libro diventi un manuale di formazione per milioni di americani che vogliono combattere il nemico, ma che finora non sono riusciti a identificarlo.

Le forze politiche controllate dalle società segrete, tutte contrarie agli ideali repubblicani e costituzionali dell'America, non vedono di buon occhio tutto ciò che cerca di smascherare il Tavistock Institute e la sua slealtà verso l'America, tanto meno quando tali rivelazioni non possono essere ridicolizzate e ignorate. Naturalmente, coloro che si impegnano a smascherare le azioni del nostro governo segreto pagano invariabilmente un prezzo elevato per tali rivelazioni.

Chiunque sia interessato al futuro dell'America non può permettersi di ignorare il modo in cui il Tavistock Institute ha manipolato il popolo americano e il governo, mentre la maggioranza degli americani rimane all'oscuro di ciò che sta accadendo. Con il controllo quasi totale della nostra nazione da parte del nostro governo segreto, parallelo e superiore, l'America ha cessato di essere una nazione libera e indipendente. L'inizio del nostro declino può essere generalmente ricondotto al momento in cui Woodrow Wilson fu "eletto" dall'aristocrazia britannica.

Gran parte dell'attività più recente del Tavistock negli Stati Uniti si è incentrata sulla Casa Bianca e ha spinto l'ex presidente G.H.W. Bush, l'ex presidente Clinton e il presidente G. W. Bush di intraprendere una guerra contro l'Iraq. Il Tavistock sta conducendo una campagna per distruggere il diritto del secondo emendamento dei cittadini di tenere e portare armi.

Ha anche contribuito a informare i membri chiave del legislatore che non hanno più bisogno della Costituzione degli Stati Uniti, da cui la massa di nuove leggi approvate che non sono affatto leggi, poiché non soddisfano il test di costituzionalità e sono quindi nulle ai sensi della Costituzione degli Stati Uniti, come previsto dai padri fondatori.

Il Tavistock rimane la madre di tutte le strutture di ricerca in America e in Gran Bretagna e il leader nelle tecniche di modificazione del comportamento, di controllo mentale e di formazione delle opinioni.

Il Rand Institute di Santa Monica, sotto la direzione di Tavistock, ha creato il fenomeno noto come "El Niño" come parte di un esperimento di modifica del clima. Il Tavistock è anche fortemente coinvolto negli esperimenti New Age sugli UFO e negli avvistamenti di alieni come parte dei suoi contratti di controllo mentale con la CIA.

Il Rand Institute gestisce il programma ICBM e conduce analisi primarie per i governi stranieri. Il Rand e il Tavistock hanno profilato con successo la popolazione bianca del Sudafrica per testare le condizioni di una presa di potere da parte del comunista African National Congress, con l'aiuto e il sostegno del Dipartimento di Stato americano. Il "vescovo" Desmond Tutu, che ha svolto un ruolo di primo piano nel preambolo della caduta del governo bianco, è una creazione Tavistock.

L'Università di Georgetown fu rilevata interamente dalla Tavistock nel 1938. La sua struttura e i suoi programmi sono stati riformattati per adattarsi al piano del gruppo di cervelli Tavistock come centro di istruzione superiore. Si tratta di un fatto di grande importanza per gli Stati Uniti, visto che proprio all'Università di Georgetown Clinton ha imparato l'arte della manipolazione e della dissimulazione di massa.

Tutti i funzionari del Dipartimento di Stato sono addestrati a Georgetown. Tre dei suoi laureati più noti sono Henry Kissinger, William Jefferson Clinton e Richard Armitage. I lealisti dell'"esercito invisibile" di Georgetown hanno fatto danni incalcolabili agli Stati Uniti e senza dubbio faranno la loro parte fino alla fine, quando saranno sradicati, smascherati e resi innocui.

A Tavistock sono state pianificate alcune delle azioni più orribili e terrificanti contro l'America. Mi riferisco al bombardamento del complesso dei Marines all'aeroporto di Beirut, che è costato la vita a 200 dei nostri migliori giovani militari. Una persona sarebbe stata a conoscenza dell'imminente attacco dei terroristi libanesi: il Segretario di Stato George Schultz. Secondo notizie non confermate all'epoca, Schultz era stato informato dell'attacco dal Mossad, l'agenzia dei servizi segreti israeliani.

Se Schultz ricevette un avvertimento così tempestivo, non lo trasmise mai al comandante della base dei Marines a Beirut. Schultz era, ed è tuttora, un fedele servitore del Comitato dei 300 attraverso la società Bechtel.

Tuttavia, un anno dopo aver espresso i miei sospetti su Schultz e Bechtel (1989), un agente del Mossad di alto livello e scontento ha rotto le righe e ha scritto un libro sulle sue esperienze.

Alcune parti del libro contenevano le stesse informazioni che avevo pubblicato un anno prima, il che mi ha portato a credere che i miei sospetti su Schultz nel 1989 non fossero del tutto infondati. L'intero episodio mi ricorda il tradimento del generale Marshall che ha deliberatamente nascosto al comandante delle Hawaii le informazioni sull'imminente attacco aereo giapponese a Pearl Harbor.

Ci sono prove sempre più evidenti del crescente contributo e dell'influenza del Tavistock nella CIA. Molte altre agenzie di intelligence ricevono istruzioni dal Tavistock, tra cui il National Reconnaissance Office (NRO), la Defense Intelligence Agency (DJA), l'Intelligence del Tesoro e l'Intelligence del Dipartimento di Stato.

Ogni anno, in occasione dell'anniversario dell'assassinio del Presidente John F. Kennedy, mi viene in mente il ruolo di primo piano svolto nella pianificazione della sua esecuzione pubblica, in particolare il ruolo svolto dall'MI6. Dopo 20 anni di indagini approfondite sull'assassinio di JFK, credo di essermi avvicinato alla verità, come descritto nella monografia "The Assassination of President John F. Kennedy".

L'omicidio irrisolto del Presidente Kennedy rimane un grave insulto a tutto ciò che gli Stati Uniti rappresentano. Come è possibile che noi, una nazione presumibilmente libera e sovrana, permettiamo che un crimine venga insabbiato anno dopo anno? I nostri servizi segreti sanno chi sono gli autori di questo crimine? Di certo sappiamo che l'omicidio di Kennedy è stato compiuto in pieno giorno davanti a milioni di americani come insulto e come avvertimento che la portata del Comitato dei 300 va ben oltre ciò da cui nemmeno il nostro più alto funzionario eletto potrebbe difendersi?

Gli autori del crimine ridono della nostra confusione, sicuri che non saranno mai assicurati alla giustizia, e si gloriano del successo del loro atto criminale e dell'incapacità di Noi il Popolo di bucare il velo aziendale che nasconde i loro volti.

Il massiccio insabbiamento dell'assassinio di Kennedy rimane in vigore. Abbiamo tutti i dettagli di come la Commissione per l'Assassinio della Camera abbia fallito nel suo compito, ignorando prove concrete e aggrappandosi a voci inconsistenti; ignorando il fatto ovvio che le radiografie della testa di Kennedy, fatte all'ospedale di Bethesda, erano state falsificate.

L'elenco dei peccati del Comitato dei 300 e del suo servitore, il Tavistock Institute, è infinito. Perché la Commissione del Senato non ha fatto alcuno sforzo per indagare sulla strana scomparsa del certificato di morte di Kennedy; una prova vitale, che avrebbe dovuto essere trovata, non importa quanto tempo ci sarebbe voluto e a quale costo? Né l'ammiraglio Burkely, l'ufficiale della Marina che ha firmato il certificato, è stato seriamente interrogato sulle circostanze della strana - stranissima - scomparsa inspiegabile di questa prova vitale.

Devo lasciare l'argomento dell'omicidio di John F. Kennedy (che credo fosse un progetto legato a Tavistock) all'MI6 e al capo della Divisione 5 dell'FBI, il maggiore Louis Mortimer Bloomfield. La CIA è cliente del Tavistock, così come molte altre agenzie governative statunitensi. Nei decenni successivi all'omicidio, nessuna di queste agenzie ha smesso di fare affari con il Tavistock. In effetti, il Tavistock ha aggiunto molti nuovi enti governativi alla sua lista di clienti.

Scorrendo i miei documenti, ho scoperto che nel 1921, quando Reese fondò il Tavistock, questo era sotto il controllo del servizio segreto britannico SIS.

Pertanto, fin dalla sua nascita, il Tavistock è sempre stato strettamente associato al lavoro di intelligence, come lo è tuttora. Il caso di Rudolph Hess potrebbe essere di interesse più che secondario per alcuni dei nostri lettori. Si ricorderà che Hess fu assassinato da due agenti del SIS nella sua cella della prigione di Spandau la notte prima del suo rilascio.

Il RIIA temeva che Hess avrebbe svelato quello che era stato tenuto come un oscuro segreto: la stretta relazione tra i membri dell'oligarchia britannica - tra cui Winston Churchill - e la Società Thule tedesca, di cui Hess era stato il leader.

^{ème}Il fatto che il Tavistock Institute abbia preso il nome dal duca di Bedford, marchese di Tavistock, è più che interessante. Il titolo passò a suo figlio, la Marchesa di Bedford (12ème del nome). È nella sua tenuta che Hess sbarca per cercare di porre fine alla guerra. Ma Churchill non ne volle sapere e ordinò che Hess fosse arrestato e imprigionato. La moglie del Duca di Bedford si suicidò assumendo un'overdose di sonniferi quando fu chiaro che Hess non sarebbe mai stato rilasciato, nemmeno a guerra finita.

Nelle mie opere *Who Assassinated Rudolph Hess?* e *King*

Makers, King Breakers - The Cecils, rivelo quanto fosse stretta questa parentela virtuale con Hess e altri importanti membri della cerchia ristretta di Hitler fino allo scoppio della Seconda guerra mondiale. Se Hess fosse riuscito nella sua missione con il Duca di Bedford, Churchill e quasi tutta l'oligarchia britannica sarebbero stati smascherati come truffatori.

Lo stesso sarebbe accaduto se Hess non fosse stato tenuto come prigioniero solitario a Spandau a Berlino, imprigionato a vista per anni dopo la fine della Seconda Guerra Mondiale dalle truppe di Gran Bretagna, Stati Uniti e URSS, contro ogni logica e con costi enormi (stimati in 50.000 dollari al giorno).

Poiché la Russia in trasformazione riteneva di poter mettere in imbarazzo l'America e la Gran Bretagna - soprattutto la Gran Bretagna - annunciò improvvisamente che Hess sarebbe stato rilasciato. Gli inglesi non potevano permettersi di rischiare di esporre i loro signori della guerra, così fu dato l'ordine di uccidere Hess.

Il Tavistock fornisce servizi di natura sinistra a queste persone che si trovano in tutti gli Stati Uniti, in ogni grande città. Hanno in pugno le figure di spicco di queste città, che si tratti della polizia, del governo cittadino o di qualsiasi altra autorità.

Questo avviene anche in ogni città, dove gli Illuminati e i massoni si uniscono al Tavistock per esercitare i loro poteri segreti e calpestare la Costituzione e il Bill of Rights.

Ci si può solo chiedere quante persone innocenti siano oggi in prigione perché non sono state informate della loro Costituzione e della Carta dei Diritti; tutte vittime del Tavistock. Guardate con attenzione la serie televisiva "COPS".

Questo è un documento standard del Tavistock sul controllo mentale e la creazione di opinioni. Contiene ogni possibile violazione dei diritti costituzionali delle persone arrestate o detenute dalla polizia. Sono fermamente convinto che il COPS sia stato progettato per condizionare l'opinione pubblica a credere che le gravi violazioni dei diritti a cui assistiamo siano la norma, che la polizia abbia davvero poteri eccessivi e che le garanzie costituzionali a cui ogni cittadino ha diritto non esistano nella pratica. Il programma COPS è un programma molto insidioso di lavaggio del cervello e controllo dell'opinione, e non sarebbe affatto sorprendente trovare il Tavistock coinvolto in questo programma da qualche parte.

CAPITOLO 33

L'Interpol negli Stati Uniti: svelate le sue origini e il suo scopo

Tra le molte agenzie internazionali che il Tavistock serve c'è il servizio di intelligence privato di David Rockefeller, meglio conosciuto come INTERPOL. È una completa violazione dei suoi obblighi legali il fatto che a questa entità illegale sia permesso di continuare a operare su una proprietà federale a Washington, D.C. e sotto la protezione del governo. (La legge statunitense vieta alle agenzie di polizia private straniere di operare in America). L'INTERPOL è un'agenzia di polizia privata straniera che opera sul suolo americano mentre il Congresso si gira dall'altra parte, per non essere costretto un giorno a cogliere questa fastidiosa ortica e a strapparla dalle radici).

Che cos'è l'INTERPOL? Il Dipartimento di Giustizia degli Stati Uniti cerca di spiegare INTERPOL evitando le domande cruciali. Secondo il manuale del 1988,

> "L'Interpol opera su base intergovernativa, ma non si basa su un trattato o una convenzione internazionale o su documenti legali simili. È stata fondata su una costituzione sviluppata e redatta da un gruppo di ufficiali di polizia che non l'hanno sottoposta alle firme diplomatiche e non l'hanno mai sottoposta alla ratifica dei governi".

Interessante! Che ammissione! Se l'Interpol non calpesta la Costituzione degli Stati Uniti, allora niente lo fa. Dove sono i cani da guardia alla Camera e al Senato? Hanno paura del Tavistock e del suo potente finanziatore, David Rockefeller? Il Congresso ha paura del Comitato dei 300? Almeno così sembra.

L'Interpol è un'entità illegale che opera all'interno dei confini degli Stati Uniti, senza la sanzione e l'approvazione di Noi il Popolo, in chiara violazione della Costituzione degli Stati Uniti e delle costituzioni di tutti i 50 Stati.

I suoi membri sono nominati da vari governi nazionali senza alcuna consultazione con il governo statunitense. L'elenco dei membri non è mai stato presentato a una commissione della Camera o del Senato.

La sua presenza negli Stati Uniti non è mai stata sanzionata da un trattato. Questo ha portato a una serie di accuse secondo cui alcuni governi controllati dalla droga - Colombia, Messico, Panama, Libano e Nicaragua - potrebbero scegliere come propri rappresentanti persone coinvolte nel traffico di droga.

Secondo Beverly Sweatman del National Central Bureau (NCB) del Dipartimento di Giustizia degli Stati Uniti (la cui esistenza è di per sé una violazione della Costituzione), questa agenzia governativa statunitense esiste solo per scambiare informazioni con l'Interpol.

Posseduta e controllata da David Rockefeller, l'Interpol è un'agenzia privata con una rete di comunicazione mondiale, pesantemente coinvolta in un modo o nell'altro nel traffico di droga, dall'Afghanistan al Pakistan agli Stati Uniti.

L'interazione tra il tenente colonnello Nivaldo Madrin di Panama, il generale Guillermo Medina Sanchez della Colombia e alcuni elementi della polizia federale messicana con status Interpol va in questa direzione. La storia del loro coinvolgimento nel traffico di droga mentre erano al servizio dell'Interpol è troppo lunga per essere ripetuta in questa sede, ma è sufficiente dire che è una storia sordida.

Eppure, nonostante l'Interpol sia un'organizzazione privata, nel 1975 le è stato concesso dalle Nazioni Unite (ONU) lo "status di osservatore", che le consente (in totale violazione della Carta delle Nazioni Unite) di partecipare alle riunioni e di votare le risoluzioni, pur non essendo un'organizzazione di un Paese membro dell'ONU e non avendo uno status governativo.

Secondo la Carta delle Nazioni Unite, solo gli Stati (nella definizione completa del termine) possono essere membri dell'ONU. Dal momento che l'Interpol non è uno Stato, perché l'ONU sta violando il suo stesso statuto?

Si ritiene che l'ONU faccia molto affidamento sulle reti dell'Interpol per trovare armi private nelle mani di cittadini statunitensi che le detengono in base ai loro diritti del Secondo Emendamento, una volta che l'ONU ha firmato un "trattato" con l'Unione Europea.

Il governo statunitense deve disarmare tutte le popolazioni civili degli Stati membri.

Dove sono i legislatori americani che dovrebbero sostenere e difendere la Costituzione degli Stati Uniti? Dove sono i grandi statisti di un tempo? L'Interpol dimostra che abbiamo invece politici e legislatori che non applicano le leggi che fanno, terrorizzati dall'idea di correggere gli errori evidenti che abbondano da tutte le parti, perché se dovessero rispettare il loro giuramento, molto probabilmente si ritroverebbero senza il loro comodo lavoro.

Per ricapitolare alcune delle informazioni già fornite: Il Tavistock Institute fu fondato nel Sussex, in Inghilterra, nel 1921, per ordine della monarchia britannica, allo scopo di controllare le menti e formare l'opinione pubblica e di stabilire, su una base scientifica attentamente studiata, quando la mente umana crollerebbe se sottoposta a episodi prolungati di disagio psicologico. Dimostreremo in seguito che fu fondato prima della guerra dall'11ème Duca di Bedford, Marchese di Tavistock.

All'inizio degli anni Trenta, anche la fondazione dei fratelli Rockefeller diede un contributo significativo al Tavistock.

Va notato che molti dei principali praticanti del controllo mentale e della modificazione del comportamento erano, e sono tuttora, strettamente associati a società segrete che abbracciano i culti di molte idee e credenze diverse, tra cui l'Isis-Osiris, la Cabala, i Sufi, i Catari, i Bogomil e il misticismo Bahai (manicheo).

Per i non addetti ai lavori, l'idea stessa che istituzioni prestigiose e i loro scienziati siano coinvolti in culti, o addirittura nel satanismo e negli illuministi, è difficile da credere. Ma il legame è reale. Possiamo capire perché Tavistock fosse così interessato a questi argomenti.

Gli episodi di sparatorie casuali nelle scuole da parte di giovani sottoposti a periodi prolungati di stress e all'influenza di droghe che creano dipendenza sono degni di nota in quanto, in molti di questi tragici eventi, gli autori affermano quasi sempre di essere stati indirizzati "da voci" a compiere il loro lavoro mortale. Non c'è dubbio che in questi tragici casi sia stato esercitato il controllo mentale. Purtroppo assisteremo a molti altri episodi drammatici prima che il pubblico si renda conto di ciò che sta accadendo.

Il culturalismo, il controllo mentale, l'applicazione di stress psicologico e la modificazione del comportamento fanno parte di ciò che viene insegnato dagli scienziati Tavistock. Infatti, allarmata dalle fughe di notizie che mostravano il suo legame con gli scienziati del Tavistock, la Camera dei Comuni britannica ha approvato una legge che rende legale per luoghi come il Tavistock condurre ciò che la legge chiama "ricerca fisica".

Tuttavia, il termine "ricerca fisica" è talmente ambiguo da sollevare seri dubbi sul fatto che significhi davvero ciò che dice o che, come hanno sostenuto alcuni critici, sia solo un termine usato per coprire ciò che sta realmente accadendo.

In ogni caso, il Tavistock non era disposto a fidarsi del pubblico. Ma posso affermare con assoluta certezza che gli agenti dell'MI6 e della CIA dei servizi segreti britannici sono addestrati al Tavistock in metafisica, controllo mentale, modificazione del comportamento, ESP, ipnotismo, occultismo, satanismo, illuminismo e culti manichei.

Non si tratta solo di credenze basate su reliquie del Medioevo. È una forza malvagia insegnata in un modo che farà la differenza per il controllo mentale in un modo che non sarebbe stato pensato possibile solo pochi anni fa. Faccio questa previsione senza timore di essere contraddetto: negli anni a venire scopriremo che tutte le sparatorie casuali nelle scuole, negli uffici postali, nei centri commerciali, non erano affatto sparatorie casuali. Sono state perpetrate da soggetti condizionati e controllati mentalmente, che sono stati attentamente studiati e sottoposti a pericolosi farmaci che alterano l'umore come il Prozac, l'AZT e il Ritalin.

Il denominatore comune tra molte di queste sparatorie casuali, a partire da David Berkowitz, il cosiddetto assassino del "Figlio di Sam", è che tutti, senza eccezioni, hanno detto agli investigatori di aver "sentito delle voci" che dicevano loro di sparare alle persone.

Il caso di Klip Kinkel, il giovane dell'Oregon che ha sparato alla madre e al padre, prima di sparare al suo liceo, è la confessione che ha fatto agli investigatori che lo hanno interrogato. Alla domanda sul perché abbia sparato alla madre e al padre, Kinkel ha detto di aver sentito delle "voci" che gli dicevano di sparare. Nessuno potrà mai provare che Kinkel e gli altri siano stati vittime di esperimenti di controllo mentale della CIA o che abbiano effettivamente "sentito voci" indotte da un trasferimento di programmatori informatici della DARPA.

La Commissione di Vigilanza della Camera deve richiedere i documenti sul controllo mentale della CIA ed esaminarli alla ricerca di un collegamento con le sparatorie nelle scuole. Credo sia indispensabile che tale ordine venga inviato alla CIA senza ulteriori ritardi.

Oltre alle mie ricerche sul tema della "ricerca fisica", Victor Marachetti, che ha lavorato nella CIA per 14 anni, ha rivelato l'esistenza di un programma di ricerca fisica ideato dal Tavistock, in cui gli agenti della CIA cercavano di contattare gli spiriti degli ex agenti deceduti. Come ho detto nella mia monografia sopra citata, ho avuto una vasta esperienza personale nei campi "metafisici" e so per certo che molti ufficiali dei servizi segreti britannici e americani sono indottrinati in questi campi.

Il Tavistock la chiama "scienza comportamentale" e negli ultimi dieci anni ha fatto progressi così rapidi da diventare uno dei più importanti tipi di formazione che gli agenti possono seguire. Nei programmi ESP del Tavistock, ogni partecipante è un "volontario" che accetta di far "correlare" la propria personalità con l'ESP, cioè accetta di aiutare il Tavistock a trovare una risposta alla domanda sul perché alcune persone sono sensitivi e altre ESP.

Lo scopo dell'esercizio è quello di rendere ogni agente dell'MI6 e della CIA altamente sensitivo e dotato di un ESP molto sviluppato. Poiché sono passati diversi anni da quando sono stato direttamente coinvolto in queste questioni, ho consultato un collega che è ancora in "servizio", per sapere quanto successo hanno avuto gli esperimenti di Tavistock. Mi disse che il Tavistock aveva effettivamente perfezionato le sue tecniche e che ora era possibile rendere alcuni agenti dell'MI6 e della CIA "perfetti dal punto di vista ESP". È necessario spiegare qui che la CIA e l'MI6 mantengono un altissimo grado di segretezza su queste questioni.

La maggior parte degli agenti dei servizi segreti coinvolti nei programmi sono per lo più membri degli Illuminati o della Massoneria, o di entrambi. In breve, la tecnica di "penetrazione a lungo raggio" applicata con tanto successo al mondo normale viene ora applicata al mondo degli spiriti!

Il programma Tavistock di penetrazione a lungo raggio e condizionamento direzionale interiore, sviluppato dal dottor Kurt Lewin, che abbiamo già incontrato qualche volta, è principalmente un programma in cui il controllo del pensiero viene praticato su gruppi di massa. L'origine di questo programma fu l'uso pervasivo della propaganda da parte dell'Ufficio per la guerra psicologica dell'esercito britannico durante la Prima guerra mondiale. Questa intensa propaganda aveva lo scopo di convincere i lavoratori britannici che la guerra era necessaria. Il suo scopo era anche quello di convincere l'opinione pubblica britannica che la Germania era un nemico e che il suo leader era un vero diavolo.

Questo sforzo massiccio dovette essere lanciato tra il 1912 e il 1914 perché la classe operaia britannica non credeva che la Germania volesse la guerra, né il popolo britannico voleva la guerra e non odiava nemmeno i tedeschi. L'intera percezione pubblica doveva essere cambiata. Un compito secondario, ma non meno importante, dell'ufficio era quello di far entrare l'America in guerra. Un elemento chiave di questo piano era provocare la Germania ad affondare il "Lusitania", un grande transatlantico sul modello del Titanic.

Nonostante gli avvertimenti di un giornale di New York, secondo cui la nave era stata trasformata in incrociatore mercantile armato (AMC) e quindi era soggetta alle Convenzioni di Ginevra, il Lusitania salpò per Liverpool con l'equipaggio al completo, comprese diverse centinaia di passeggeri americani.

Le stive della nave erano piene di una grande quantità di munizioni per l'esercito britannico, il cui trasporto su navi oceaniche era vietato dalle regole internazionali di guerra.

Al momento in cui fu colpita da un singolo siluro, la Lusitania era essenzialmente un incrociatore mercantile armato (AMC). La stampa di entrambe le sponde dell'Atlantico fu inondata di storie sulla barbarie tedesca e sull'attacco immotivato a un transatlantico indifeso, ma l'opinione pubblica americana e britannica, ancora da "condizionare", non credette alla storia. Essi ritenevano che ci fosse "qualcosa di marcio nello stato della Danimarca". L'affondamento del Lusitania, con gravi perdite di vite umane, fu il tipo di "situazione artificiale" di cui il presidente Wilson aveva bisogno e infiammò l'opinione pubblica americana contro la Germania.

Approfittando di questa esperienza, l'Ufficio per la guerra psicologica dell'esercito britannico creò il Tavistock Institute for Human Relations su ordine della monarchia britannica e vi inserì il magnate della stampa britannica Alfred Harmsworth, figlio di un avvocato nato a Chapelizod, vicino a Dublino. In seguito gli fu conferito il titolo di 12ème Duca di Bedford, Lord Northcliffe.

Nel 1897, con l'avvicinarsi della guerra, Harmsworth inviò uno dei suoi redattori, G.W. Steevens, in Germania per scrivere un articolo in sedici parti intitolato *Under the Iron Heel*.

In una vera e propria psicologia inversa, gli articoli elogiavano l'esercito tedesco e avvertivano che la nazione britannica sarebbe stata sconfitta se fosse scoppiata una guerra contro la Germania. Nel 1909, Northcliffe incaricò Robert Blatchford, un anziano socialista, di recarsi in Germania e scrivere del pericolo rappresentato dall'esercito tedesco per la Gran Bretagna. Il tema di Blatchford era che riteneva, in base alle sue osservazioni, che la Germania si stesse "deliberatamente preparando a distruggere l'Impero britannico". Ciò corrisponde alla previsione di Northcliffe, pubblicata sul *Daily Mail* (uno dei suoi giornali) nel 1900, secondo cui ci sarebbe stata una guerra tra Germania e Gran Bretagna. Northcliffe scrisse un editoriale in cui si affermava che la Gran Bretagna avrebbe dovuto destinare una parte maggiore del suo bilancio alla difesa.

Allo scoppio della guerra, Northcliffe fu accusato dal direttore di *The Star* di diffondere un clima di guerra.

> "Dopo il Kaiser, Lord Northcliffe ha fatto più di ogni altro uomo in vita per portare alla guerra".

Il povero editore non sapeva di essere diventato lui stesso una vittima della propaganda, poiché il Kaiser aveva fatto ben poco per promuovere la guerra ed era considerato con un certo disprezzo dall'establishment militare britannico. Gli storici concordano sul fatto che il Kaiser non era in grado di controllare l'esercito tedesco. È al generale Ludendorff che *The Star* avrebbe dovuto fare riferimento. Fu Northcliffe a iniziare la campagna per la coscrizione proprio il giorno in cui scoppiò la guerra tra le due nazioni.

Era un'istituzione in cui tutti gli aspetti del lavaggio del cervello di massa e del condizionamento dell'opinione pubblica sarebbero stati elevati ad arte. Vennero stabiliti una politica e un insieme di regole che culminarono nella "penetrazione a lungo raggio e nel condizionamento direzionale verso l'interno" del Tavistock del 1930, scatenato contro la Germania nel 1931.

Nel periodo precedente i primi anni della Seconda Guerra Mondiale, Roosevelt (egli stesso massone di 33ème grado e membro degli Illuminati attraverso la Società di Cincinnati) cercò l'aiuto di Tavistock per far entrare gli Stati Uniti in guerra. Roosevelt fu incaricato dai "300" di aiutare a togliere le castagne dal fuoco agli inglesi, ma per farlo aveva bisogno di un incidente importante a cui appendere il cappello.

Per tutto il periodo 1939-1941, i sottomarini della Marina statunitense di base in Islanda attaccarono e affondarono le navi tedesche, nonostante le leggi sulla neutralità vietassero di impegnarsi in ostilità con i combattenti. Ma la Germania non si lasciò trascinare dalla rappresaglia. Il principale incidente che avrebbe precipitato l'ingresso dell'America nella Seconda Guerra Mondiale fu l'attacco giapponese a Pearl Harbor. Si trattava di una cospirazione Tavistock contro entrambe le nazioni. Per facilitare questo attacco, il Segretario di Stato Marshall rifiutò di incontrare gli emissari giapponesi che cercavano di evitare il conflitto imminente.

Marshall, inoltre, ritardò deliberatamente l'avviso al suo comandante a Pearl Harbor fino a quando l'attacco non fu iniziato. In breve, sia Roosevelt che Marshall erano a conoscenza dell'imminente attacco, ma ordinarono deliberatamente di non trasmettere l'informazione ai loro ufficiali a Pearl Harbor. Tavistock aveva detto a Roosevelt che "solo un grave incidente" avrebbe portato l'America nella Seconda Guerra Mondiale. Stimson, Knox e Roosevelt erano a conoscenza dell'imminente attacco, ma non fecero nulla per fermarlo.

Di tanto in tanto, persone premurose mi hanno chiesto:

> "Ma leader come Lord Haig, Churchill, Roosevelt e Bush non si sarebbero resi conto di quante vite sarebbero andate perse in una guerra mondiale?"

La risposta è che, in quanto individui programmati, i "grandi uomini" non si preoccupavano dell'alto costo in vite umane. Il generale Haig - noto massone, illuminista e satanista - dichiarò in più di un'occasione la sua avversione per le classi inferiori britanniche, e lo dimostrò inviando ondate su ondate di "privati britannici" contro le inespugnabili linee tedesche, una tattica che qualsiasi stratega militare decente avrebbe evitato.

A causa dell'insensibile disprezzo di Haig per le proprie truppe, centinaia di migliaia di giovani soldati britannici appartenenti alle "classi inferiori" morirono tragicamente e inutilmente. Questo fece sì che l'opinione pubblica britannica odiasse la Germania, proprio come aveva previsto l'Ufficio per la guerra psicologica dell'esercito britannico. Molto di ciò che ho incluso in questo libro è stato deliberatamente tralasciato dalla prima esposizione. Non pensavo che il popolo americano fosse pronto a comprendere il lato metafisico del Tavistock. Non si può nutrire un bambino con la carne: il latte viene prima di tutto. Introducendo il Tavistock in questo modo, sono state aperte molte menti che altrimenti sarebbero rimaste chiuse.

CAPITOLO 34

I culti della Compagnia delle Indie Orientali

Per secoli, l'oligarchia britannica è stata la patria dell'occultismo, della metafisica, del misticismo e del controllo mentale. Bulwer Lytton scrisse *I segreti del Libro Egizio dei Morti*, e molti degli aderenti alla Società Teosofica di Annie Besant provenivano dall'alta borghesia britannica, che ancora oggi li apprezza. I discendenti dei catari e degli albigesi della Francia meridionale e dell'Italia settentrionale erano emigrati in Inghilterra e avevano adottato il nome di "savoiardi". Prima di loro c'erano i Bogomil dei Balcani e i Pellicani dell'Asia Minore. Tutte queste sette hanno avuto origine dai manichei di Babilonia.

Il Tavistock Institute ha fatto breccia in questo tipo di occultismo utilizzando alcune delle tecniche di controllo mentale sviluppate da Kurt Lewin e dal suo gruppo di ricerca. (Per maggiori dettagli, vedere il *Comitato dei 300*).

La Compagnia delle Indie Orientali (EIC) e in seguito la Compagnia Britannica delle Indie Orientali (BEIC) erano i membri originari dei "300", i cui discendenti dominano il mondo di oggi. L'oppio e il commercio di droga erano alla base del commercio di allora e sono rimasti tali. Da questa struttura complessa e altamente organizzata sono nati il socialismo, il marxismo, il comunismo, il nazionalsocialismo e il fascismo.

A partire dal 1914, vasti esperimenti di controllo mentale furono condotti a Cold Spring Harbor, New York, il centro di eugenetica razziale sponsorizzato dalla signora E.E. Harriman, madre di

Averill Harriman, l'allora governatore dello Stato di New York, che divenne una figura pubblica e politica di spicco negli Stati Uniti e in Europa.

La grande signora ha investito milioni di dollari di tasca propria nel progetto e ha invitato gli scienziati tedeschi a partecipare al forum. Molte delle tecniche di controllo mentale del Tavistock, in particolare la tecnica di "psicologia inversa" insegnata da Reese, sono nate al Tavistock e sono ora alla base degli esercizi di controllo mentale progettati per impiantare nelle menti del pubblico americano l'idea che le razze nere e di colore siano superiori alla razza bianca, il "razzismo" al contrario.

Gli scienziati tedeschi furono invitati a partecipare agli indottrinamenti di Cold Harbor dalla signora Harriman e dal suo gruppo, composto da alcuni dei principali cittadini dell'epoca (1915). Dopo uno o due anni a Cold Spring Harbor, il contingente tedesco tornò in Germania e, sotto Hitler, mise in pratica l'eugenetica razziale appresa a Cold Spring Harbor. Tutte queste informazioni sono rimaste nascoste al popolo americano fino a quando non sono state rivelate nel mio libro *Codeword Cardinal* e in diverse monografie che lo hanno preceduto, e poi nel mio libro *Aids-The Full Disclosure*.

Tavistock e la Casa Bianca

Le tecniche di condizionamento mentale del Tavistock sono state costantemente utilizzate negli Stati Uniti da alcune delle più alte e importanti figure politiche della nostra storia, a partire da Woodrow Wilson fino al Presidente Roosevelt. Ogni presidente americano dopo Roosevelt è stato sotto il controllo dei "300" e dell'Istituto Tavistock.

Roosevelt era un tipico soggetto programmato e controllato mentalmente, addestrato secondo la metodologia Tavistock. Ha parlato di pace mentre si preparava alla guerra. Si impadronì di poteri che non gli spettavano in base alla Costituzione degli Stati Uniti, citando come autorità le azioni illegali del Presidente Wilson, e poi spiegò le sue azioni con le "fireside chats", che erano un'idea del Tavistock per ingannare il popolo americano. Come un altro robot Tavistock, James Earl Carter e il presidente Bush, suo successore, hanno convinto il popolo americano che tutto ciò che faceva, anche se palesemente incostituzionale, era fatto nel loro interesse. Non era come Roosevelt, che sapeva perfettamente di sbagliare, ma che tuttavia amava il suo compito ed eseguiva il suo mandato dalla famiglia reale britannica di Tavistock con entusiasmo e con un totale disprezzo per la vita umana, come avviene per tutti gli occultisti.

Quando il Presidente Bush, il più anziano, ordinò l'invasione di Panama, si trattò di un'azione palesemente incostituzionale che costò la vita a 7.000 panamensi, ma che non tenne Bush sveglio la notte, né batté ciglio di fronte alla morte di 150.000 soldati iracheni nella guerra non dichiarata (illegale) contro l'Iraq che doveva seguire la sua "prova" per sondare l'opinione pubblica.

Carter non era estraneo all'occulto: una delle sue sorelle era una delle principali streghe d'America. Carter credeva di essere un "cristiano rinato", anche se la sua intera carriera politica è stata costellata di ideali e principi socialisti e comunisti, che non ha mai esitato a mettere in pratica. Carter è un esempio di vero sdoppiamento di personalità, un puro prodotto di Tavistock. Lo ha notato Hugh Sidey, un noto editorialista dei media mainstream, che ha scritto nel luglio 1979:

> "Il Jimmy Carter che ora lavora a porte chiuse alla Casa Bianca non è il Jimmy Carter che abbiamo conosciuto nei primi 30 giorni della sua presidenza".

Carter, programmato dal dottor Peter Bourne, laureato al Tavistock, era passato per le mani di un altro psicologo del Tavistock, l'ammiraglio Hymen Rickover, durante il soggiorno di Carter ad Annapolis.

Carter era stato preselezionato dai Rothschild in quanto mirabilmente adatto all'addestramento speciale e in quanto persona "adattabile a circostanze mutevoli", disposta a deviare dai principi.

John Foster Dulles è un'altra figura indottrinata da Tavistock che fu vicino alla Casa Bianca, ricoprendo la carica di Segretario di Stato. Dulles mentì spudoratamente a una commissione del Senato degli Stati Uniti durante le audizioni delle Nazioni Unite (ONU), testimoniando sfacciatamente sotto giuramento la costituzionalità dell'appartenenza degli Stati Uniti a quell'organismo mondiale.

Dulles ha abbagliato e ingannato i senatori sulla costituzionalità dell'adesione degli Stati Uniti all'ONU e ha influenzato un numero sufficiente di senatori a votare per il cosiddetto trattato, che non è un trattato, ma un accordo ambiguo.

La Costituzione degli Stati Uniti non riconosce gli "accordi", ma solo i trattati firmati dalle nazioni interessate. Tuttavia, il problema di Dulles era che l'ONU non è un Paese. Il Tavistock aggirò l'ostacolo consigliando al Dipartimento di Stato di chiamare il documento "accordo". Dulles era un satanista, un illuminista e un membro di diverse società occulte.

George Herbert Walker Bush è un altro diplomato "addestrato al prodotto" del sistema di controllo mentale Tavistock. Le azioni di questo massone di 33ème grado a Panama e in Iraq parlano chiaro.

A Panama, agendo sotto gli ordini della RIIA e del CFR, Bush il vecchio ha preso provvedimenti per proteggere il denaro della droga nelle banche di proprietà dei Rockefeller a Panama, dopo che il generale Noriega aveva rivelato che due di esse erano strutture di riciclaggio del denaro nella catena del narcotraffico.

Bush ha ordinato alle forze armate statunitensi di invadere Panama senza avere l'autorità espressa nell'unico modo costituzionale, una dichiarazione di guerra congiunta della Camera e del Senato del Congresso degli Stati Uniti, e in flagrante violazione dei suoi poteri costituzionali di Presidente.

I Padri fondatori hanno espressamente vietato al Presidente di esercitare i poteri di guerra. Ma nonostante questa mancanza di potere, Bush ha ripetuto le sue flagranti violazioni della Costituzione degli Stati Uniti ordinando alle forze armate statunitensi di invadere l'Iraq, ancora una volta senza la dichiarazione di guerra obbligatoria ed eccedendo i suoi poteri. Il pubblico americano "condizionato internamente", le vittime sciocccate della guerra di Tavistock, non mosse un muscolo mentre assisteva allo strappo della Costituzione.

Sua Maestà la Regina Elisabetta II si è congratulata calorosamente con Bush senior per il "successo" della sua guerra contro l'Iraq e lo ha nominato cavaliere per i suoi atti di sfida alla Costituzione degli Stati Uniti. Non è la prima volta che Elisabetta conferisce alti onori ai trasgressori della legge americana.

Gli occultisti e gli illuministi britannici e americani dei cartelli del petrolio stanno ancora conducendo una guerra di logoramento contro l'Iraq nel 2005. Non si fermeranno finché non metteranno le loro avide mani sporche di sangue sulle ricchezze petrolifere dell'Iraq, così come Milner rubò l'oro dei boeri durante la guerra anglo-boera (1899-1903).

Vi ritrovate a rispondere a queste informazioni in modo "inappropriato"? Sta dicendo: "Queste non possono essere le azioni di un presidente americano? È assurdo.

Se questa è la vostra risposta inadeguata, rivolgete la vostra attenzione alla guerra boera e vedrete subito che Bush stava semplicemente emulando la barbarie satanica dei generali Lord Kitchener e Lord Milner nella loro guerra di sterminio contro la nazione boera. Allo stesso modo, vale la pena ricordare che la tragedia di Waco è iniziata sotto la guida di Bush e che la vendetta contro David Koresh è stata condotta dal leader del Partito Repubblicano.

Mentre il procuratore generale Reno e Clinton hanno portato avanti la politica di distruzione per cui Koresh è stato condannato, George Bush ha svolto un ruolo di primo piano nella preparazione della macabra operazione in cui Koresh e 87 dei suoi sostenitori sono morti.

Sebbene non sia generalmente noto, il Tavistock fu coinvolto nella pianificazione e potrebbe persino aver guidato l'assalto dell'FBI e dell'ATF a Koresh e ai Davidiani. Il Tavistock era rappresentato da unità SAS britanniche che avevano partecipato all'addestramento dell'ATF e dell'FBI su come distruggere Koresh e i suoi seguaci e radere al suolo la loro chiesa. Waco è stato un empio satanismo di arti nere in azione, niente di più, niente di meno.

La fine fiammeggiante di Koresh e dei suoi seguaci è tipica del satanismo all'opera, anche se la maggior parte di coloro che hanno partecipato a questo crimine efferato e alla violazione dei diritti umani e dei diritti delle vittime ai sensi di 1er, 2ème, 5ème e 10ème non sapevano di essere nelle mani di satanisti. Non avevano idea di essere usati da forze spirituali del tipo più oscuro.

Il massiccio lavaggio del cervello effettuato dal Tavistock in America ha messo l'opinione pubblica contro Koresh e i Davidiani, creando le premesse per la distruzione di vite e proprietà a Waco, in totale disprezzo della Costituzione e del Bill of Rights.

La distruzione di vite e proprietà innocenti da parte di agenti del governo federale che non avevano alcuna giurisdizione nello Stato del Texas (o in qualsiasi altro Stato, se è per questo) e quindi non avevano l'autorità per fare ciò che hanno fatto, ha violato il 10ème Emendamento, la protezione dei cittadini dagli eccessi del governo federale. Lo Stato del Texas non è intervenuto per fermare la violazione dell'Emendamento 10ème in corso a Waco, come era dovere del governatore in base alla Costituzione degli Stati Uniti e alla Costituzione dello Stato del Texas.

Il Tavistock ha fatto molta strada da quando Ramsey McDonald fu inviato negli Stati Uniti nel 1895 per "spiare il paese per renderlo conforme all'istituzione del socialismo". Ramsey riferì ai Fabiani che, affinché gli Stati Uniti diventassero uno Stato socialista, le costituzioni statali e poi quella federale (in quest'ordine) dovevano essere distrutte; Waco era l'incarnazione di questo obiettivo.

John Marshall, ^{ème}il terzo Presidente della Corte Suprema degli Stati Uniti, e il caso Lopez, deciso dalla Corte d'Appello di New York, ha chiarito una volta per tutte che gli agenti federali non hanno alcuna giurisdizione all'interno dei confini statali, tranne che per le indagini sulla contraffazione dei dollari americani. Questo è di per sé un ossimoro, perché i cosiddetti "dollari americani" non sono dollari americani, ma "Federal Reserve Notes" - non la valuta degli Stati Uniti, ma le banconote di una banca centrale privata e non governativa.

Perché proteggere le frodi, anche se perpetrate dal governo degli Stati Uniti? Quando fu scritta la Costituzione, i Padri fondatori ritennero che il loro rifiuto di una banca centrale avrebbe impedito la nascita di un'operazione fasulla come la Federal Reserve. La disposizione costituzionale protegge le banconote del Tesoro americano dalla contraffazione. È dubbio che una banconota della Federal Reserve, che non sia un dollaro USA, goda della protezione della Costituzione statunitense.

A Waco, lo sceriffo non ha ordinato agli agenti del Tavistock e all'FBI di lasciare la contea perché l'FBI non stava indagando sulla falsificazione in conformità con la Costituzione degli Stati Uniti. L'FBI era a Waco illegalmente. Faceva tutto parte di un esercizio attentamente pianificato per determinare fino a che punto il governo federale potesse spingersi nel violare la Costituzione prima di essere scoperto.

Proprio come le classi medie e basse britanniche furono infiammate contro la Germania all'inizio della Prima guerra mondiale dalla falsa propaganda secondo cui il Kaiser aveva ordinato ai suoi soldati di tagliare le braccia ai bambini piccoli quando avevano invaso il Belgio e l'Olanda, Tavistock programmò gli americani per odiare Koresh.

Le bugie di Tavistock su Koresh furono trasmesse giorno e notte: Koresh ha fatto sesso con bambini molto piccoli nel "complesso". La sua chiesa, una semplice struttura in legno, era chiamata "compound" dai controllori della mente di Tavistock. Un'altra delle grossolane bugie del Tavistock era che i Davidiani avevano un laboratorio di anfetamine nel "compound". Il termine "composto" divenne così una parola d'ordine al Tavistock.

Non sorprende che Clinton abbia dato il via libera affinché i

Davidiani venissero gassati, fucilati, sottoposti a musica malvagia notte e giorno e infine bruciati vivi. Tramite la defunta Pamela Harriman, il signor Clinton fu introdotto al Tavistock e avviato all'indottrinamento del controllo mentale mentre era a Oxford. In seguito è stato introdotto al socialismo/marxismo/comunismo prima di essere approvato dal Tavistock per succedere a Bush senior, che aveva servito abbastanza a lungo.

Tavistock ha pianificato ed eseguito una massiccia campagna mediatica utilizzando il suo profilo di sondaggio per impiantare la Clinton nella mente del popolo americano come la persona più adatta a guidare la nazione.

È stato il Tavistock a organizzare l'intervista strettamente controllata di Clinton alla CBS, dopo che Geniffer Flowers aveva rivelato che era stato il suo amante negli ultimi 12 anni, ed è stato il Tavistock a controllare la reazione del popolo americano all'intervista della CBS. Così, grazie alla sua vasta rete di sondaggi e opinioni, la presidenza Clinton non fu silurata, ma se Tavistock non avesse controllato l'intervista della CBS dall'inizio alla fine, è certo che Clinton sarebbe stato costretto a dimettersi in disgrazia.

Se siete alla ricerca di prove; se state ancora "negando", allora confrontate la fuga di Clinton con la condanna di Gary Hart per un'accusa molto minore. Il primo avvocato della Casa Bianca della "nuova era dell'Acquario" a essere formato alla metodologia Tavistock è stato Mark Fabiani. La sua capacità di gestire le situazioni, che tutti gli osservatori si aspettavano avrebbero affossato Clinton, è diventata la parola d'ordine di Washington.

Solo 13 persone della cerchia ristretta degli Illuminati e della gerarchia massonica conoscevano il segreto del successo di Fabiani. Lanny Davis, che subentrò a Fabiani, ebbe ancora più successo. Conosciuto come "Dr. Spin", Davis ha sventato i piani di due procuratori speciali, il giudice Walsh e Kenneth Starr, e ha respinto tutti gli attacchi repubblicani al Congresso, lasciando il partito repubblicano in totale disordine.

L'avvocato, formatosi al Tavistock, ha condotto un'audace incursione nella moltitudine di nemici di Clinton al Congresso. Il colpo di grazia di Davis è arrivato con le audizioni della Commissione Thompson sui finanziamenti alle campagne del DNC e con una serie di scandali in Arkansas.

Il piano Tavistock era semplice e, come tutti i piani semplici, era un colpo di genio. Davis ha raccolto tutti i giornali del Paese che avevano pubblicato anche solo un piccolo articolo sulle malefatte di Clinton, sugli scandali di raccolta fondi e su Whitewater. Lo stesso giorno in cui la commissione Thompson era in piena attività e chiedeva il sangue del Presidente, uno dei numerosi assistenti di Davis si intrufolò nell'affollata sala delle udienze e consegnò a ciascuno dei membri della commissione una cartella di ritagli di giornale che Davis aveva compilato.

Il dossier era accompagnato da una nota firmata da Davis: ciò su cui la commissione stava indagando al costo di milioni di dollari non era altro che una raccolta di "vecchie notizie". Cosa c'era da indagare quando le accuse contro Clinton erano notizie di ieri?

Quando la Commissione Thompson fu sconfitta, poi si esaurì e sparì dalla circolazione, fu una grande vittoria per il Tavistock e la Casa Bianca. Il Primo Ministro Blair ha dovuto usare la stessa formula per disarmare i critici parlamentari che lo accusavano di aver mentito sul motivo per cui era entrato in guerra con Bush il Giovane. I resoconti del *Daily Mirror* erano tutti "notizie vecchie", ha detto Blair in risposta a quella che avrebbe potuto essere una domanda schiacciante. Il deputato che ha posto la domanda era a capo di un movimento per l'impeachment di Blair. Invece di rispondere, Blair ha sviato la domanda. Secondo le regole parlamentari, il deputato aveva avuto il suo "turno" e non avrebbe avuto un'altra occasione per cercare di costringere Blair a dire la verità.

CAPITOLO 35

L'industria musicale, il controllo mentale, la propaganda e la guerra

Vale la pena di notare che l'influenza del Tavistock in America è cresciuta da quando ha aperto i suoi uffici nel 1946. Il Tavistock ha perfezionato l'arte della disinformazione. Queste campagne di disinformazione iniziano con voci accuratamente elaborate. Di solito vengono piantati nei circoli di destra, dove crescono e si diffondono a macchia d'olio. Il Tavistock sa da tempo che l'ala destra è un terreno fertile per la crescita e la diffusione di voci.

Nella mia esperienza, non passa giorno senza che mi venga chiesto di confermare qualche voce o altro, di solito da persone che dovrebbero saperlo bene. L'abile strategia di diffondere disinformazione attraverso le voci ha un doppio vantaggio:

1) In questo modo si dà una parvenza di credibilità alle storie che vengono raccontate ai curatori.

2) Quando l'informazione viene dimostrata falsa, la disinformazione ha macchiato i suoi portatori al punto che possono essere tranquillamente etichettati come "pazzi", "conservatori paranoici di frangia", "estremisti" e peggio.

La prossima volta che sentite una voce del genere, riflettete a lungo sulla sua fonte prima di diffonderla. Ricordate come lavorano i manipolatori del Tavistock: più la voce è succosa, più è probabile che la diffondiate, rendendovi parte inconsapevole dell'insidiosa macchina di disinformazione del Tavistock.

Passando ora a un'altra area di competenza in cui il Tavistock forma i suoi laureati, ci riferiamo all'assassinio di politici importanti che non possono essere comprati e che devono essere messi a tacere. Gli assassini dei presidenti americani Lincoln, Garfield, McKinley e Kennedy sono tutti collegati al servizio segreto britannico MI6 e, dal 1923, al Tavistock Institute.

Il presidente Kennedy si dimostrò impermeabile al controllo mentale del Tavistock, per cui fu scelto per l'esecuzione pubblica come monito a coloro che aspirano al potere: nessuno è più alto del Comitato dei 300.

Il macabro spettacolo dell'esecuzione pubblica di Kennedy fu un messaggio per il popolo americano, un messaggio di cui forse non è ancora consapevole. Forse il Tavistock Institute ha fornito il progetto per l'esecuzione di Kennedy. Forse ha anche selezionato con cura ciascuno dei partecipanti, a partire da Lee Harvey Oswald, la cui mente era chiaramente controllata, fino a Lyndon Johnson, il cui controllo mentale non era così evidente. Chi non si sottometteva o cercava di smascherare la verità subiva varie pene, dal disonore all'esilio dalla vita pubblica, fino alla morte.

Passiamo dal controllo del Tavistock sui presidenti degli Stati Uniti, passati e futuri, all'industria della musica e dell'intrattenimento. Il lavaggio del cervello di enormi segmenti del pubblico americano è più visibile che nell'"industria della musica e dell'intrattenimento". Decenni dopo, persone fuorvianti e non iniziate si arrabbiano ancora con me per aver rivelato che i "Beatles" erano un progetto Tavistock. Ora mi aspetto che le stesse persone che mi dicono di sapere tutto sulla storia dei Beatles, che loro sono musicisti e io no, mettano in dubbio quanto segue:

Sapevate che la musica "rap" è un altro programma Tavistock? Anche l'"Hip-Hop" lo è. Per quanto le parole siano inane e idiote (non si possono certo definire "parole"), sono state progettate dal tecnico del controllo mentale e della modificazione del comportamento per adattarsi e diventare parte del programma di guerra tra bande del Tavistock per le principali città americane. I principali portatori di questa "musica" e di tutta la cosiddetta

musica "rock" e "pop" (scusate l'uso del gergo Tavistock) sono:
- Time Warner
- Sony
- Bertelsman
- EMI
- Il Gruppo Capital
- Seagram Canada
- Philips Electronic
- Le Indie

Time Warner

Il fatturato annuo è di 23,7 miliardi di dollari (dati del 1996). La sua attività di pubblicazione musicale conta un milione di canzoni attraverso la sua filiale Warner Chappell. Tra queste, le canzoni di Madonna e Michael Jackson. Stampa e pubblica spartiti musicali. Le etichette rap e pop di Time Warner includono Amphetamine Reptile, Asylum Sire, Rhino, Maverick, Revolution, Luka Bop, Big Head Todd e The Monsters commercializzate da Warner REM.

Time Warner distribuisce anche etichette musicali alternative attraverso la sua filiale. Alternative Distribution Alliance, che copre la maggior parte dell'Europa ed è particolarmente forte in Inghilterra e Germania. Non è una coincidenza che questi due Paesi siano stati presi di mira dai manipolatori del Tavistock.

L'incitamento, per lo più subliminale ma sempre più palese, alla violenza, al sesso sfrenato, all'anarchismo e al satanismo è abbondante nelle canzoni diffuse da Time Warner. Questo dominio quasi settario della gioventù dell'Europa occidentale (e dalla caduta dell'URSS si sta insinuando anche in Russia e in Giappone) minaccia la civiltà europea, che ha richiesto migliaia di anni per essere costruita e maturata. L'immensa popolarità dei giovani e il loro apparentemente insaziabile appetito per questo tipo di "musica" spazzatura è spaventoso da vedere, così come la presa del Tavistock sulle menti di coloro che lo ascoltano.

Time Warner distribuisce musica attraverso i club musicali, di cui è proprietaria o che collabora con altri. La Columbia House ne è un esempio. Sony detiene una quota del 50% di Columbia House.

La divisione produttiva di Time Warner, WEA, produce CD, CD-ROM, dischi audio, video e digitali multiuso, mentre un'altra consociata, Ivy Hill, stampa copertine e inserti per CD. American Family Enterprises, un'altra consociata, commercializza musica, libri e riviste in una joint venture al 50% con Heartland Music.

Time Warner Motion Pictures possiede studi e società di produzione tra cui Warner Bros, Castle Rock Entertainments e New Line Cinemas. Time Warner Motion Pictures ha 467 sale negli Stati Uniti e 464 sale in Europa (dati del 1989: oggi, nel 2005, i dati sono molto più alti).

La sua rete di trasmissione comprende WB Network, Prime Star; Cinemax, Comedy; Central Court TV; SEGA Channel; Turner Classic Movies (Ted Turner possiede il 10% delle azioni di Time Warner).

Trasmette in Cina, Giappone, Nuova Zelanda, Francia e Ungheria. Il suo franchising via cavo conta 12,3 milioni di abbonati.

TV/Produzione/Distribuzione: Warner Bros Television; HBO Independent Productions, Warner Bros. Television Animations; Telepictures Productions; Castle Rock Television; New Line Television, Citadel Entertainment; Hanna Barbara Cartoons; World Championship Wrestling; Turner Original Productions; Time Warner Sports; Turner Learning; Warner Home Videos. La sua biblioteca comprende 28.500 titoli televisivi e cortometraggi animati.

Time Warner possiede la radio CNN, acquisita da Ted Turner. Possiede inoltre 161 negozi al dettaglio, Warner Books, Littel, Brown, Sunset Books, Oxmoor House e il Book of the Month Club.

Time Warner possiede le seguenti riviste: People; Sports Illustrated; Time; Fortune; Life; Money; Entertainment; Weekly; Progressive Farmer; Southern Accents; Parenting; Health; Hippocrates; Asiaweek; Weight Watchers; Mad Magazine; D.C. Comics; American Express Travel and Leisure; Food and Wine. Time Warner possiede anche una serie di parchi a tema: Six Flags; Warner Bros; Movie World; Sea World of Australia.

Spero che a questo punto il lettore si prenda il tempo di riflettere sull'enorme potere, nel bene e nel male, che si trova nelle mani di Time Warner. È chiaro che questo gigante può fare o disfare chiunque. E poi, ricordiamo, è un cliente del Tavistock Institute. È spaventoso pensare a ciò che questa potente macchina potrebbe fare sull'opinione pubblica e plasmare le menti dei giovani, come abbiamo visto con i Gay Days a Disney World.

SONY

Il fatturato di Sony nel 1999 è stato stimato in 48,7 miliardi di dollari. È la più grande azienda elettronica del mondo. La sua divisione musicale controlla Rock/Rap/Pop; Columbia; Rutthouse; Legacy Recordings; Sony Independent Label; MIJ Label; (Michael Jackson); Sony Music Nashville; Columbia Nashville. Sony possiede migliaia di etichette rock/pop, tra cui Bruce Springsteen, So-So Def, Slam Jazz, Bone Thugs in Harmony, Rage Against the Machine, Razor Sharp, Ghost-Face Killa, Crave e Ruthless Relativity.

Se vi siete mai chiesti come questa orribile idiozia, con le sue parole altamente suggestive e l'incitamento alla violenza, sia potuta crescere così tanto in così poco tempo, ora lo sapete. È sostenuta a distanza da Sony. Il Tavistock ha visto a lungo il Rap come un utile messaggero che precede l'anarchia e il caos - che si sta avvicinando sempre di più.

Sony distribuisce l'etichetta punk rock alternativa Epitaph Record, Hell Cat, Rancid, Crank Possum Records e Epitome Surf Music di Blue Sting Ray. Inoltre, Sony pubblica musica attraverso Sony/ATV Music Publishing. Sony possiede tutte le "canzoni" di Michael Jackson e quasi tutta la gamma dei "Beatles".

Sony possiede Loews Theatres, Sony Theatres e i suoi interessi televisivi includono i game show. Detiene circa il 15% del mercato della vendita di musica, spartiti, ed è la più grande azienda musicale internazionale del mondo. Altri prodotti Sony includono CD, dischi ottici, cassette audio e video.

Il Loews Hotel di Monte Carlo è un centro di informazione sul traffico di droga e i suoi dipendenti segnalano direttamente alla polizia di Monte Carlo ogni "attività sospetta" che si svolge nell'hotel.

(Per "sospetto" intendiamo qualsiasi estraneo che cerchi di entrare nell'azienda). Diversi addetti alla reception di alto livello sono stati addestrati dalla polizia di Monte Carlo per tenere d'occhio la situazione.

L'obiettivo non è quello di sradicare il traffico di droga, ma semplicemente di impedire ai "nuovi arrivati" di entrare nel traffico di droga. Gli "estranei" che arrivano al Loews Hotel vengono informati e rapidamente arrestati. Questi eventi vengono venduti alla stampa e ai media di tutto il mondo come "incursioni della polizia". La divisione Motion Pictures di Sony è composta da Columbia Pictures; Tri-Star Pictures; Sony Pictures; Classic Triumph; Triumph Films con i diritti dei film Columbia Home Tri-Star. I suoi interessi televisivi includono i game show.

Bertelsman

Società privata tedesca di proprietà di Reinhard Mohn, il suo fatturato è stato stimato in 15,7 miliardi di dollari nel 1999. Bertelsman possiede 200 etichette musicali in 40 paesi, che si occupano di Rap/Rock/Pop. Whitney Houston; The Grateful Dead: Bad Boys: Ng Records, Volcano Enterprises; Dancing Cat; Addict; Gee Street (Jungle Brothers) e Global Soul. Tutti questi titoli contengono incitazioni esplicite alle aberrazioni sessuali, all'assunzione di droghe, all'illegalità e alla violenza.

Bertelsman possiede le proprietà Country & Western Arista Nashville (Pam Tillis); Career (LeRoy Parnell) RCA Label Group; BNA (Lorrie Morgan). Altri titoli di sua proprietà sono la colonna sonora di Star Wars; Boston Pops; New Age e Windham Hill, ecc. L'azienda pubblica spartiti attraverso BMG Music, che controlla i diritti di 700.000 canzoni, tra cui quelle dei Beach Boys, di B.B. King, di Barry Manilow e di 100.000 brani famosi dei Paramount Studios. Possiede sette club musicali negli Stati Uniti e in Canada e produce carte di credito per MBNA Bank.

Bertelsman A.G. svolge un'intensa attività di libreria in tutto il mondo ed è un'affiliata del Comitato dei 300.

Bertelsmann possiede Doubleday, Dell Publishers, Family Circle, Parent and Child, Fitness, American Homes and Gardens e 38 riviste in Spagna, Francia, Italia, Ungheria e Polonia. I canali televisivi e satellitari di Bertelsman si trovano in Europa, dove è la maggiore emittente. L'azienda è molto vendicativa e non esiterà ad attaccare chiunque osi rivelare ciò che ritiene non sia nel suo interesse.

EMI

Società britannica con un fatturato stimato di 6 miliardi di dollari nel 1999, possiede sessanta etichette musicali in quarantasei paesi: Rock/Pop/Rap; Beetle Boys; Chrysallis; Grand Royal; Parlaphone; Pumpkin Smashers; Virgin; Point Blank.

La EMI possiede e controlla i Rolling Stones, i Duck Down, i No Limit, i N00 Tribe, i Rap-A-Lot (The Ghetto Boys) e un'enorme attività di pubblicazione di spartiti. Ha una partecipazione diretta o totale in 231 negozi in sette paesi, tra cui HMV, Virgin Megastores e Dillons (USA). EMI possiede stazioni di rete in tutta la Gran Bretagna e in Europa, alcune delle quali lavorano in collaborazione con Bertelsmann.

Il Gruppo Capital

Il gruppo d'investimento con sede a Los Angeles ha venduto il 35% delle sue azioni a Seagram's, l'azienda di liquori dei Bronson e membro anziano del Comitato dei 300. Seagram's ha una partecipazione dell'80% in Universal Music Group (ex MCA), ora di proprietà di Matushita Electric Industries.

Le sue entrate nel 1999 sono state stimate in 14 miliardi di dollari. Seagram possiede oltre 150.000 diritti d'autore, tra cui Impact: Mechanic; Zebra; Radioactive Records; Fort Apache Records; Heavy D and the Boys.

Il Capital Group ha joint venture con Steven Spielberg, Jeffrey Katzenburg e David Geffen. Nella divisione Country e Western, la società possiede Reba McIntyre, Wynona, George Straight, Dolly Parton, Lee Anne Rimes e Hank Williams.

Attraverso Seagram, la società possiede il Fiddler's Green (Denver), il Blossom Music Center (Cleveland), il Gorge Amphitheater (Stato di Washington) e lo Starplex (Dallas). Si è espansa a Toronto e ad Atlanta. Il Capital Group, attraverso la sua divisione Motion Picture, possiede Demi Moore, Danny De Vito, Penny Marshall e una serie di personaggi minori dell'industria cinematografica. Universal Films Library è di proprietà di Capital Group, così come Universal Films Library. L'azienda possiede 500 negozi al dettaglio, diversi hotel e gli Universal Studios di Hollywood.

Le Indie

È una delle aziende più piccole dell'industria musicale e dell'intrattenimento, con un fatturato annuo stimato in 5 miliardi di dollari. L'azienda ha un consistente portafoglio di etichette Rock/Rap/Pop, soprattutto dei generi più strani.

La sua divisione Country and Western è proprietaria di Willie Nelson e la distribuzione avviene attraverso le Big Six. Anche senza possedere negozi al dettaglio o punti vendita indipendenti, l'azienda è riuscita a conquistare un sorprendente 21% delle vendite di musica negli Stati Uniti.

È importante notare che la maggior parte dei suoi introiti proviene dalle vendite di bizzarro Rap/Pop/Rock con titoli violenti, abusivi, scurrili, sessualmente suggestivi, anarchici - il che dimostra la direzione che stanno prendendo i giovani americani.

Philips Electronic

Questa azienda olandese ha registrato un fatturato di 15,8 miliardi di dollari nel 1996. Pur essendo principalmente un'azienda di elettronica, fa parte delle "Sei grandi", soprattutto perché possiede il 75% di Polygram Music. Il suo portafoglio di etichette si colloca nell'area Rock/Pop/Rap. Elton John è una delle sue proprietà. Philips è il terzo editore musicale con 375.000 titoli protetti da copyright.

Attraverso le sue filiali in Europa e nel Regno Unito, Philips ha prodotto 540 milioni di CD e nastri VHS nel 1998. La sua divisione Motion Pictures possiede Jodi Foster, mentre Philips Television possiede Sundance Films e Propaganda Films di Robert Redford.

Queste informazioni dovrebbero dare al lettore un'idea dell'immenso potere che questa gigantesca industria esercita sulle nostre vite quotidiane e di come modella le menti dei giovani americani. Senza il controllo e le tecniche avanzate messe a disposizione di queste aziende da Tavistock, i passi da gigante compiuti dal settore non sarebbero stati possibili. Le informazioni che vi ho fornito dovrebbero scuotervi nelle fondamenta quando vi renderete conto che il Tavistock controlla le "notizie" che vediamo, i "filmini" e i canali televisivi che ci è permesso guardare, la musica che ascoltiamo.

Dietro questa gigantesca impresa c'è il Tavistock Institute for Human Relations. Come ho chiaramente dimostrato, l'America sta marciando al passo con la gigantesca industria cinematografica e musicale; forze finora sconosciute - forze potenti il cui unico scopo e obiettivo è quello di pervertire, stravolgere e distorcere le menti dei nostri giovani, al fine di facilitare l'introduzione del Nuovo Ordine Mondiale Socialista da parte del Comitato dei 300 - L'istituzione di un unico governo mondiale, in cui i nuovi comunisti governano il mondo.

Le informazioni che vi ho presentato dovrebbero essere fonte di grande preoccupazione nel momento in cui contemplate il futuro dei vostri figli e dei giovani d'America, avendo appreso e compreso che vengono alimentati con idee anarchiche, fervore rivoluzionario e incitamento all'assunzione di droghe, al sesso libero, all'aborto, al lesbismo e all'accettazione dell'omosessualità.

Senza questa gigantesca industria della musica e dell'intrattenimento, Michael Jackson sarebbe stato un'entità infantile e insipida, ma è stato "pompato" e Tavistock ha detto ai giovani del nostro paese quanto sia grande e quanto loro, i giovani del mondo occidentale, lo amino! Ha anche a che fare con il potere di controllare i media.

Poiché l'industria della musica e dell'intrattenimento è ciò che io chiamo un "segreto aperto" progettato da Tavistock, non mi aspetto che il mio lavoro su questo tema vitale venga accettato come tutta la verità, almeno fino al 2015, anno in cui prevedo lo scoppio dell'"Armageddon", la guerra nucleare totale della CAB, quando l'ira di Dio si abbatterà sugli Stati Uniti d'America. Ma per quanto riguarda il controllo massiccio dei media, non è difficile, anche per un osservatore non informato, vedere, sentire e leggere che gli Stati Uniti hanno effettivamente dei media controllati, prodotti dal Tavistock Institute. È stato questo fattore a far eleggere il Presidente Bush e poi, tra lo stupore di tutta l'Europa e di almeno metà dell'elettorato americano, a farlo eleggere per un secondo mandato nonostante i suoi pessimi risultati.

Come è successo? La domanda è facile da rispondere: a causa del crollo dei media nazionali statunitensi. Le emittenti tradizionali hanno abbandonato l'obbligo di promuovere l'interesse pubblico e non si sono più sentite obbligate a riportare entrambi i lati delle questioni.

I media nazionali hanno intensificato la loro politica di "mescolanza di notizie e fiction", iniziata con "La guerra dei mondi".

Se da un lato questo ha attirato spettatori e aumentato i ricavi, dall'altro non ha cambiato la dottrina di lunga data della correttezza nelle trasmissioni, così essenziale per il flusso di informazioni in una società libera. Negli ultimi anni, questo grave problema è stato aggravato dall'ascesa della "brigata del tuono" di destra, che non tollera alcuna contro-opinione. Trasmettono solo l'opinione dell'amministrazione Bush e non esitano a distorcere e "girare" le notizie alla maniera del Tavistock.

Ciò è stato confermato da un'indagine congiunta condotta nel 2004 dal Center on Policy Studies, dal Center on Policy Attitudes, dal Program on International Policy Attitudes e dal Center for International and Security Studies. Quello che hanno scoperto è la chiave del perché Bush è ancora alla Casa Bianca e un tributo al potere della propaganda professionale:

> ➤ Il 75% dei fedeli di Bush non è convinto della conclusione della Commissione presidenziale secondo cui l'Iraq non ha nulla a che fare con Al Qaeda.

> ➤ La maggior parte dei sostenitori di Bush credeva che gran parte del mondo islamico appoggiasse gli Stati Uniti nell'invasione dell'Iraq. Questo è in totale contraddizione con i fatti. L'Egitto, uno Stato musulmano, non sostiene gli Stati Uniti e la maggioranza degli egiziani vuole che gli Stati Uniti escano dall'Iraq. La Turchia, che pur essendo uno Stato laico è a maggioranza musulmana, si oppone alla presenza degli Stati Uniti in Iraq con un voto dell'87% e rifiuta le ragioni addotte per l'invasione.

> ➤ Il 70% dei fedeli di Bush crede che l'Iraq avesse armi di distruzione di massa.

Ciò che ho scritto qui è la verità indiscutibile, ma ci vorrà un evento importante per confermarla come tale, proprio come ci sono voluti 14 anni perché il mio libro Committee of 300 e 25 anni perché il mio rapporto del Club di Roma fossero confermati da Alexander King in persona. Ma non c'è dubbio che il Tavistock, oggi, nel 2005, controlla ogni aspetto della vita in America. Non gli sfugge nulla.

Nel 2005 stiamo assistendo alla sorprendente influenza e al potere del Tavistock Institute e dei suoi padroni, il Comitato dei 300, nel modo in cui gli Stati Uniti sono gestiti dal Presidente George Bush e nell'accettazione di ciò che Bush dice e fa senza alcun dubbio.

Le ragioni di queste convinzioni errate non sono difficili da trovare. Nel 1994, l'amministrazione Bush ha ripetutamente detto all'opinione pubblica americana che l'Iraq aveva armi nucleari pronte per essere usate. Anche i rapporti dell'amministrazione Bush secondo cui il Presidente Hussein avrebbe appoggiato unità di Al-Qaeda in Iraq e che Al-Qaeda sarebbe responsabile dell'attacco al World Trade Center (WTC) sono stati spacciati per verità, senza alcuna base di fatto. Eppure la Roaring Right Radio Network (RRRN) ha ripetuto allegramente questi errori, compresi Hannity e Combs e Fox News. Hannity ha detto al suo pubblico che le armi erano state trasferite in Siria. Non ha mai offerto uno straccio di prova a sostegno della sua affermazione. Inoltre, Fox News e altri programmi radiofonici diffondono una massa di propaganda. I principali rappresentanti della propaganda radiofonica a favore dell'amministrazione Bush sono :

- Rush Limbaugh
- Matt Drudge
- Sean Hannity
- Bill O'Reilly
- Tucker Carlson
- Oliver North
- John Stossell

- Gordon Liddy
- Peggy Noona
- Larry King
- Michael Reagan
- Gordon Liddy
- Dick Morris
- William Bennett
- Michael Savage
- Joe Scarborough

Larry King è uno dei burattini meglio addestrati dal Tavistock. Quando, nelle rare occasioni in cui ha un oppositore della guerra di Bush nel suo programma, gli concede circa due minuti per esporre il suo caso, immediatamente seguito da cinque "esperti" pro-Bush per confutare l'audace dissenziente.

Quasi tutti i personaggi radiofonici citati hanno ricevuto una qualche forma di formazione da parte di esperti Tavistock. Quando studiamo la loro metodologia, vediamo una chiara somiglianza con i metodi di presentazione perfezionati al Tavistock. Lo stesso vale per i personaggi televisivi, i "presentatori di notizie" e le loro "notizie", che non sono diverse per contenuto o stile. Tutti, senza eccezione, portano il marchio del Tavistock Institute.

Gli Stati Uniti sono in preda al più grande e duraturo programma di controllo mentale di massa (lavaggio del cervello) e di "condizionamento", che si riflette ad ogni livello della nostra società. I maestri della manipolazione, dell'inganno, della connivenza, della dissimulazione, delle mezze verità e del loro fratello gemello, le vere e proprie bugie, hanno preso il popolo americano per la gola.

Churchill, prima di essere "trasformato", disse alla Camera dei Comuni che i bolscevichi "hanno preso la Russia per i capelli". Osiamo dire che "il Tavistock si è impadronito della testa e della mente del popolo americano".

Se non ci sarà un grande risveglio dello spirito del 1776 e della rinascita della generazione che seguì i Padri fondatori, gli Stati Uniti sono destinati a crollare, proprio come sono crollate le civiltà greca e rossonera.

È necessario formare un "esercito invisibile" di "truppe d'assalto" che si rechino in ogni villaggio, in ogni paese, in ogni città, in tutti gli Stati Uniti, per condurre la controffensiva che porterà le truppe di Tavistock alla ritirata e alla sconfitta finale.

APPENDICE

LA GRANDE DEPRESSIONE

Montagu Norman, allora governatore della Banca d'Inghilterra e amico intimo della famiglia della socialista fabiana Beatrice Potter Webb, fece una visita a sorpresa negli Stati Uniti come preludio all'inizio della Grande Depressione. Come si può notare, si trattava di un "evento artificioso" come l'affondamento del Lusitania che portò gli Stati Uniti nella Prima guerra mondiale.

Gli eventi che hanno portato alla Grande Depressione degli anni Trenta.

1928

23 febbraio - Montagu Norman visita il signor Moreau, presidente della Banque de France.

14 giugno - Herbert Hoover viene nominato candidato alla presidenza del Partito Repubblicano.

18 agosto - Montagu Norman viene rieletto presidente della Banca d'Inghilterra.

6 novembre - Herbert Hoover viene eletto Presidente degli Stati Uniti.

17 novembre - Montagu Norman viene rieletto governatore della Banca d'Inghilterra.

1929

1er gennaio - Il *New York Times* afferma che nel 1929 è prevista una grande fuga di oro dagli Stati Uniti.

14 gennaio - Eugene R. Black è stato rieletto governatore della Federal Reserve Bank di Atlanta, Georgia.

26 gennaio - La stampa riporta che l'imminente visita di Montagu Norman non ha alcun legame con lo spostamento dell'oro da New York a Londra.

30 gennaio - Montagu Norman arriva a New York; dichiara di aver fatto solo una visita di cortesia a G.L. Harrison.

31 gennaio - Montagu Norman ha trascorso una giornata con i funzionari della Federal Reserve Bank.

4 febbraio - Montagu Norman dichiara che la sua visita non dovrebbe comportare alcun cambiamento immediato nella posizione della sterlina o dell'oro. Il deputato Loring M. Black, Jr. presenta una risoluzione in cui chiede al Consiglio della Federal Reserve se ha parlato con Montagu Norman nel momento in cui ha emesso l'avviso di credito.

10 febbraio - Il rappresentante Black presenta una risoluzione che chiede al Presidente Coolidge e al Segretario Mellon di chiarire la visita di Norman, che non è un funzionario della Banca d'Inghilterra.

12 febbraio - Andrews afferma che l'affermazione secondo cui la Federal Reserve Bank ha perso il controllo della situazione monetaria è un'illusione e sostiene che la Banca può regolare il mercato a suo piacimento agendo sui riscatti. La sua dichiarazione "ha scatenato ripetute accuse che il Federal Reserve System ha perso il controllo dell'economia". "

19 febbraio - Le risoluzioni di Black vengono respinte dal Comitato bancario e valutario.

26 febbraio - Il *New York Times* riporta che molte banche hanno chiesto al Consiglio consultivo federale di collaborare per limitare i prestiti per la speculazione in borsa.

4 marzo - Herbert Hoover presta giuramento come Presidente.

12 marzo - Il Segretario al Tesoro Mellon dichiara che non

interferirà con la politica del Consiglio.

21 marzo - La Federal Reserve Bank di Chicago adotta misure per ridurre i prestiti azionari, tagliando i prestiti speculativi del 25-50%.

1er aprile - Nel rapporto economico di aprile, la National City Bank chiede di aumentare il tasso di sconto al 6% per frenare l'eccessiva speculazione del mercato azionario. Una banca di proprietà di Rockefeller!

Il 5 maggio, la Federal Reserve di Kansas City aumenta il tasso di ridistribuzione al 5%.

14 maggio - La Federal Reserve Bank di Minneapolis alza i tassi di sconto al 5%.

19 maggio - L'aumento del tasso di riscossione al 5% viene dichiarato uniforme; la richiesta di un tasso del 6% da parte di New York e Chicago viene rifiutata.

23 maggio - Il Consiglio consultivo raccomanda un tasso di ridistribuzione del 6%.

9 agosto - La Federal Reserve Bank di New York alza il tasso di interesse al 6%; la mossa viene definita "intelligente".

3 settembre - Nel suo bollettino mensile, la National City Bank (una banca Rockefeller-Standard Oil) afferma che l'effetto dell'aumento del tasso di sconto è incerto.

29 ottobre - Il crollo del mercato azionario pone fine alla prosperità del dopoguerra; passano di mano 16.000.000 di azioni, comprese le vendite allo scoperto senza restrizioni.

Alla fine dell'anno, il calo del valore delle azioni raggiunse i 15.000.000.000 di dollari; alla fine del 1931, le perdite azionarie raggiunsero i 50.000.000.000 di dollari.

Nov - La Federal Reserve Bank di New York abbassa il tasso di ridistribuzione al 5%.

11 novembre - Montagu Norman viene eletto governatore della Banca d'Inghilterra per l'undicesimo mandato.

15 novembre - Il tasso di riscatto viene ridotto al 4,5%.

Per tutta la prima parte del 1929 si susseguirono notizie di spedizioni d'oro negli Stati Uniti da e verso Londra, dando l'impressione che il rapporto del 1er gennaio fosse accurato. Tuttavia, con il crollo del mercato azionario, la fuga dell'oro dagli Stati Uniti è iniziata seriamente.

Kurt Lewin

L'opera di Kurt Lewin (1890-1947) ha avuto un profondo impatto sulla psicologia sociale e sull'apprendimento esperienziale, sulle dinamiche di gruppo e sulla ricerca d'azione. Lewin nacque il 9 settembre 1890 nel villaggio di Mogilno in Prussia (oggi parte della Polonia). Era uno dei quattro figli di una famiglia ebrea della classe media (il padre possedeva un piccolo negozio di generi alimentari e una fattoria).

A quindici anni si trasferisce a Berlino e viene iscritto al Gymnasium. Nel 1909, Kurt Lewin entrò all'Università di Freiberg per studiare medicina. Si è poi trasferito all'Università di Monaco per studiare biologia. In questo periodo viene coinvolto nel movimento socialista. Le sue preoccupazioni particolari sembrano essere la lotta all'antisemitismo e la democratizzazione delle istituzioni tedesche.

Ha conseguito il dottorato all'Università di Berlino, dove si è interessato alla filosofia della scienza e ha scoperto la psicologia della Gestalt. Il dottorato fu conseguito nel 1916, ma all'epoca prestava servizio nell'esercito tedesco (fu ferito in azione). Nel 1921 Kurt Lewin entrò a far parte dell'Istituto di Psicologia dell'Università di Berlino, dove tenne seminari di filosofia e psicologia. Comincia a farsi un nome nell'editoria e nell'insegnamento. Il suo lavoro viene conosciuto in America e viene invitato a trascorrere sei mesi come visiting professor a Stanford (1930). Nel 1933, quando la situazione politica in Germania peggiora notevolmente, parte per gli Stati Uniti con la moglie e la figlia.

In seguito è stato coinvolto dal Tavistock Institute in varie iniziative di ricerca applicata legate allo sforzo bellico (Seconda Guerra Mondiale), in particolare per quanto riguarda l'influenza sul morale delle truppe combattenti e la guerra psicologica. È sempre stato un socialista convinto. Ha fondato il Center for Group Dynamics del MIT. È stato anche coinvolto in un programma - la Commissione per le interrelazioni comunitarie a New York. I "gruppi T", per i quali Lewin è diventato famoso, sono nati da questo programma, che mirava a risolvere i pregiudizi religiosi e razziali.

Lewin ottenne un finanziamento dall'Office of Naval Intelligence e lavorò a stretto contatto per addestrare i suoi agenti. Il National Training Laboratories è stato un altro dei suoi programmi di lavaggio del cervello di massa che ha svolto un ruolo importante nel mondo aziendale.

Niall Ferguson

Niall Ferguson è un professore di storia che ha insegnato a Cambridge e ora lavora a Oxford. Queste sono le credenziali di uno "storico di corte" il cui scopo principale è proteggere i miti patriottici e politici del suo governo.

Il professor Fergusson, tuttavia, ha scritto un attacco iconoclasta a uno dei più venerabili miti patriottici dei britannici, ovvero che la Prima guerra mondiale sia stata una guerra grande e necessaria in cui i britannici hanno compiuto il nobile atto di intervenire per proteggere la neutralità belga, la libertà francese e gli imperi francese e britannico dall'aggressione militare degli odiati unni. Politici come Lloyd George e Churchill sostenevano che la guerra non era solo necessaria, ma inevitabile. In questo sono stati abilmente assistiti dalla fabbrica di propaganda di Wellington House, "la casa delle bugie" come la chiama Toynbee.

Ferguson pone e risponde a dieci domande specifiche sulla Prima guerra mondiale, una delle più importanti è se la guerra, con i suoi dieci milioni di vittime, sia valsa la pena.

Non solo risponde negativamente, ma conclude che la guerra

mondiale non fu né necessaria né inevitabile, ma fu piuttosto il risultato di decisioni grossolanamente sbagliate da parte dei leader politici britannici, basate su una percezione inappropriata della "minaccia" posta dalla Germania all'Impero britannico. Ferguson lo definisce "niente di meno che il più grande errore della storia moderna".

Si spinge oltre e attribuisce la maggior parte della colpa agli inglesi, poiché fu il governo britannico a decidere di trasformare la guerra continentale in una guerra mondiale.

Egli sostiene che i britannici non avevano alcun obbligo legale di proteggere il Belgio o la Francia e che il potenziamento navale tedesco non li minacciava realmente.

I leader politici britannici, sostiene Ferguson, avrebbero dovuto rendersi conto che i tedeschi erano più preoccupati di essere circondati dalla crescente potenza industriale e militare della Russia, oltre che dal grande esercito francese. Sostiene inoltre che il Kaiser avrebbe rispettato la promessa fatta a Londra alla vigilia della guerra di garantire l'integrità territoriale di Francia e Belgio in cambio della neutralità della Gran Bretagna.

Ferguson conclude che "la decisione della Gran Bretagna di intervenire fu il risultato di una pianificazione segreta da parte dei suoi generali e diplomatici, risalente al 1905" e si basò su un'errata interpretazione delle intenzioni tedesche, "che si immaginavano di proporzioni napoleoniche". Anche i calcoli politici hanno giocato un ruolo nello scoppio della guerra. Ferguson osserva che il ministro degli Esteri Edward Grey fornì l'impulso che portò la Gran Bretagna sul sentiero di guerra. Anche se la maggioranza degli altri ministri ha esitato. "Alla fine hanno accettato di sostenere Grey, in parte per paura di essere cacciati dal potere e di far entrare i Tory nella Camera".

Tale era il potere delle bugie e della propaganda emanate dalla Wellington House, il precursore del Tavistock Institute of Human Relations.

La Prima Guerra Mondiale continua a turbare gli inglesi ancora oggi, così come la Guerra Civile continua a tormentare gli americani. Le perdite britanniche in guerra ammontarono a 723.000, più del doppio del numero di vittime della Seconda Guerra Mondiale. L'autore scrive:

> "La Prima Guerra Mondiale rimane la cosa peggiore che il popolo del mio Paese abbia mai dovuto sopportare".

Uno dei costi maggiori della guerra, prolungata dalla partecipazione britannica e americana, fu la distruzione del governo russo.

Ferguson sostiene che, in assenza dell'intervento britannico, l'esito più probabile sarebbe stato una rapida vittoria tedesca con alcune concessioni territoriali a est, ma nessuna rivoluzione bolscevica.

Non ci sarebbe stato Lenin e nemmeno Hitler.

> "In ultima analisi, è stato grazie alla guerra che entrambi gli uomini sono stati in grado di insediarsi per stabilire dispotismi barbarici che hanno perpetrato ancora più massacri".

Secondo Ferguson, se gli inglesi fossero rimasti in disparte, il loro impero sarebbe ancora forte e vitale. Egli ritiene che gli inglesi avrebbero potuto facilmente coesistere con la Germania, con la quale avevano buoni rapporti prima della guerra. Ma la vittoria britannica ha avuto un prezzo "molto più alto dei loro guadagni" e "ha spazzato via la prima età dell'oro della 'globalizzazione' economica". Ma una spietata propaganda antitedesca trasformò questi buoni rapporti in inimicizia e odio.

La Prima Guerra Mondiale ha portato anche a una grande perdita di libertà personale. "La Gran Bretagna del periodo bellico... divenne per gradi una sorta di stato di polizia", scrive Ferguson. Naturalmente, la libertà è sempre una vittima della guerra e l'autore paragona la situazione britannica alle misure draconiane imposte in America dal presidente Wilson.

La soppressione della libertà di parola in America "ha messo in ridicolo la pretesa delle potenze alleate di combattere per la libertà". Il professor Fergusson sapeva che Wilson aveva imposto le peggiori restrizioni alla libertà di parola. Cercò persino di far arrestare il senatore La Follette per essersi opposto alla guerra.

Sebbene Ferguson abbia parlato principalmente al pubblico britannico, è rilevante per gli americani che hanno tragicamente seguito gli inglesi, storditi dalla propaganda e completamente manipolati, in due guerre mondiali, al costo di un'enorme perdita di libertà come risultato dell'accentramento del potere nel governo leviatano di Washington.

Da questo tempestivo avvertimento si possono trarre molti insegnamenti preziosi: il Tavistock Institute, il successore di Wellington House, ha dimostrato quanto sia facile condizionare e controllare le menti di ampie fasce della popolazione.

"La Grande Guerra: il potere della propaganda

I frutti della guerra che la gente comune in Gran Bretagna, Francia, Germania, Belgio e Russia non voleva: uccisi nel fiore degli anni:

La Gran Bretagna e l'Impero 2 998 671

Francia 1 357 800

Germania 2 037 700

Belgio 58,402

Si riferisce principalmente ai morti sul "Fronte occidentale" e sul "Fronte orientale" e non include le perdite su altri fronti da parte di altre nazioni. I costi ammontano a 180.000.000.000 di dollari in contabilità diretta e 151.612.500.000 di dollari in contabilità indiretta.

Le due battaglie della Prima Guerra Mondiale citate in questo libro:

Passchendaele. La battaglia iniziò il 31 luglio 1917 e durò tre mesi. Le perdite ammontano a 400.000 uomini.

Verdun. Iniziata il 21 febbraio 1916 e terminata il 7 giugno. 700.000 uomini uccisi.

I successivi sforzi di propaganda

Il Tavistock Institute ha talmente perfezionato le sue tecniche che, secondo una recente opinione di esperti, il 70% di tutti i capitali e le risorse umane che i programmi di pubblicità/propaganda del governo statunitense spendono per obiettivi strategici vanno in operazioni psicologiche, la cui propaganda è diventata la parte più significativa di ciò che significa essere americani e britannici.

Il livello di propaganda è ora così alto, così totalizzante, che gli scienziati sociali si basano su di esso come la totalità della vita americana e, come risultato di questa propaganda sostenuta, la vita in entrambi i Paesi è diventata una simulazione. Il Tavistock prevede, come i filosofi e i sociologi da Beaudrilliard a McLuhan, che questa simulazione sarà presto sostituita dalla realtà.

La percezione pubblica della propaganda la associa alla pubblicità e al tipo di propaganda di parte trasmessa nei talk show radiofonici, o a un predicatore radiofonico zelante. In effetti, queste sono tutte forme di propaganda, ma per la maggior parte sono riconosciute come tali.

L'inserzionista sta cercando di far conoscere il proprio prodotto o servizio nella mente del pubblico. I commenti politici fanno esattamente la stessa cosa e, allo stesso modo, le trasmissioni religiose hanno lo stesso scopo di motivare i seguaci ad adottare una particolare linea d'azione, come il sostegno alla guerra o a un paese che considerano "biblico" e che dovremmo sostenere escludendo gli altri, piuttosto che cambiare l'orientamento spirituale degli ascoltatori non impegnati. In questo modo, sperano che gli ascoltatori siano persuasi ad adottare le idee dell'oratore o a seguire il suo esempio a sostegno di questo o quell'obiettivo. Qualsiasi "predica" sul Medio Oriente, in particolare alla radio americana, rivela rapidamente questo obiettivo.

Altri tipi di comunicazione, in tutte le forme di media, sono molto più invasivi, come le notizie deliberatamente di parte o false e incomplete, presentate come verità o fatti oggettivi. In realtà, si tratta di vera e propria propaganda travestita da notizia, in cui i laureati del Tavistock eccellono.

La propaganda forzata, introdotta per la prima volta da Bernays alla Wellington House per persuadere con la forza la popolazione non consenziente, avviene attraverso la ripetizione scientifica. La Prima Guerra Mondiale fu un grande giorno per Wellington House, con migliaia di reputazioni come "Il macellaio di Berlino", ecc.

Durante l'ultima guerra del Golfo, il popolo americano non era propenso a preoccuparsi di un'invasione da parte di Saddam Hussein, ma Powell, Rice, Cheney e una serie di "autorità" hanno indotto il popolo americano a credere che Saddam Hussein avrebbe potuto presto evocare una "nuvola a fungo" sugli Stati Uniti, anche se le loro affermazioni non erano vere.

L'affermazione che "Saddam era una minaccia per i suoi vicini" è stata ripetuta più volte da funzionari governativi e leader militari, a cui si è presto aggiunto un gran numero di persone.

Organizzazioni private, commentatori politici, intellettuali, artisti e, naturalmente, i media hanno fatto notizia, anche se basata su strati di bugie.

I messaggi di propaganda sono diversi, ma il messaggio di base è sempre lo stesso. Il volume degli avvertimenti e la diversità delle fonti coinvolte sono serviti a confermare nella mente delle persone che la minaccia è reale. Gli slogan aiutano gli ascoltatori e i lettori di questo materiale di propaganda a visualizzare il "pericolo", che viene orchestrato non tanto per proteggere il Paese quanto per generare una partecipazione attiva aumentando il livello di isteria.

Si tratta di una pratica comunemente utilizzata dalla Gran Bretagna e dagli Stati Uniti in tutte le guerre in cui sono stati coinvolti dal 1900 a oggi. Il clima di paura che ne è derivato ha avuto l'effetto desiderato: una rapida espansione della ricerca militare e dello stoccaggio di armi e "attacchi preventivi" in Serbia e in Iraq.

La propaganda è crollata durante la guerra del Vietnam, quando gli americani hanno visto la brutalità dei combattimenti nei loro salotti e la nozione di guerra "difensiva" è crollata. I promotori delle guerre in Serbia e in Iraq si sono guardati bene dal ripetere l'errore.

L'effetto della propaganda fu così grande che la maggior parte degli americani crede ancora che il Vietnam sia stata una guerra "anticomunista". Dalla guerra fredda in generale - la crisi dei missili di Cuba - alla Serbia, la propaganda ha permesso che le ostilità fiorissero e si moltiplicassero.

La propaganda dell'era anticomunista fu confezionata su misura dal Tavistock e progettata per facilitare lo sviluppo di un'espansione militare globale degli Stati Uniti che era in corso fin dalla creazione dell'Istituto per le relazioni pacifiche negli anni '30 e in cui McCarthy si era imbattuto.

Esistono altri tipi di propaganda insidiosa; altri tipi di propaganda sono diretti al comportamento sociale o alla lealtà di gruppo. Lo vediamo nell'emergere del declino morale che ha travolto il mondo su un'onda di propaganda ben diretta del tipo di quella promossa da H. V. Dicks, R. Bion, Hadley Cantril e Edward Bernays, gli scienziati sociali che un tempo dirigevano le operazioni del Tavistock. Il loro prodotto, la propaganda, è l'illusione della verità fabbricata da queste prostitute propagandiste dell'inganno e della menzogna.

Bibliografia

Journey Into Madness, Gordon Thomas

MK. Ultra 90; CIA

American Journal of Psychiatry, gennaio 1956; Dr. Ewan Cameron.

Documenti relativi alle attività della "Society for the Investigation of Human Psychology". Era una copertura per gli esperimenti di controllo mentale della CIA.

Ethics of Terror, Prof. Abraham Kaplan.

The Psychiatrist and Terror, Prof. John Gun.

The Techniques of Persuasion, I.R.C. Brown.

The Psychotic; Understanding Madness, Andrew Crowcroft.

(Una volta compresa la "follia", essa può essere ricreata in qualsiasi soggetto).

The Battle for the Mind, Invicta Press.

The Mind Possessed, Invicta Press.

The Collected Works of Dr. Jose Delgado

The Experiments of Remote Mind Control (ESB) : Dr. Robert Heath.

Il dottor Heath ha condotto esperimenti di successo con l'EGS, dimostrando che può creare vuoti di memoria, provocare impulsi improvvisi (come l'accensione casuale), evocare paura, piacere e odio su suo comando.

ESB Experiments, Gottlieb.

Il dottor Gottlieb ha dichiarato che i suoi esperimenti hanno portato alla creazione di una persona psico-civile, e poi di un'intera società psico-civile, in cui ogni pensiero, emozione, sensazione e desiderio umano è completamente controllato dalla stimolazione elettrica del cervello.

Il dottor Gottleib ha detto di essere in grado di fermare un toro in carica e di programmare gli esseri umani per uccidere a comando.

Documentazione dettagliata degli esperimenti condotti dalla CIA con il CSE, sotto il controllo del dottor Stephen Aldrich.

The Collected Research Papers of Dr. Alan Cameron.

Sono stati trovati insieme all'enorme raccolta di documenti sugli esperimenti di controllo mentale, imballati in 130 scatole, condotti dal dottor Gottleib e che egli non aveva distrutto come ordinato dalla CIA.

New York Times, dicembre 1974. "Un'esposizione degli esperimenti di controllo mentale della CIA. "

Oltre a quanto sopra, c'è l'opera dello stesso dottor Coleman, *Metaphysics, Mind Control, ELF Radiation and Weather Modifications*, pubblicata nel 1984 e aggiornata nel 2005.

Nello stesso libro, il dottor Coleman spiega come funziona il controllo mentale e fornisce esempi chiari. Ha ampliato il suo lavoro precedente con *Mind Control in the 20th Century*, che descrive esplicitamente i progressi delle tecniche di controllo mentale.

A Dynamic Theory of Personality. Dr. Kurt Lewin

Time Perspective and Morale

The Neurosis of War. W.R Bion. (Macmillan Londres 1943)

'Experiences in Groups' (*Lancet*, 27 novembre 1943)

Leaderless Groups (Londres 1940)

Experiences in Groups (Bulletin du Messager)

Catastrophic Change, (The British Psychoanalytical Soc.)

Elements of Psychoanalysis, Londres 1963

Borderline Personality Disorders, Londres

Force and Ideas, Walter Lippmann

Public Opinion, Walter Lippmann

Crystallizing Public Opinion, Edward Bernays

Propaganda, Edward Bernays

The *Daily Mirror*, Alfred Harmsworth 1903/1904

Il *Sunday Mirror*, Alfred Harmsworth 1905/1915

Human Quality, Aurelio Peccei 1967

The Chasm Ahead, Aurelio Peccei

Guglielmo II, imperatore di Germania. Corrispondenza di Guglielmo II

Memorie di Lenin, N. Krupskaya (Londra 1942)

The World Crisis, Winston Churchill

How We Advertised America, George Creel, New York 1920

Wilson, The New Freedom, Arthur S. Link 1956

The Aquarian Conspiracy, Marilyn Fergusson

Some Principles of Mass Persuasion, Dorwin Cartwright

Journal of Humanistic Psychology, John Rawlings Reese

Understanding Man's Behavior, Gordon Alport

Invasion from Mars, Hadley Cantrill

War of Worlds, H. G. Wells

Terror by Radio, Le *New York Times*

Psychology of Science, Aldous Huxley

A Kings' Story, Le duc de Windsor

My Four Years in Germany, James W. Gerard

Under the Iron Heel, G. W. Stevens

The Technotronic Era, Zbigniew Brzezinski

Institute for Development and Management Publications, Ronald Lippert,

Quando la ricerca d'azione diventa una metodologia da guerra fredda

The Science of Coercion, Renses Likert

Sistemi di gestione e stile.

Mental Tensions. H.V. Dicks

The State of Psychiatry in British Psychiatry, H.V. Dicks

The Jungle, Upton Sinclair

Appeal to Reason The Money Changers

Propaganda Techniques in the World War, Harold Lasswell

Imperial Twilight, Berita Harding

Innocence and Experience, Gregory Bateson

For God's Sake, Bateson et Margaret Meade

They Threw God Out Of the Garden, R.D. Laing

Passi verso un'ecologia della mente. I fatti della vita.

On Our Way, Franklin D. Roosevelt

Comment les démocraties périssent, Jean François Revel

Disraeli, Stanley Weintraub

Brute Force : Allied Strategy Tactics WWII. John Ellis

The Concentration Camps in South Africa, Napier Davitt

The Times History of the War in South Africa, Sampson Low 7 Vols.

The Organization's Man, Jorgen Schleiman 1965

Stalin and German Communism, Jorgen Schleiman 1948

Willi Munzenberg A Political Biography, Babetta Gross 1974

Propaganda Technique in the World War, Harold Lowell

The Propaganda Menace, Frederick E. Lumley 1933

History of the Russian Communist Party, Leonard Schapiro 1960

Neue Zurcher Zeitung, 21 décembre 1957

The Bolshevik Rise to Power and the November Revolution, A.P. Kerensky 1935

Ten Days That Shook The World, John Reed 1919

Già pubblicato

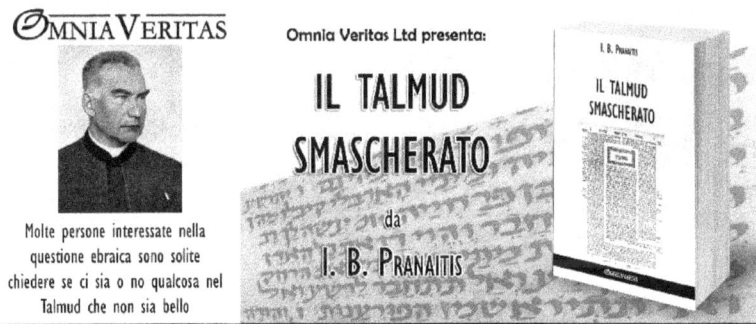

www.ingramcontent.com/pod-product-compliance
Lightning Source LLC
Chambersburg PA
CBHW050134170426
43197CB00011B/1835